感謝 Ivette, Rafaella 和 Lorenzo,
為我指引方向
感謝 Carmen, Armando 和 Maruja,
陪我談話

我的檔案夾14

總統的品格

佩佩・穆希卡的典範傳奇

毛利修・拉布費迪（Mauricio Rabuffetti）著
馮丞云 譯

佩佩總統是花農出身，他這輩子沒有放棄過花農的工作。他說：「土地是用來耕種的，不是用來增值的。」（圖片提供／達志影像）

佩佩總統習慣親力親為，不但會幫鄰居修屋頂，也常自己下田耕種。圖為他準備開牽引機到田裡工作。「我會一直工作至死方休；累的時候頂多到樹下去躺一下。」（圖片提供／達志影像）

【導讀】

二十一世紀的世界英雄

南方朔／作家、資深媒體人

烏拉圭是個土地面積約為台灣四倍多一點，但人口不到四百萬的南美洲蕞爾小國。這樣的國家在現實世界上，只能算是邊陲中的邊陲，零星裡的零星。

但幾年前我在《經濟學人》雜誌上，首次讀到有關烏拉圭總統荷西・穆西卡的報導，就對這個人驚訝得歎為觀止。他年輕時參加過游擊隊，坐過十幾年牢，後來從政，在二〇〇九年以七十四歲高齡，當選為烏拉圭總統。他這個總統真是全世界最大的異數。

他雖身為國家之首，但不住總統的官舍，還是住在鄉間的自宅，有三個房間，居住空間只有約十五坪。他和同樣位高至參議員的老妻，沒有幫傭和隨扈，兩人都自己打掃和洗衣煮飯。他一點也不講究排場，他的就職演說，襯衫口敞開，不打領帶；他平時出入都是自己開著那輛將近三十年的金龜車。他的公務車則是台福斯轎車，他一定坐在前座。他們過著普通人也過的生活。

烏拉圭總統每月的俸祿有一萬四千美元，他認為老妻的待遇就已夠用，所以他的俸祿有八十七％都捐了出去。他捐給自己所屬的政黨以及公益住宅的自助建案，他不只捐錢而已，在施工時他也幫忙運送建材。他的這種風格，使國際媒體稱他為「最窮的總統」！

他這個人除了行為獨特之外，他在總統任內，仍然堅持年輕時的理想，在烏拉圭推動了許多人權改革，例如墮胎的務實、毒品（大麻）的合法化、同性婚姻等。尤其是毒品問題，烏拉圭已在世界上創造了先例。毒品（大麻）的合法化，乃是個最新興行為經濟學課題，荷西・穆西卡以他的人道精神和正義準則為判斷，吻合了最新的學問。

荷西・穆西卡的一生充滿了傳奇性，當我對他愈驚奇就愈想理解他何以演變到現在這個樣子。他是沽名釣譽？或是興之所至、誤打誤撞？這時候我就想來談一談被台灣曲解已久的拉丁美洲「民粹主義」（Populism）。

在近代民主的發展過程裡，從中古到現代，基本上都是以基督新教為主，新教哲學有較強的經驗性和世俗性，它可以形成程序井然的社會，也可以形成分工合理的官僚體系。新教國家如德國、英國、美國，可能因為歷史的偶然或其他因素，都成了近代的強國，因此強者有話語權，基督新教的倫理價值遂成了世界的主流。到了今天，這些新教國家已使得一切合理，弱肉強食、優勝劣敗等價值成了普世標準，這也意味著這些國家已沒有了人的浪漫情懷。英美德的領袖不可能捐出他們的俸祿去做公益，他們也不可能做出人們意料之外的改變。平凡、例行、沒有意外已成了這個世界的現實。

以前基督新教的政治社會思想家，一切以新教倫理為主，只要談到天主教國家的拉丁美洲，就二話不說的將拉丁美洲國家的停滯不進，歸因於拉丁美洲的「新專制主義」和「民粹主義」。「新專制主義」是指拉丁美洲國家土地分配不公，富者良田千頃，乃是莊園主，他們與軍事強人串聯，形成了全世界只有拉丁美洲才有的軍事執政團與強人專制；而「民粹主義」則指拉丁美洲社會深受十三世紀之主教神學家——聖多默（St. Thomas Aguinas）天啟神學的影響，認為眾生在天主座前都是平等的，所以人要謙卑，重視天主的啟示。這種天啟神學就形成了另一個與「新專制主義」對立的「民粹主義」。拉丁美洲的人民與政治人物喜歡煽動政治，而不強調理性治理，美國的政治理論家認為，人民期望過高、政治人物喜歡煽動，這乃拉丁美洲人民叛亂不斷、國家混亂的主因。

對於「新專制主義」和「民粹主義」這兩種說法，近年來我研究拉丁美洲，發現到這其實是一種「因果錯置」的謬論。拉丁美洲土地分配不公、軍人專政，這其實是美國干預拉丁美洲所造成的。近二、三百年，美國視拉丁美洲為它的後院，加勒比海是美國的內湖，所以美國扶植親美的富人和軍事強人，美國實際上乃是「新專制主義」之國。而一切以人民為主，它雖然有煽動政治的風險，但其實也造成拉丁美洲奇才異能之士不斷。這是拉丁美洲最獨特的人道浪漫傳統。從以前的南美洲獨立英雄玻利瓦爾，到古巴獨立自主領袖卡斯楚和切・格瓦拉，直到阿根延的斐隆元帥和他的妻子艾維塔；智利的總統阿葉德，以及近年來委內瑞拉的查維茲，他們都是這個時代已很少見的人民浪漫英雄！而荷西・穆西卡就是這種浪漫主義的最新傳人！

荷西・穆西卡自從少年時代就是個浪漫的革命家，但他能夠與時俱進，當他從政與出任總統後，他把革命的情懷深化為更實際的改革特質，他沒有一點僚氣，他深信在這個世界上沒有任何人比別人更偉大，他雖然沒什麼名校學歷，但透過自修，他那種人道智性卻不斷成長，他甚至能透過本質性的思考，直接切入到資本主義和人性的問題。他認為整個世界已經走偏了，人類已被物慾的牽引，失去了真正的自由。到了這個層次，他已是個最沒有學歷的天生大學問家。

因此，我對荷西・穆西卡這個人已產生莫名的尊敬。他是這個世界上已經少見的奇能異士，一個超小型國家的游擊隊青年，他的人道浪漫情懷終未變，他愛他的國民，並將這種人性之愛不斷發展擴大，將這種愛放大為對世界之愛。烏拉圭推動美國與古巴的和解，烏拉圭長久要收容美國關在關達那摩灣監獄的政治犯，也表示要收容中東的孤兒難民，烏拉圭雖是個小國，但因為荷西・穆西卡的心很大，這個小國已成了世界上的道德大國。

近年來我致力於研讀領導學，在研讀過程中，我體會到一個領導人到底是大是小，其實都是自已決定的。像台灣的領導人，他自已的心很小，他僚氣很重，自已可得的，就一定不會放；他喜愛排場，這種人由於心很小，當然不成格局，也不可能作出任何令人驚奇的事。但荷西・穆西卡卻有顆很大的心，因為心大，他使世人驚奇的事遂告不斷。他不求什麼，最後世人的讚美遂自動找到他的門前，他是二十一世紀人類的英雄！

南方朔

【推薦序】

穆希卡的神秘衝擊

巴斯特尼爾（MIGUEL ÁNGEL BASTENIER）／記者、南美史學家

本書既是針對難解的「穆希卡旋風」進行深入調查、集結大量訪問的報導；亦是對於一國、一人的完整側寫。作者以充滿活力的筆調，如同地質學家般仔細帶領讀者回溯過去，審慎地闡述事實，佐以專家、同僚和親友的意見，同時深入討論了穆希卡的優缺點。誰能料想得到如此特立獨行的人物，最後竟能成為烏拉圭的總統（畢竟連穆希卡本人都始料未及啊）！小國小民的烏拉圭，如何能孕育出這麼令人驚嘆的人物呢？

我必須老實說，我對荷西（佩佩）・穆希卡的第一印象，總有那麼點懷疑與不信任感——他的真實面貌到底是什麼？是一個好大喜功、當上總統後卻因不得不放棄游擊隊身份而感到挫折的人？是對當前政治不滿、乾脆讓政策來個一百八十度大翻盤的政客？或者他只是難逃人性虛榮、喜歡在人前端出十八世紀哲學家國王架勢、以自己一開口就能引發全國甚至全球反思為樂？還是他單純只是喜歡嘲諷世人，在生活無虞後仍刻意開著老爺金龜車，好搬演一齣清貧儉樸的劇碼給天下人看？

作者毛利修・拉布費迪至少讓我放下了這種「不信任感」，讓我跟許多烏拉圭人一樣，承認穆希卡就是一個實實在在的人；正因為我們對他如此熟悉，所以他各種獨特的作為才顯得令人難以置信。

穆希卡真心相信他的所作所為，他不欺騙任何人——這是我的結論。

由於烏拉圭從來沒出過揚名全球的總統，因此這本書最傑出的一點，就是將結論留給讀者、局外人、曾和穆希卡有過交流的人、烏拉圭國民和世界公民來做評判。

拉布費迪從以下三個面向來探討穆希卡。第一是從穆希卡本人出發，作者蒐集了無比豐富的穆希卡生平資料，讓本書與傳統傳記截然不同；從這面向發展下去，提高到國家層級來看，也像是一本烏拉圭的國家傳記；最後，來到談及理想的層面，針對西方社會進行反思，在面對問題和討論解決之道時，作者的筆無所畏懼、毫無動搖。本書結合上述三種遠近觀點，一方面翔實敘述了主角從小成長的社會環境，一面又從大環境中汲取放諸四海皆準的理念，以穆希卡這個人物穿針引線，將個人與大環境的論述完美地交織在一起。

我在讀完本書後，忍不住將這位游擊隊出身的總統，與千里之外、性格截然不同的西班牙前總理薩巴德洛（José Luis Rodríguez Zapatero）作比較。薩巴德洛曾代表社會黨出任西班牙總理，有人說，薩巴德洛從來不是靠作秀走紅的政壇丑角，我認為兩人在某些方面非常相似。烏拉圭的穆希卡和西班牙的薩巴德洛，至今皆深信自己屬於左派，而我認為兩人在執政期間，都發現在現今由新自由資本主義主導的世界中，不可能推動真正激進的左派策略，例如財富重新分配資產和機會均等之類的政策，因此他們選擇了完美的替代方案：在道德上實施左派政策，比如在強化人權方面，推動將大麻等軟性毒品合法管理化的計畫；批准遭外界冠以「同志婚姻」的同性婚姻權，還有很多其他類似的人權改革；力求改革後儘管窮人依舊貧窮，但至少不因貧窮而遭到歧視。雖然作者並未在書中直接言明，但從他的調查可以演繹出，儘管烏拉圭國內或許有其他更急需改善的重大議題，但不願意只當個花瓶總統的穆希卡，在任內仍努力推動改革，並發展出一套另類的左派思維。

本書靈活地運用各種素材來刻畫和解釋穆希卡旋風，涵納大量文學、歷史和媒體報導的資源，佐以圖片，融合了各界專家訪談，並大量引述穆希卡本人對現代重大問題的反思。

我最欣賞的是毛利修・拉布費迪並不打算替穆希卡錦上添花，讀者直到讀完最後一頁，應不會覺得作者只是歌功頌德、強力推銷「穆希卡」形象：眾所周知，烏拉圭有一位安貧樂道的總統，幾乎過著苦行僧般的生活；他喜歡拋出爭議性的議題吸引媒體報導；他自信滿滿地向全人類及世界強權提出建議，甚至樂觀地認為他能夠成功協商哥倫比亞的國內衝突。作者選擇站在「新聞分析」的立場，將圍繞著主角的生活、經歷進行研究與提出客觀論述，深入探討這個世代最引人注目的人物。

不相信穆希卡的人，只承認他是一名非典型的政治人物，而穆希卡的追隨者則深信他是當代國家元首的新典範，但對所有人來說，無庸置疑的是，他永遠都是親切樸實的「佩佩」。

前言

超越國界的光芒

從最純粹的電影學角度來看，荷西・穆希卡具備一切電影角色該有的特質。他在目前為止的八十年間活得精采緊湊，所有小說家筆下主角會經歷的各種階段和試煉，他都熬過來了。他熱情而富有領袖魅力，不吝坦誠表達情緒，有時候看起來是喜歡沉思的哲學家，有時外在形象又顯得有些跳躍混亂。但他絕對是勤奮靈敏的政治人物，能坦然接受失敗，總是堅定往自己的道路前進。

外界以穆希卡（José Pepe Mujica）和他年輕時加入的游擊隊為題，出了無數本專書、拍了數不清的紀錄片、新聞媒體也製作許多專題報導，烏拉圭人對穆希卡人生中的每一頁幾乎倒背如流。但我跟很多同胞一樣，是在穆希卡選上總統之後才發現，他除了放棄游擊隊員身份、轉型為支持民主的政治人物以外，還有諸多不同的面貌：他是鄉紳、是都會政治家，也是傳統的革命領袖。

烏拉圭坊間書局充斥著關於六〇、七〇年代游擊隊和獨裁時代的書籍，我對此向來無法苟同。我曾經暗下決心不要對此這類議題撰文，因為不僅敏感且爭議性極大。烏拉圭不論處境是好是壞，國內進步的速度一直都非常緩慢，我有時覺得既然人們心中留下的傷口還沒癒合，老調重彈只會拖慢了國家進步的步伐。已經有很多人寫出烏拉圭的過去，相較之下，烏拉圭的現在和未來有更多有意思的事情可談，對媒體或作家的挑戰也更大。我用記者的身份，忠實報導著穆希卡政府提出的法案與他個人清貧儉樸的生活；當全世界都將穆希卡視為偶像，甚至日本還把他簡約的生活理念出版成童書繪本，我反而想試著向歐洲、美國讀者及全球成千上萬的記者同業說明：為什麼烏拉圭人不認為穆希卡總統有什麼太特別之處！

自從歐洲人發現這位外表有些邋遢的老人，住在老舊的小屋裡，過著跟平民老百姓差不多的生活，大批記者如「諾曼第登陸」般湧入烏拉圭，人人都想做關於佩佩・穆希卡的報導。

過去幾年來，我參與了好幾場在總統家進行的訪問，也針對他最大膽的幾項政策撰寫專題報導，不過當同樣的故事說了好多遍，我不得不開始懷疑世人對穆希卡的興趣究竟有沒有極限——事實上，他任內展現的革新能力不斷進化，甚至大大超越所有認識他的人的想像。他通過強化人權法案，改革烏拉圭政壇，這一點飽受外界讚揚（凡事一刀兩刃，不免也飽受民眾質疑）；再來，這個年輕黨員口中尊稱的「老前輩」，還獲得二〇一三年諾貝爾和平獎提名（編按：二〇一四年獲二度提名）！此後，他更積極提出極富展望的各種藍圖。

「爭取他人認同」，到底是不是穆希卡人生所有的靈感和動力來源，外界不得而知，但可以確定的是，二〇一三年以後穆希卡的作風更為大膽。儘管他的執政方式被國內外批評流於草率，但他仍以實際行動傳達和平與包容的信念：他宣布願意接納敘利亞內戰所產生的戰爭孤兒和單親母親；他接受將美國關達那摩灣監獄（Guantánamo）的囚犯引渡到烏拉圭，這所監獄對於侵犯人權的紀錄惡名昭彰，令美國總統歐巴馬大為困窘，想關閉監獄卻又不知該怎麼做；穆希卡還請求美國一起合作解除對古巴的禁運，絲毫不怕引來烏拉圭極左派人士的怒火，乾脆前往白宮橢圓辦公室與歐巴馬會面；他崇尚實際主義，甘冒褻瀆教會之名的風險；他也用盡辦法嘗試，試圖讓哥倫比亞總統桑托斯（Juan Manuel Santos）願意讓他與當地的左派革命軍（FARC）進行和談（然而他沒有成功）。

他在國際會議上演說的主題不只針對烏拉圭的利益，而是探討事關全人類的重要議題，成為眾人傳誦的全球性話題。他的演講語言多是親切的俗語，大量引用歷史事件，主題從保護自然環境、呼籲人類應互相包容以求得和諧共生，一直到嚴辭批判阻礙社會進步的官僚主義……這些事實上都是他在執政期間心有餘而力不足的議題。他很少談自己的成功經驗，但卻願意在公開場合承認失敗——他最大的失敗，或許是無法立法推動教育改革、改變烏拉圭下一代的公共教育政策，以求弱勢學童和富裕家庭的孩子都能同享一樣的機會。他任內究竟接受過多少國際媒體訪問？我手中沒有確切的數字，粗略估算，絕對超過上百次。

我因為記者工作必須常常出差。在其他國家，以前最常聽到別人對我說「烏拉圭？足球啊！」；現在我敢說，很多遇到我的人，都會說「烏拉圭？穆希卡嘛！」。然而在烏拉圭，或許因為人們「愛遠惡近」的心態影響，或甚至是因為他身為總統，卻無力解決國民最重視的幾大民生問題，穆希卡是備受爭議的政治人物。他很受歡迎，這點無庸置疑。某種程度來說，輿論對他的支持，讓他可以無需承擔太多後果就大膽發言。要知道，在很多與烏拉圭文化相近的國家，他的言論是政治人物甚至元首作夢也不敢說出口的！我在一開始寫作本書時，就想向對穆希卡有興趣的非烏拉圭讀者闡述這種兩極評價，以及這現象出現的原因。整體來說，本書詳述穆希卡的生平事蹟，說明為什麼國際舞台上足無輕重的小國烏拉圭，其總統的言論卻在全球擲地有聲，同時亦揭露他執政期間引發爭議的政策背後，不為人知的緣由與背景。

儘管先前已有許多專精研究穆希卡的作者發表過諸多文章，但我採取前所未見的觀點來下筆。《總統的品格》同時描寫烏拉圭民眾的身份認同，闡述烏拉圭的歷史和民族性；要瞭解穆希卡為何能獲選為總統、為何能提出開放大麻、支持同性婚姻及批准墮胎合法化這類革命性法案，並平靜接受這類決策所帶來的政治代價，都必須先認識上述重要的背景資訊。這位元首言行間的矛盾不少，本書都試圖一一重現。

書中對穆希卡游擊隊生活和民主政治活動的描述，並未依照時間順序進行，而是根據他政治思維和領導風範的形成來描寫。我特別深入刻畫他的思想和人生觀，因這兩者使他在全球化時代一躍成為某些國際議題的意見領袖。政治家穆希卡的世界觀建立在「先行動、後反思」的概念上，這兩大原則成就了我們今日所認識的佩佩總統。

本書不是烏拉圭總統的個人傳記。最多可說是一篇類似傳記的側寫，解釋了為何人們對他的喜愛超越國界，以及記錄了他執政期間遭逢的挫敗。本書也絕不是穆希卡的訪問專輯，雖然我在為國際媒體進行採訪時，與他曾進行多次會談，但並非為了寫作本書而特別訪問他。我在這些訪問期間拜訪過他家、見識了那台出名的老爺金龜車、他養的三條腿小狗，還有他清簡的生活方式；或許當前媒體間對他認識最深的就是上述幾點，但這幾次的採訪經驗不只於止，讓我得以在書中進行詳盡的描寫。

所以，本書可說是針對穆希卡的重整和分析。

書中針對穆希卡游擊隊時代曾參與的暴力性行動，可能與他本人的回憶不同——或許哪裡少了一顆子彈，哪裡多開了一槍。這些事件，除了總統本人親自對我口述的部分之外，都是透過訪問他的游擊隊同志，和根據當年的報導所重建起來的。詳述穆希卡一生和圖帕馬羅斯國家解放運動歷史的書籍，以及本書中所引述的眾多資料，以及我訪問過的相關人士都提供了珍貴的資訊，但我們必須了解，很多協助本書寫作的人選擇低調、不願意公開身份。

全書以報導文學的手法寫作，由於新聞工作的基本倫理要求中立客觀，我力求呈現事實，因而不管故事或主角本身是否有爭議性，都可從各種角度去解讀。描寫穆希卡人生經歷的方法千百種，本書只不過呈現了其中之一。

毛利修·拉布費迪

二〇一四年十月二十七日寫於蒙狄維歐

【導　讀】二十一世紀的世界英雄　南方朔／作家、資深媒體人　6
【推薦序】穆希卡的神秘衝擊　巴斯特尼爾／記者兼南美史家　10
【前　言】超越國界的光芒　13

1 **子彈與花朵**　**23**
苦難與淬鍊：牢獄生涯　27
昨日階下囚，今日新典範　29
為窮人發聲，對政治浪漫　33
二〇一三年聯合國大會　35
搖滾巨星穆希卡　38

2 **總統的財產：自制、儉樸的生活方式**　41
總統之家　43
他說：我不窮，我是很自制　45
穆希卡與金錢的關係　47
穆希卡追求的形象　50
人權法案　52
影響人生哲學的藏書　54
廚房裡的哲學家　56
修屋頂的總統——非典型的領袖形象　58
兩場聞名於世的演說　60
「佔領華爾街」發起人的評論　62
穆希卡的財產申報　64

3 **游擊隊與革命**　**67**
強人卡斯楚的最後一刻　68

拉丁美洲的團結 70
穆希卡的革命養分 74
浪漫主義與冷戰：圖帕馬羅斯游擊隊的起源 76
為蔗農請命，搭上革命的木筏 78
看不到前方的光：穆希卡的第一起武裝行動 81
雙面人生：轉往地下化的生活 86
以正義為名的革命？還是野蠻的殺戮？ 88
沒有古巴模式，只有失敗的戰爭 93
新舊「羅賓漢」的路線之爭 96
無可迴避，染血的過往 98
全民參政與武裝民兵 101
敲鍋抗議與獨裁下的公民公決 104
曙光出現：放下武器，踏向民主 107
穆希卡告別武裝演說：仇恨無法帶來進步 110
選舉之路：候選人穆希卡的誕生 112

4

從反政府到當總統 117

越獄計畫 118
擁抱瘋狂 124
贏得選戰 127
平等的國家 128
巴特葉主義與烏拉圭的政治認同 132
思想上的熔爐 135
自學而成，沒有菁英氣息的革命首領 137
就職演說：謙遜的當選人 138

溝通高手：公民穆希卡，批評總統穆希卡 140
和足球英雄站在同一陣線 145
瑪黛茶會與公民議政傳統 149
穆希卡VS.馬拉度納 150

5
寧靜革命：大麻、同性婚姻與墮胎合法化政策 155
《經濟學人》：為人類帶來金錢難以衡量的福祉！ 156
大麻合法化的背景 159
六株大麻政策：對抗販毒的新方法 161
以毒攻毒引發的輿論爭議 165
索羅斯：反毒戰爭是一場十億美元的敗仗 170
穆希卡VS.國際麻醉品管制局 174
美洲國家組織的支持 176
大麻合作社：政府管控種植與銷售 180
大麻實驗與諾貝爾獎敲門磚 181
挑戰保守主義的人工流產法 184
婚姻平權：拉美第二個支持同性婚姻的國家 189
「合作」造屋計畫：幫助弱勢家庭 191

6
巨星穆希卡：全球性的舞台 193
生命是最高的價值 195
一個地球，兩種極端 198
佔領華爾街行動 199
「重新定義」消費模式 204

教宗的理想 210
穆希卡與《二十一世紀資本論》 214
讓美國欠人情：引渡關達那摩灣監獄囚犯 216
和白宮打交道 222
烏拉圭、古巴與美國的三角關係 224
敘利亞的孩子 226
哥倫比亞的和平進程 230
小故事：歐巴馬的回應 233

7 去除光環後的評價 **235**

買個不停的烏拉圭人 236
與公務員工會的角力 237
教育、教育、教育 241
「阿拉提利」採礦計畫的矛盾 244
穆希卡、獨眼龍和頑固的老女人 246
烏拉圭與阿根廷的政治探戈 250
政治與司法 256
實質薪資上升，失業率下降 259
任內敗筆：公共運輸政策 260
歷史定位 262

8 五十年後的古巴與美國 **265**

感謝 270
引用來源 271
【附件】烏拉圭的典範 273

第一章
子彈與花朵

荷西・穆希卡年僅十四歲時，就開始參與政治活動，隨後成為游擊隊一員，在三十七歲時最後一次被捕入獄，七十四歲當上烏拉圭總統。

他是位奇特而與眾不同的總統，全世界的電視頻道和報章雜誌都想說他的故事。有些媒體把穆希卡冠上「世界上最窮的總統」稱號，但他並不貧窮，只是選擇儉樸低調的生活方式，遠離其他國家領袖慣常享受的浮華人生。儘管大權在握，他仍選擇當一個普通人。

「身份證拿出來！」在蒙狄維歐（Montevideo）的一間酒吧內，一名警察站在桌子旁，要求正在主導談話的男子交出證件。

窗外隱約可見灰色的天光，風從老舊窗框的空隙吹了進來。這是一九七〇年三月，典型的蒙狄維歐秋天氣候，涼爽、不冷。間歇的毛毛雨把市區染得更加灰暗。一群男子魚貫進入這家小酒吧；他們原本在一棟房子裡開了幾個小時的會，計畫展開一場搶劫，但其中一人在整理槍支時不小心誤開了一槍，萬一被人發現，整起行動可能就因為這個離譜過失陷入危機，所以他們收拾善後隨即離開。

這群人一起行動，靠著同一邊排成一列，這樣是最安全的走法。所有人都往左方朝大馬路前進，到了定點再依規定各自分開，直到下次會面。但經過好幾個小時的討論、處理文件兼吞雲吐霧後，畢竟還是難掩疲憊，他們早已口乾舌燥，酒吧彷彿正邀請著他們進去解渴。這群人之中，只有三名男子走進酒吧。

在工人階級群聚的白蘭奎亞達區（La Blanqueada），赫蘇斯・巴斯托（Jesús Bastos）經營的大道酒吧（bar La Vía）跟其他酒吧一樣，清晨時分就在街角開始營業。當時的蒙狄維歐還保留著二十世紀前西班牙移民所留下來的傳統，人們群聚在一起，一邊飲酒、喝咖啡，一邊討論時事。市區裡似乎每個街角都有一家酒吧。大道酒吧固定的客群是附近鄰居，但因為店址所在的馬路距離繁忙的商業區很近，所以也常有散客出現，不時有偶然路過的客人圍坐成一桌，或聚集在吧台邊。

三名男子大半個下午都圍坐在桌旁討論計畫中的重要細節，小心不讓太多動作洩漏行蹤。

當時的烏拉圭在巴契哥（Jorge Pacheco Areco）政權下，幾乎成為軍事化國家。巴契哥是從不接受協商的極右派政治人物，一九六七年他擔任副總統，因為時任總統的奧斯卡・赫斯提多（Óscar

Gestido）過世而有機會接任總統。烏拉圭變得像警察國家，街上任何舉止有一點可疑的人，都可能成為巡警盤問的目標。

圖帕馬羅斯國家解放運動（Movimiento de Liberación Nacional-Tupamaros）的武裝游擊行動集中在首都或蒙狄維歐一帶的村鎮。成員都秘密行動。彼時拉丁美洲已經習慣了美國干預內政，在受到古巴的卡斯楚革命影響下，出現很多左派的游擊團體，要求進行社會和農業改革，以及重新分配土地和財富。

儘管烏拉圭的近代史充滿鮮血與烽火，滿是戰爭及革命刻劃的傷痕，但上個世紀的烏拉圭社會卻相對平靜。巴契哥對游擊隊毫不容忍，隨時準備好用盡一切必要手段進行打壓。圖帕馬羅斯運動是一個組織劃分清楚的武裝團體，儘管他們服從來自中央層級的指揮，但在行動上仍擁有相當的自主權。他們從一九六〇年代中期起，就認為烏拉圭正無可避免地走向獨裁主義，唯有推翻政府才有未來。除此之外，在資產階級統治的社會和萬年貪腐的政治體系中，選票已不可能捍衛他們的信念，他們不願再等待。

「身份證拿出來！」警察惱怒地重新命令道。當時這三名男子已經注意到這是一位巡警了，三人中的領袖稍微抬眼看了看，他背對門口而坐，沒看到有其他警察走進來，他的兩名同伴也沒注意到。蒙狄維歐有這麼多酒吧，偏偏他們挑上這一家……

荷西・穆希卡瞬間揮動雙臂，舉起他的柯爾特點45手槍。「這就是我的身份證。」他邊亮槍邊說。他知道距離這麼近，開槍很有可能擊斃幾公尺外的警察，但外面一定還有更多警員，很可能會引發一場喋血屠殺。他們三人清楚全盤計畫，必須想辦法逃離現場。

巡警絲毫不為所動，反因為預期他會拿槍欺上前來而步步進逼。雙方互不相讓後跌撞在地。穆希卡緊握手槍，本想逃跑卻終究遭到警方制服❶。

穆希卡是圖帕馬羅斯國家解放運動第十縱隊的軍事領袖及戰略家。第十縱隊是組織裡紀律最嚴明、效率最高的團隊。他和同伴先前籌謀搶劫一名烏拉圭大富商的住宅，開會後一起進入大道酒吧；他們預估這次搶案能為游擊隊帶來大筆進帳、支持長期行動，同時可以在社會的中下階層產生極具煽動性的宣傳效應。

但這一回，過往曾讓他免於牢獄之災和生命危險的第六感失靈了。警方搶下他的槍，將他壓制在地，槍口就在幾公分之外對準他，他知道自己已經失敗，被逮了。「你看，這槍是沒有上保險的，小心不要誤觸扳機了，我不抵抗。」他對其中一名警員說道。

但警察仍朝已被制服在地、解除武裝的穆希卡開了好幾槍。

「他們朝您開了六槍，是嗎？」

「沒錯。」

當我請他回憶這段人生中的驚險時刻❷，穆希卡坐在自家客廳裡回答我，已經記不清楚確切的事發日期了，不過他也不太在意。當他在記憶中搜尋死神第一次找上門、與他擦身而過的回憶時，臉上明顯地流露出許多情緒。

「您為什麼不給警察看身份證呢？」

「給他們看什麼身份證！警察在搜查槍械，我身上帶著把點45手槍啊！我看苗頭不對，抓著槍一轉身警察就撲上來了。」訪問當天下午，他邊比畫著動作邊回答我。

警方將穆希卡送往軍醫院進行緊急手術。「我流了好多血」，他回憶說。游擊隊成員口中的「烏比亞諾」*1、「艾米利安諾」、「善於演說的指揮官」命在旦夕。

苦難與淬鍊：牢獄生涯

然而荷西・穆希卡奇蹟般地活下來了。他和很多圖帕馬羅斯國家解放運動的成員一樣，被關押在蒙狄維歐的一座監獄裡。一九七一年，他和另外一百一十名囚犯展開大規模的逃獄行動，參與逃亡的成員大多是游擊隊員❸。一九七二年再度遭警方逮捕。一九七三年，由巴契哥欽點的、出身富裕農牧家族的烏拉圭總統波達柏瑞（Juan María Bordaberry）宣布解散國會，以「拯救」飽受攻擊的國家❹。而在宣布解散國會很久之前，游擊軍就已經潰敗了。歷經這場軍民政變後，烏拉圭進入長達十三年的獨裁統治。在此期間，游擊軍領袖穆希卡遭到監禁，直到一九八五年烏拉圭恢復民主，政治犯獲得特赦才出獄。

穆希卡的全名是荷西・阿爾柏托・穆希卡・柯達諾（José Alberto Mujica Cordano），在三十七歲時最後一次入獄。監禁期間他的身心遭到有計畫的殘暴虐待：他承受獄卒毒打、羞辱，配給的糧

---

❶ 這起事件有各種版本，眾說紛紜且差異極大：有人說整個團隊都遭到逮捕，也有人表示只有穆希卡被捕。另外還有說法指出一名警員在事件中身負重傷，另有一說指警員僅受到輕傷。
❷ 這段對話是作者參與加拿大《環球郵報》訪問的片段。
❸ 這是烏拉圭獨裁政權執政前，穆希卡兩度從該監獄中越獄的第一次。
* 譯註1：Ulpiano/Ulpian（烏比亞諾），為羅馬帝國法學家，曾任亞歷山大大帝的執政官。

食和飲水遭減半，因而罹患腸道和腎臟疾病；他受到單獨監禁的時間之長，已全然無法追溯；他掉了好幾顆牙齒，生理和心理狀況都瀕臨人體能承受的極限。有時「瘋狂」是他唯一的伙伴；有時他會長時間陷入沈思，這是他用來逃避因為政治理念而身陷囹圄的自我療癒方式。

圖帕馬羅斯國家解放運動及烏拉圭政府對立所帶來的政治和軍事衝突，早在獨裁時代開始前就已經結束，雙方都死傷無數，而由於荷西・穆希卡的作為（或者說無所作為），他必須承擔其中一部分的責任。

獨裁軍政府摧毀了烏拉圭的社會和經濟，政府竟將侵犯人權當成作戰策略。有無數平民遭虐待或處決而死，許多無辜的人被捕入獄，還有許多烏拉圭人無端失蹤，時至今日仍下落不明。

穆希卡熬過了難以想像的苦牢後，在監獄內放棄了游擊隊員的身份，出獄後投身政界。

大道酒吧依然還在營業中，不過現在已經改名叫「公路酒吧」了。這家店面仍舊屬於巴斯托一家。多年前槍擊案當天，穆希卡與兩名同伴圍坐的那張桌子，已成為滿是舊照片與老報紙影印本的小角落，藉以記錄這起案件。烏拉圭獨裁期間的部分軍方高層遭到監禁，有些軍官依然逍遙法外。

一九七〇年四月五日，圖帕馬羅斯游擊軍洗劫梅羅斯家（Mailhos）的大宅，搶走超過五十公斤的金條、二萬五千英鎊及超過十萬美元的現金❺。

當年向巡警舉報游擊隊成員所在地的人是荷西・雷安卓・維亞爾巴（José Leandro Villalba）；他是警方行政人員，也是這家酒吧的常客。穆希卡的同伴認出他的身份後追查他的下落，進行跟監、調查他每天固定會經過的地方。有一天他走在人行道上時聽到後面有人叫他的名字，一轉身後只來得及叫了聲「唉呀！」，就被好幾發子彈打得幾乎身首異處。

圖帕馬羅斯游擊軍在光天化日之下的大馬路上進行處決，行刑的幾名槍手在屍體上放了好幾張紙條，上面寫著「告密者死」。

在二〇〇九年，槍擊案四十年後，烏拉圭人民選出荷西・穆希卡擔任總統，來領導這個以足球和探戈聞名、生活品質良好、崇尚民主的南美洲國家。

昨日階下囚，今日新典範

七十九歲的穆希卡住在蒙狄維歐郊外一棟有三個房間的屋子。房子很小，屋頂漆上與周遭林地

---

❹引述自作者在一九九八年對前獨裁者波達柏瑞進行的電視專訪，這也是波達柏瑞在二〇一一年過世前最後做出的少數證詞之一。他在專訪中承認：「我違反憲法和憲法規範，簡單直接地下令解散國會。……當時國家遭到攻擊」，以及「在一九七三年六月救了國家。……為了恢復國家的秩序，當時必須解散國會，建立另一套憲法體制，來保護國家不受左派革命的侵犯」。波達柏瑞說他的政治傾向是「沒有政黨的政治體系」，「我相信政黨政治已經將國家導向危機，因此『儘管我的職責中並未明文規定，但我是依照我該履行的義務來行事』」。波達柏瑞不承認他的行為是政變。當作者問他為何在游擊隊已然潰敗後仍決定要解散國會，他回答道：「當時的戰爭相當於革命的宣言，但在大學中、在國會裡、在我們的生活當中，革命仍持續進行。」波達柏瑞在訪問中表示，他不知道在軍隊掌管的監禁中心裡，烏拉圭的政治犯曾遭刑求虐待。

❺關於梅羅斯大宅搶劫案的相關資料，參考由二〇〇七年十一月五日烏拉圭《記事週報》（*Crónicas*）刊載，Efraín Martínez Platero 的報導。報導連結：http://www.cronicas.com.uy/HNoti¬cia_12706.html

相仿的綠色；房屋並不奢華，但很溫馨。他與前游擊隊隊友、現為政治左右手的妻子露西亞・托波蘭斯基（Lucía Topolansky）住在一起。

穆希卡可說從小到大都住在鄉間。他一生中最穩定的收入來源，或者應該說最原始的收入來源，是種植花卉。

他的興趣很單純，思維卻很複雜。或許正因如此，才養成他喜歡獨自沈思的習慣；不過在他有時間和心情好的時候，也樂於與願意親近他的人交流。其他國家領袖在維安考量之下，身邊有太多的正式排場、規矩和架勢，不過在穆希卡身邊完全看不到這些。

穆希卡出獄後定居在郊區。為了興建他的農莊，附近有幾戶人家讓出房屋或土地，現在這幾家人也居住在穆希卡的這片地。

他贏得總統大選後放棄豪華的總統官邸，此舉贏得人民大力讚揚。在烏拉圭，「平等」不僅僅是抽象概念或值得追求的理想境界，而是深入當地文化的價值觀。

穆希卡常說自己對生活的要求不多，他比較喜歡輕裝便行，對他來說，「擁有空閒時間」比任何財產都重要。與他本人見面後就會發現，這番言論固然為他政治上的形象大大加分，但他本人確實身體力行，對物質生活極為淡泊。烏拉圭總統的月薪一萬二千多美元，但他自己只留下不到十三％，其他近九成薪水都捐出去，包括付給他加入的左派聯盟「廣泛陣線」（Frente Amplio）當作月費、資助其所屬政黨「全民參政運動」（Movimiento de Participación Popular），其中三成多的薪水則捐給一項名為「合作」（Plan Juntos）的互助建屋計畫。他對這項專案有特殊的情感[6]，經常參與專案中的建築工作，興建的平價住宅優先提供給必須獨撐家計的單親媽媽。

他在空閒時喜歡開牽引機下田做些農事，在自家空地開墾一片小菜園，自種蔬菜；不過他現在暫時沒有種花了。我在他家門口跟他聊天時，他跟我解釋說花卉是需要密集照顧的作物，他還留了一些植栽好等以後可以種。「這要用插枝法，要把它埋到土裡去，你看到了嗎？」種植花卉的溫室位在農場後方，依然保持得很好。他說卸任後打算開辦農業學校，因為種花「對這一帶的居民來說」是很棒的工作機會。但因為花卉養殖是非常繁雜的工作，所以得「先教大家該怎麼種」。

總統不時會躲過家門口駐守的少數維安警力，開著他一九八七年出廠的天藍色福斯金龜車出去走走。烏拉圭人跟巴西人一樣稱這款車為「福斯卡」。坐在副駕駛座的是他家的三條腿狗狗、第一寵物瑪努艾拉（Manuela）；一人一狗乘著老爺車出門的照片在全球媒體間瘋傳。穆希卡出席非正式活動的時候，也常常帶著瑪努艾拉一同現身。

穆希卡十四歲時就已開始參與政治活動，為了聲援他居住的帕索艾雷納區（Paso de la Arena）居民爭取勞工加薪、改善勞動環境的要求。

他是無神論者，常說他景仰的烏拉圭前總統荷西・巴特葉・奧多涅茲（José Pablo Torcuato Batlle y Ordóñez）❼，寫到「神」這個字時是不會加抬頭的（用的是小寫），但他也認為倘若叫人類集體

---

❻ 根據穆希卡在二〇一四年提交申報的二〇一三年財產報表，他給「合作」計畫捐贈了價值三十一萬美元的捐款和機具，價值幾乎與他的私人財產等值。該財產申報表可參見本書〈第二章〉，連結：http://www.jutep.gub.uy/c/document_library/get_file?uuid=80c675a1-38a7-41f6-b7e8-3c61137e5ac6&groupId=10157›。

❼ 荷西・巴特葉・奧多涅茲（一八五六～一九二九）。烏拉圭紅黨黨魁，曾於一九〇三～一九〇七及一九一一～一九一五年擔任總統。出自英國《衛報》採訪、作者與穆希卡妻子、前第一夫人露西亞・托波蘭斯基的對話。

放棄自主信仰的宗教和哲學，會將人類帶往欠缺思考和質疑生命本質的不當道路。

穆希卡愛書成癡，但家中沒有成山的藏書，他讀完的書大多馬上轉手送人，讓其他人也能看書、「好延續書籍的生命」❽。他抱怨當了總統就沒時間讀書，也沒空投入他在政治之外的另一個興趣：好好享受農莊田園生活。不過他倒是經常在週末前往烏拉圭西南部的科洛尼亞省（**departamento de Colonia**），到拉普拉塔河畔（**Río de la Plata**）的總統行館安丘雷納居（**Estancia Anchorena**）去放鬆一下。

在穆希卡公開露面的場合裡，烏拉圭民眾大多親切地叫他「佩佩（**Pepe**）」，不太常用傳統上過於正式的「總統先生」來稱呼他。在烏拉圭這個傳承大量殖民母國西班牙的文化、獨立僅二百年的南美洲國家，名叫「荷西」的男性都可以用「佩佩」當暱稱。

平日中午，在蒙狄維歐市中心的總統辦公室附近，人們經常可以看到這位滿面笑容、眼神詼諧、態度和善溫暖，有個大鼻子、蓄著八字鬍的總統先生，跟普通上班族一樣出來吃中飯，或者在週五下班後，跟妻子一同出現在他們最喜歡的麥迪遜酒吧小坐一下。

在烏拉圭，不管前任或現任總統走在路上都不會有危險。當前烏拉圭的治安可說是全球頂尖；當年一波接一波的歐洲移民，搭船遠渡重洋而來建立起烏拉圭這個國家，在他們拋下歐洲貧困生活的同時，往往也拋棄了原生家庭。因此，移民者形成了一種廣泛的團結意識、和平共存以及平等的概念；儘管受現代社會的個人主義影響，傳統多少被消磨掉了一些，不過時至今日在這塊土地上，都還保留著一分當年建國先祖的古風。

穆希卡建立起的形象，是一個受時勢所趨坐上總統大位的「普通人」。他所散發出的樸實平民特質，使得他與其他國家元首相比顯得非常特殊。他在二〇一〇年當選為總統時，聲望如日中天，然而弔詭的是，他同時也是在選民間，引發最多反對聲浪的人物。

儘管佩佩・穆希卡是全球政壇當紅的明星（他一個人所接受過的國際媒體訪問次數，比歷任烏拉圭總統加起來都多），卻也飽受反彈與批評：他長期遭烏拉圭政壇與學界攻擊，不光是右派人士對他多所批判，甚至他所屬的左派聯盟也經常砲聲隆隆。雖然不少游擊隊的老戰友非常崇敬他，但也有部分人認為他悖離了當年揭竿起義的理念，在這些反對他的前游擊隊成員中，有人甚至不願接受本書的訪問。很多烏拉圭民眾亦無法諒解他青年時代加入游擊隊的過去。他不打領帶、不搞排場的總統風格，固然創造一國元首的新形象，但社會上另一派重視總統形象的人經常據此抨擊他。不過穆希卡坦誠的溝通方式、力行簡單生活所展現的儉樸作風，以及在總統任內通過的多項法案，仍吸引了國際間的注意。

究竟是什麼原因讓穆希卡，這位國際政壇上足無輕重的小國總統，成為世界上最受人愛戴的領袖？

為窮人發聲，對政治浪漫

對比在六〇年代末、七〇年代初，穆希卡想透過武裝起義發動革命，當他進入政府體制後，選

---

❽出自英國《衛報》採訪，作者與穆希卡妻子、前第一夫人露西亞・托波蘭斯基的對話。

擇以富有人文關懷的演說及多項開創性的決策撼動世界。

當年他加入的游擊隊「圖帕馬羅斯國家解放運動」，發動的軍事行動失敗，造成烏拉圭動盪不安、死傷無數。穆希卡則認為，即使自己過往曾拿起槍桿，但他的本質始終都是政治人物，今昔改變的只有行事方法不同而已。事實上，包括他本人在內，很多游擊隊成員後來也都能放下武器、重新適應民主生活，成功獲得大多數烏拉圭民眾的青睞，透過選票獲得執政的權力。

身為領袖的穆希卡是非常實際、有條理的人，不過和政治策略相比之下，他更相信直覺與常識。他在很多場合中經常憑著一股衝動發言，往往令身邊最親近的幕僚捏一大把冷汗，幕僚老是處理他脫稿演出的後果。不過他有時候在為理念和政策辯護之前，也不忘先試探看看民意輿情。

游擊隊時代的經歷，在穆希卡身上遺留下來的痕跡，或許只有許多政治人物亟欲打造、「勇於為窮人發聲」的形象，還有隨著他年紀增長、體悟去日苦多後，言談中對人類生存越來越濃厚的浪漫觀點。他人生中嚐遍了一切，他有想法和無盡的熱情，能夠坦承錯誤但不多談細節，他經歷過成功、挫敗，擁有愛情卻被迫承受孤獨，在監獄中面對刑求虐待、與死神擦身而過。

穆希卡不碰軍火。跟所謂的「阿拉伯之春」*2，以及已故委內瑞拉總統查維斯（Hugo Chávez）發起的「波利瓦革命」*3保持距離。針對拉丁美洲最後僅存的內戰——哥倫比亞革命軍（FARC*4），穆希卡希望革命軍和政府雙方好好解決，他深信自己能幫助雙方簽訂和平協定，因而不斷示意如果哥倫比亞政府允許的話，他願意做為橋樑協助溝通。

二〇一三年聯合國大會

當全球資本主義出現裂痕，人類面臨重大的價值觀危機，穆希卡呼籲和平、追求人權、永續利用自然資源、將生命奉為最高價值等等訴求，能夠令不願再相信體制和生命美好價值的人，近乎絕望地在他身上尋求心靈上的楷模。

現代人生活在毫無節制的消費時代。人們說這是消費主義，你購買、我製造，一買再買，明明不需要，仍無節制地消費，或因誤以為只要不斷「擁有」就能帶來幸福而不曾停止購買。一般人幾乎是從小就接受物質迷信洗腦，這是個令人感到挫敗的時代。

穆希卡認為，人類已經進入了反資源經濟的時代。人們不是因為東西壞掉了才換新手機或新電視，而是因為出了更新更炫的機種；汽車、服飾、鐘錶的品牌代表你是人生勝利組還是上不了檯面的魯蛇，更有甚者，品牌變成是評量一個人的人生是否成功的權威象徵。各種教你怎麼賺大錢的雜

---

*譯註2：阿拉伯之春：指二〇一〇年十二月起，自突尼西亞蔓延至多個阿拉伯國家的民主浪潮。

*譯註3：波利瓦革命（西班牙文：Revolución Bolivariana）由已故委內瑞拉總統查維斯推動的大型社會運動，目的是在國內推動實施十九世紀南美洲革命家波利瓦（Simón Bolívar）的民主社會主義。

*譯註4：哥倫比亞革命軍（西班牙文縮寫：FARC）：成立於一九六四至一九六六年間，為哥倫比亞共產黨武裝分支。由於其武裝行動威脅當地政府、平民、自然環境和基礎建設，因而哥國政府及歐美均將其視為恐怖組織。FARC與哥倫比亞政府對抗逾四十年，初始挑戰當地社會不公義的強硬立場曾短暫獲得國際輿論支持。近年來多次與政府討論停火及和談，但至今仍無重大結果。

誌將富豪捧上了天，不斷提醒你有為者亦若是，殊不知人類無意義的消費與囤積，已經造成地球飽受污染、資源日漸枯竭。

二〇〇八年率先襲捲美國、隨後重創歐洲的經濟危機正是歷史上最明確的例子，代價是數百萬個工作機會消失，人們對現有經濟模式失去信心——不斷透過擴大生產活動來影響消費以促進成長、創造人類幸福，這個架構已然是泡沫化的神話。

美國、歐洲，以及發展程度不一的二十國集團（G20）所召開的高峰會，論壇的目標只侷限在如何度過危機以維持現況、維持美國人習慣先消費後付款、以分期月繳度日、過度膨脹物質慾望的「美國夢」，或歐洲國家數十年來舉債度日，好維持代價昂貴的「福利國家」現況。

經濟危機帶來的重大驚嚇，影響層面甚至廣及貧困國家，其中有好幾個國家還獲外界冠以「新興經濟體」美稱。因此像巴西或印度等多數國民的生活依然貧困的國家，也加入國際間的集體行動，好挽救他們業已達成的經濟成果：保護中產階級。然而他們夢想中的中產階級定義，其實說穿了是購買貨品及服務的能力，而非能否公平享受良好教育，或接受優質公共衛生服務等基本人權。

經濟危機或許已然過去，不過仍持續影響人類社會：在美國，許多民眾以和平抗爭的方式，表達出他們對主流生活模式的不滿，「佔領華爾街」（Occupy Wall Street）運動便由此誕生，連續數週的行動讓世界看到有一群敢於發聲的美國民眾，深切瞭解過度消費會帶來的諸多問題。在歐洲出現「憤怒者運動」（Indignados），行動主要集中在西班牙❾，他們受到法國資深抗議人士埃賽勒（Stéphane Hessel），以及他在二〇一〇年出版的著作《憤怒吧！》啟發。埃賽勒是作家，曾經出任外交官，並在一九四八年二戰結束後，參與撰寫世界人權宣言的工作；他在這本小冊子中呼籲民眾打破「永遠追求更多」的慾望，以追求「永續平衡」❿。

埃賽勒在二〇一三年辭世之前，總算見證了他所播下的抗爭種子。本世紀初全球經濟危機令世人注意到的問題點，不是去瞭解引發這場災難的原因，以及思考如何讓眾人過更平衡、公正、合理和簡約的生活，反而只是消極地想辦法維持危機爆發前的情況，寧可辛苦工作努力、背負多年貸款，也不願犧牲舒適便利的生活。

穆希卡在青年時代所認識的世界，單純、相對樸實，與現在差異極大，更與他的理想截然不同——世界上很多人活著只為了工作，而不是藉由工作來維持生活。人們賺錢買新車、買最新上市的手機，或追求買當紅電影明星戴的手錶，透過物質上的滿足來貼近從小被灌輸的「幸福」和「自我實現」概念；一般人願意為此犧牲極大一部分的個人和家庭生活。

「生活在大城市中的人，往往在開著冷氣的銀行和辦公室間無端漫步，為繁瑣庸碌的例行公事而奔忙；總是幻想可以去度假享受自由，夢想著要把所有的帳好好結算一下，直到有一天心臟停止跳動，告別人世。然後總會有新的人來補上他的缺口，來確保自己可以繼續累積財富。」

荷西・穆希卡在二〇一三年九月於聯合國大會上發表的演說中，是這樣描述現代生活的。在每

---

❾ 這場運動別名「15-M」，因為二〇一一年五月十五日抗議群眾在西班牙發起抗爭，憤怒者行動是佔領華爾街的前身。

❿《憤怒吧！》（*Indignez Vous!*），埃賽勒著，法國本土出版社（Indigène Éditions）出版，二〇一一年一月第十二版

年為期三天的議程中，全球各國的領袖在紐約齊聚一堂。他在演說中強調人類的生活方式會傷害人際關係；表示人們對大自然過度開發，將引發無情的天災。同時這位年邁的前游擊隊員也表示，政治領袖應該在危機關頭承擔起最大責任，各國領袖應負責尋求新的方向、規劃出更加合理的生活方式。

穆希卡已經八十歲了。在人生最後階段中，他已經可以用「年長智者」的口吻，來面對生命裡代價高昂的許多過去，「令我不安的是，我已經（對未來）許下承諾，然而面對不可知的將來，我卻不知道該如何提前做準備。我們一定可以讓世界變得更美好。但或許眼下我們首要的工作，是必須先拯救生命。⓫」

上述簡短的談話可說總結了穆希卡一生中最為憂心的幾大問題。他是花農、青少年期間當過自行車手，接著成為政治異議人士、投身游擊隊，因政治罪入獄多年；到他獲釋後出任參眾兩院議員、受邀入閣，直到當選總統。在他過去幾年執政以來，都不斷大力呼籲強調這些觀點；或許在未來史學家的筆下，也將成為烏拉圭所有領袖提出的議題中，近年來最能獲得媒體龐大曝光和關注的焦點。

搖滾巨星穆希卡

穆希卡平易近人、爽朗不拘小節的風格，建立出與伙伴胼手胝足合作的形象。他說話時經常會停頓，與人談話時總是雙手敞開，不時緩緩地做些手勢。他整個人散發出誠懇的氣息，回答問題前總會思考一下，在捍衛理念時，常會引用他在舊書裡讀到的、經典不敗的知識。

他的執政風格、他決定將自己的生活方式攤在鎂光燈下，以及總統任期內通過的部分法案等等，無可否認亦為他招致排山倒海的批評聲浪，例如只要孕婦不願繼續懷孕，不需等待法院裁決就得以合法終止妊娠；或允許同性伴侶結婚的法案等。

全世界的電視頻道和報章雜誌都想說他的故事。有些媒體將焦點放在他的游擊隊背景，將武裝行動的經歷形容成他人生中的大冒險。有些媒體則把穆希卡冠上「世界上最窮的總統」稱號，這標題一定能大賣，但說實話，完全背離實際情況。穆西卡並不貧窮，他是出身勞工家庭的中產階級者，只不過他選擇了儉樸低調的生活方式，遠離其他國家領袖慣常享受的浮華人生。儘管大權在握，他仍選擇當一個普通人。

他是位奇特、違背常理而與眾不同的總統，勇於在主流社會的價值觀下，替叛逆的理念發聲。其中最具代表性的，應該就是他通過法案，讓烏拉圭政府得以有計畫地管制大麻市場，由國家成為最主要的大麻經銷商。穆希卡認為這項以毒攻毒的計畫就好比一場「實驗」，他不理會聯合國等國際組織的呼籲、違背歐美各國高調向毒品販運宣戰，也無視多數烏拉圭民眾反對的聲浪，堅持推動這項法案⓬。

⓫ 引用荷西・穆希卡二〇一三年九月於聯合國發表的演說。演說全文公布在烏拉圭總統府網頁：www.presidencia.gub.uy

⓬ 在二〇一四年七月，當地市調公司 Cifra 進行的民調顯示，六十四%的烏拉圭民眾不贊成由政府來管制大麻市場。相關資料請參見：http://www.cifra.com.uy/novedades.php?idNoticia=233

他領導的政府有一個特色：儘管對發展中國家來說，有必要興建大規模的基礎硬體建設，但他執政期間通過的建設案數量，卻比不上為了擴大保障人權而通過的爭議法案量。儘管在拉丁美洲國家中，烏拉圭向來堪稱人權先鋒，但在這一方面，他那非常具革命性的想法，並不見得能讓所有人都接受。此外，很多批評他的人抨擊他類似「無政府」的管理方式，說他的領導方式有時未免流於理想性，缺乏政府應有的實際作為。

筆者在寫作本書的期間，與多名專家一同探討得出來的結論，是穆希卡依然跟游擊隊時代一樣，有優秀的戰術，卻缺乏謀略。然而他針對「消費導向的世界會面對何種難關」的演說卻非常深入人心，二〇一四年他的名字二度出現在諾貝爾和平獎的入圍名單中。不過這樁美事卻反而威脅到了他的另一個理想——因為他想推動的，既不是理念教條上的革命，也不是他年輕時加入的暴力武裝革命。他大量且有計畫地推動司法和體制改革，只希望讓世界上許多人都期盼能實踐的生命反思與想法，能從烏托邦變成真實人生。

這是屬於穆希卡的寧靜革命。

第二章

總統的財產：自制、儉樸的生活方式

對我們來說，
儉樸生活的目的不是節衣縮食，
而是爭取自由。

——荷西・穆希卡
二〇〇六年十一月十八日[1]

[1] 接受阿根廷《*Noticias*》雜誌專訪。Mujica Recargado. Rubén Darío Rodiger. Uruguay, Aguilar, 2007, p. 133.

荷西・穆希卡與妻子露西亞・托波蘭斯基住在鄉間。他家位於蒙狄維歐郊外的蔬果產區「山角區」（Rincón del Cerro）。他的地約二十公頃，主要分成三個區塊。

在抵達這裡的路上會先經過首都最貧窮的幾個地區，出了市區後通往他家的柏油路，是穆希卡選上總統後才重新鋪好的，要從大馬路上沿著鵝卵石和泥土鋪成的小徑走到他家。

訪客抵達後看到的光景，反差大到令人震驚。世界上大部分的國家領導人，都住在氣派的官邸，出入有隨扈戒備。但荷西・穆希卡不一樣。曾先後擔任過參眾議員的穆希卡決定，在總統任內繼續住在他原本的房子裡。此外，雖然他本人並不願意，但政府仍在他家附近設立了幾個簡單的警衛崗哨，讓輪班警衛隨時注意總統住宅維安。

總統家一共有三個房間，目測之下居住空間僅約有五十平方公尺（譯註：約十五坪），另外還搭了棚子來放置農器機械。

這棟房子的屋頂是鐵皮搭成的。在木製的房屋正門上，長滿植物的遮雨棚迎接來訪的客人，四周綠意盎然。最靠近房子大門口的小徑旁邊，有一棵枝繁葉茂的棕櫚樹和一大叢盛放的薰衣草；在其他較低矮的植物間，一棵有著綠色枝幹、帶刺的美人樹特別顯眼，春天時會開滿炫目的紫紅色花朵。當然，也少不了傳統的轆轤水井。

穆希卡養的幾隻狗隨意走動，「我想大概一共有五隻吧。前幾天有人在這附近丟棄了一隻，我們就把牠給帶回來養了。」穆希卡在接受雜誌專訪時說道，邊說還邊搖頭，不懂怎麼有人能狠下心來拋棄忠實的狗朋友。

總統與夫人把農舍讓給幾名政治抗爭時代的同志居住。房子裡的所有陳設看起來又舊又小。

門廊的屋簷很低矮。穆希卡的年紀已經很大了，飽經風霜的他微微駝背，身高不到一七〇，但門廊頂沒有比他高多少。走進門後首先會看到一面掛滿懸吊植物的牆，牆上滿是苔蘚和濕氣留下的痕跡，這位樸實的烏拉圭總統很喜歡坐在門廊上喝瑪黛茶，也在門廊上讓人幫他理髮。

門廊邊堆放著一些磚頭、建材，裝滿瓶罐的木箱，陳舊的椅子或沙發，訪客看到的是一棟簡樸普通、尋常人家的房子。房子前緣的牆上有三面窗戶。玄關前還有一塊水泥砌的板子，權充進屋前踏掉泥土草屑用的腳踏墊。

總統之家

屋子裡不見任何一絲奢華氣息，儘管穆希卡在擔任總統期間進行了一番修葺，但牆壁上仍有濕氣留下來的污漬，木製窗框邊緣掉漆磨損了，露出底下灰色的水泥。

穆希卡第一次在自家以總統身分接受國際媒體訪問時，簡樸的住家畫面立刻傳遍全球，幾名敵對陣營的政治人物批評總統的住宅「家徒四壁」，結果反而遭到眾多民眾鄙棄。因為烏拉圭的人口仍以中下階層居多，而穆希卡的家就跟普通民宅差不多。

總統夫婦家裡沒有聘請幫傭。每次只要有人問起，第一夫人都堅稱兩人可以自己做打掃、煮飯和洗碗等家事。上次我到他們家去採訪，看到穆希卡在回答問題的時候，夫人托波蘭斯基就在一旁自己準備蜂蜜吐司，配著果汁邊吃邊翻閱報紙。

磚黃色的地板一路從大門延伸到屋內，客廳和廚房中間只隔了一堵開了門洞的牆面。大門口一側的牆上掛了兩頂草帽。

在屋內右手邊有充作書房的書桌。書架上擺滿書本、幾個瑪黛茶杯、幾盆花、一具陳舊的象牙色有線電話，還有好幾禎相片，其中有一張是他披著總統綬帶的小像。

書架中間放著一張鄉間風景畫，畫裡背景的藍色天空已經褪色了。左邊掛著好幾幅來自中美洲的圖片，替灰白色的牆面增添幾許色彩，顯得壓在書本和文件上的一塊紫水晶特別搶眼。

書架上和屋裡的其他地方，裝飾著各種不同的小收藏品。有來自秘魯或玻利維亞原住民的手工藝品，混雜在總統收到的禮物和舊照片中。其中有一張約八乘四公分大小的拍立得照片，年輕的穆希卡與托波蘭斯基相擁入鏡。在沒有裱框的黑白照片前，放著一尊小小的紅色瓷公雞，只看得到照片上寫著「我們」兩字。書架下方的牆上有一張用膠帶貼著的彩色雜誌照片，這也是兩人的合照，不過照片中兩人看起來年紀已經比較大了。

另外一張泛黃相片的主角，是穿著便服的賽雷格尼將軍（general Líber Seregni）。他是廣泛陣線❷的創辦人之一，因為大力抨擊巴契哥、反獨裁立場而入獄，儘管賽雷格尼和圖帕馬羅斯陣營事實上有諸多歧見，但在穆希卡心目中，這位將軍仍占有非常重要的地位。二〇〇四年七月三十一日，在賽雷格尼過世後的守靈儀式上❸，總統說，他難過到「簡直把心都揉碎了」。賽雷格尼的照片和阿根廷裔古巴籍的游擊隊員切．格瓦拉（Che Guevara）的灰色胸像，都放在一眼就能看得到的地方。從穆希卡珍藏的幾幅舊照片中可以看出兩人相識。最近他又在書架上添了一尊教宗方濟各（Jorge Mario Bergoglio）的小胸像。

在穆希卡夫婦的家中，紙張、檔案夾和文件隨興地疊成一堆放在地上。有些文件收在運送柳橙用的箱子裡，堆放在書架底下。

天花板上鋪著用植物纖維編織成的網狀薄席片，這是舊式房子常用的天然隔熱素材，可以維持屋內涼爽，避免鐵皮屋頂的熱氣直接穿透到屋裡。

客廳的照明來源是從天花板垂下來的一盞蘆葦框的布面吊燈。屋內各處還沒收拾好的小細節，讓屋子看起來有一種古老溫馨的感覺。房間裡擺放的東西各有用途，還有一些是紀念過去回憶的小收藏品。穆希卡的過去造就了他的現在，他在演說中經常談起他那些值得懷念的過往。

壁爐上放著好幾個裝飾用的花瓶和瓶罐。訪客能一眼望見房間裡低矮的陳舊床墊。床邊放著仔細摺疊好的床單和毛毯。房裡的窗戶開著，讓鄉間的空氣在房子裡流通。

這只不過是一間很普通的民宅。

他說：我不窮，我是很自制

穆希卡的生活方式非常簡單。他認為物質生活會束縛住他，讓生活變得很複雜。他對自由的概念和大多數的凡人正好相反，認為只需要擁有最基本的物質就能夠過日子。

「如果我住在小房子裡，而且只擁有一點點東西的話，就不需要擔心太多了。」，他在二〇

---

❷ 廣泛陣線是穆希卡所屬的左派聯盟。

❸ 引述自 Mujica Recargado, o. cit., p.106。

一四年接受荷蘭公視訪問時說道❹。

外界替穆希卡冠上「全世界最窮的總統」稱號，令他感到相當厭煩。據他身邊最親近的同事說，總統有好一段時間都不願意跟媒體談他的財產，比較傾向於討論時事或思想上的議題。

不過這說起來簡單，實踐起來可不容易。除非他完全拒絕與媒體對話，否則根本難以避免，畢竟全世界沒有任何一位總統像他一樣過著如此儉樸的生活，對記者來說當然是新鮮、甚至不可能再碰上的新聞素材。

「他們錯了。我不窮，我是很自制，這兩者是不同的！」他對荷蘭記者說道，「做人應該要謙卑。當我們爭取到重要職位的時候，往往自以為是宇宙萬物的中心……但少了我們世界依然能運行下去。我們離世後也不會有什麼差別。」

「真正貧窮的是那些說我窮的人。我認同古羅馬哲人塞內加對貧窮的定義。需要很多東西的人，才是真正的窮人。因為如果欲望很多，就永遠無法滿足。我是很自制的人，不是窮人。自制、簡單穿、簡單走、簡單度日。東西只要夠用就好，不需要花太多心思去維持物質生活。為什麼？因為這樣才有更多時間啊！有更多的空閒時間，可以做我喜歡的事情。自由就是有時間可以好好過日子。所以說，我奉行的是一套清儉的人生哲學。但是我並不貧窮。」這是他在另一場接受卡達半島電視台訪問時做出的回應❺，或許這也是他對自己簡樸生活最明確清楚的定義。

穆希卡毫不在意物質需求，這點人盡皆知；他本人更透過演說、訪問和身體力行，讓世人明白這就是他的人生哲學。

他在二〇一三年聯合國大會中❻對各國總統表示：「我們犧牲了古代精神上的神祇，在神殿中供奉了『市場大神』，讓祂來主導我們的經濟、政治、風俗、生命，甚至用分期付款和信用卡向我們提供一種幸福的表相。彷彿我們生來就是要不斷地消費、再消費，而當我們無力消費時，心裡就充滿苦悶，就認為自己過得很窮，甚至自我封閉」。

「物質彷彿掌握了自主權，物質控制了人類」，這是穆希卡在聯合國大會上做出的結論，也是近年來最為人稱道的演說❼。

穆希卡與金錢的關係

烏拉圭總統的月薪約為二十九萬披索*1，總統與一般勞工一樣，依法每年可領取十四個月的薪資。這表示總統每個月可領到約一萬四千美元的薪水，相當於年薪近十七萬美元。這在烏拉圭是非常優渥的薪水，因為二〇一四年烏拉圭的基本工資只有四百美元出頭，根據二〇一三年底的統計，國民平均月薪約為五八八美元。

---

❹ 訪問請見：https://www.youtube.com/watch?v=Jar3YU_9w_E

❺ 訪問請見：https://www.youtube.com/watch?v=iC4elUFSO2g。半島電視台記者 Lucía Newman 於二〇一三年的採訪報導。

❻ 荷西．穆希卡於二〇一三年九月在聯合國大會的演說。全文詳見：www.presidencia.gub.uy

❼ 這是最先上傳到 Youtube 網站的穆希卡演說影片，點閱率將近五十萬次，已有多種語言版本的翻譯及字幕。

＊譯註 1：烏拉圭披索對美元匯率約為 0.034370，大約相當於 9,967.30 美元。

穆希卡將八十七%的總統薪水都捐出去了。

「重點是我已經有固定的生活方式，不會因為當了總統就改變。所以這份薪水我花不完。其他人或許覺得不夠用，但對我來說太多了。我妻子是參議員，她必須花很多錢贊助政黨之類的，但是光她一個人賺的錢就夠我們兩人生活了。我們還有多的錢可以存在銀行應付急用。我捐錢贊助我的政黨，和一個替單親媽媽興建住宅的計畫案。對我來說這不是負擔，而是責任。」他接受半島電視台訪問時這麼解釋。

穆希卡最重視的捐款項目，是一項名為「合作計畫」的互助建案，是烏拉圭全國的一項大規模合作方案。穆希卡提出的計畫不僅止於多蓋房子：他設定的最終成就是透過個人努力及團體合作，為有需要的人興建自有住宅。身為總統，他卻經常在工程期間出入工地，開著他的自用車幫忙載運建材。

我在二〇一四年九月跟著穆希卡一起到蒙狄維歐的意露森村，參訪「合作計畫」在當地進行的建案。當地居民——也就是主辦單位口中的「合作者」——邀請總統到場，為住宅計畫中的行動牙科診所揭幕。他巡視工地，參觀了兩層樓的簡樸住宅。在總統跟居民聊天時，隨扈保持在適當距離外候著；而他一而再、再而三地鼓舞人們貧窮不在於口袋的深淺，唯有靠工作才能走出困窘的生活。

穆希卡從小就被教育要勤儉、樸實。佩佩的父親德麥卓・穆希卡（Demetrio Mujica）很早就過世了，他的母親魯希拉（Lucila Cordano）必須獨自一人扛起養育兩個孩子的重擔。當時佩佩年僅七歲，一家人的生活非常清苦。

烏拉圭記者裴納斯（Walter Pernas）深入調查穆希卡的童年、青少年時期，他在傳記體小說

《善於演說的指揮官》（*Comandante Facundo*）中寫到穆希卡一家在機緣巧合下，靠著在自家土地上種花、賣花，熬過二戰後物資極度匱乏的時期。穆希卡從幼年、青少年到成年後都幫忙補貼家裡的經濟。他是花農，會到附近村鎮的市集去賣花，除了入獄服刑期間，穆希卡在一生中從沒有放棄過花農的工作。

少年穆希卡成長的環境跟現在大不相同，當年要先有艱辛、努力的付出，才能換取衣食無虞的舒適生活。當時人們的觀念是，有「需求」才要「購買」，買工具的目的是為了工作。工具壞了，能修幾次就修幾次；家裡的衣物鞋子破損或不合穿，必須先考慮送去修補改造；有能力買車的人會盡可能把車子保養好，因為沒人能借錢讓他買新車。在這種物質生活極度貧困的時代，讓人們發揮創意，盡可能物盡其用，對生活的需求不多——這樣的簡單價值觀已經深入了烏拉圭的文化。

> 多年之後❽，穆希卡說：「文化也是指懂得如何抗拒（誘惑），懂得用很少的東西、用便宜盛產的當季食材來煮一餐飯，不被充滿行銷手法的社會牽著鼻子走。」

穆希卡的妻子是參議員，每個月的薪水約有四千五百美元，相當於年薪近六萬三千美元，此外還有議員的補助款和特別費❾。

---

❽引述二〇〇六年六月二十三日，接受「自由電台」（Radio Am Libre）記者布雷恰（Sonia Breccia）訪問的片段。

❾此金額統計基準可於下列網址查詢：http://www.parlamento.gub.uy/VerDocEspecial.asp?DocumentoId=143。議員可支用的金額比本薪高出許多，可用在支付各級秘書薪資，有金額上限的行動電話帳單補助；在已經可以上網免費查閱資訊的時代，政府仍舊提供報刊訂閱費等。

根據穆希卡在二〇一四年提交的二〇一三年財產申報表，他除了土地之外，名下只有兩台一九八七年出廠的福斯汽車、三台牽引機，以及以「農具」名義申報的耕種器材。申報的財產總金額只有三十萬美元出頭，他家裡所有東西幾乎都具有實際用途。

穆希卡追求的形象

當過十四年的政治犯，穆希卡曾遭監禁多年。他在一九七二年入獄，烏拉圭軍方將他列入俗稱為「人質」的一群囚犯當中，多次轉移監禁地，刻意將他們分開，阻止犯人彼此溝通，並有計畫地展開刑求虐待。由於他們被歸為「人質」，沒有任何人權可言。

這麼苦的日子都熬過來了，穆希卡只需要最基本的物質就能過日子，他不喜歡用手機（不過白天的時候他都會帶著），手上戴著舊手錶，不愛買東西，更別說是買衣服了，就連他近期受訪時穿的衣服，也跟十多年前登上書籍封面時穿的一模一樣。

在需要穿上正式服裝的場合裡，他看起來總有那麼點不自在。穆希卡年輕時就不喜歡打領帶。二〇一〇年三月一日，他在烏拉圭國會發表就職演說時，儘管身穿全新的西服外套，但襯衫領口卻是開著的，這樣罕見的畫面令記者嘖嘖稱奇。總統先生在我撰寫本書期間的幾次受訪，甚至穿著勞工的服裝上陣。

著有《當十億中國人一起跳》❿的知名作家、英國《衛報》記者華衷（Jonathan Watts），二〇一三年在採訪穆希卡前，問我見總統時該怎麼穿。當他在電話另一頭聽到我的笑聲，趕緊加了一句

「我不想對總統失禮」——很正常，記者總習慣在訪問元首時打扮正式。

華夷在他的報導「烏拉圭總統穆希卡：不住官邸，摒棄隨扈、毫不奢華」中，用尖銳的筆調描述了這位國家元首⓫。

> 「穆希卡邋遢的外表令人印象深刻。他穿著普通的衣服，腳上踏著舊鞋，這位有著濃眉的農夫出現在門廊上時，看來就像個從巢穴裡走出來的老地精，正要去罵擅闖家園的鄰居」。

我是這篇報導的製作人。我花了近八個月的時間，才讓穆希卡答應接受全球最負盛名的《衛報》訪問。總統接見我們時，身穿沾著污漬的舊運動服和破了洞的運動鞋。當時是早上九點，他與鄰國阿根廷總統費南德茲（Cristina Fernández de Kirchner）的關係出現新危機，所以當天一早就有接不完的電話。穆希卡看來既疲憊又困惑，直到訪問中因為我們提出來的問題，逐漸將話題帶到他的人生哲學，這才讓他慢慢放鬆下來。

這是華夷記者生涯中最多人點閱的報導。

不過，跟穆希卡外表截然相反的，是他非常重視形象，但他重視的不是一般人所理解的表象，他認為可以透過他所展現出的形象及態度，來表達自己想傳遞的訊息。儘管他力求以身作則，但不

⓾《當十億中國人一起跳：中國將如何拯救或摧毀世界》華夷（Jonathan Watts）著，二〇一〇年 Scribner 出版社出版。同年由天下雜誌出版繁體中文版。

⓫《烏拉圭總統穆希卡：不住官邸，摒棄隨扈、毫不奢華》，華夷採訪撰稿，於二〇一三年十二月十二日刊登於英國《衛報》。

強求其他人也必須遵從。

南美洲有好幾位元首喜歡在穿著上盡量貼近群眾：例如玻利維亞的總統莫拉萊斯（Evo Morales），他出身南美洲的原住民艾馬拉族（aimara），說起西班牙文有點不太流利；莫拉萊斯在公開露面時經常身穿帶有「原住民」設計的服飾。還有厄瓜多的柯利亞總統（Rafael Correa），接受過美國教育，舉止在優雅中帶著霸氣，他也常在服飾中納入厄瓜多原住民的工藝圖樣。

穆希卡則盡可能在穿著打扮上貼近一般烏拉圭民眾的裝束，對他來說，衣著事關爭取民眾的信任。他在二〇一四年一月於古巴舉行的第二屆拉丁美洲與加勒比海國家聯盟（CELAC）高峰會發表演說時，曾經以輕鬆、非正式的口吻說明過：

「國民如果無法瞭解我們，我們就會喪失民眾的信心。而人們為什麼會不瞭解呢？是因為當權者有時候會端出沒用的架子和排場。我們也受到強勢的外來文化影響——必須穿得像英國紳士。英國在工業革命後，把他們的服裝穿著強推到全世界，就連日本人也必須摒棄和服才能在世界舞台上發聲，我們所有人都必須穿得像打了領帶的猴子。」

他在峰會全體會議上發表這番言論時，僅身著襯衫，不打領帶也不穿西裝外套⑫。

人權法案

身為總統，他明瞭自己身為政治人物的責任，不僅止於做出決策而已，而是想傳達出明確的訊息和以身作則所展現出的典範，而這些行為的影響力可能比政府政策或行動還要巨大。穆希卡多年前就理解到，他處世的方式和他所建立的形象，讓他在身負行政首長職責的同時，還能堅持理念。簡單來說，沒有任何國家的總統能像穆希卡一樣輕易地站出來，呼籲世人在身處於現代文明的消費焦慮中，仍必須盡量克制物欲。

穆希卡知道二〇一四年是烏拉圭的選舉年，因此利用二〇一三年在聯合國談話的機會，發表了至今最重要、在國際間影響力最大的演說。

在執政期間，穆希卡推行多項促進人權的法案，此舉為他贏得國際聲望；當國際媒體對他萬分好奇、紛紛請求採訪，他也趁勢用自己當榜樣，在紐約聯合國總部演說時，審慎地向與會元首提出諫言：

「我們的文明構築起一種虛假的挑戰，但事實上我們不可能讓所有人都過得起這種以『文化』為名的鋪張浪費生活方式，我們活在以囤積和市場為導向的世代中。」

從日常生活的一些小細節中，可以看得出他反「非必要消費」、「反囤積」的哲學。其中最有代表性也最有親切感的就是他的自用車：一九八七年出廠的天藍色福斯金龜車，他在私下的個人行程中都是開這輛車趴趴走。此外還留著一輛當議員時騎去國會上班的偉士牌機車，但二〇〇四年時因為他與夫人年紀都大了，兩人才改成開車出入。

⓬引述自穆希卡在二〇一四年一月二十八及二十九日，於古巴首都哈瓦那舉行的拉丁美洲與加勒比海國家聯盟元首高峰會的演說。峰會由 Telesur 電視台轉播。演說片段詳見：https://www.youtube.com/watch?v=sRTnAH_6QAw

總統專用的公務車是簡約但現代化的灰褐色福斯 Sedan，後頭總有隨扈開著一輛小型的雪鐵龍跟著。穆希卡本人搭車時一定坐在前座。

影響人生哲學的藏書

儘管穆希卡沒有大學文憑，但他是很有文化素養的人，他個人的「書包」裡總是塞滿了書。他喜歡閱讀的題材包括政治學和科學，當然還有在談話中不時引用的經典文學作品。

他家裡的書架上擺滿了書，還有農學、環保、造林或可再生能源等的研究報告。其中有很多書籍跟植物和花卉種植有關。《布宜諾斯艾利斯的花卉與樹木》跟英國皇家園藝協會出版的《花卉與植物》放在一起，一旁還有一本名為《康乃馨與劍蘭》的小書。這都是他小時候跟著母親一起種過的花。

他妻子在接受蒙狄維歐《國家報》訪問時表示，在所有花卉類的藏書中，總統最珍視的就是這一本，因為這本書陪著他度過獄中多年時光[13]。她還說玻利維亞總統莫拉萊斯送他們一本古巴游擊隊員切・格瓦拉的日記。這本日記現已歸入總統夫婦所屬的「全民參政運動」黨產。

穆希卡在年輕時曾前往卡斯楚領導的古巴，他還保留著幾本智利、巴西利亞和烏拉圭觀光勝地的旅遊書。他的藏書中還有一本關於阿根廷裴隆將軍（Juan Domingo Perón）的精裝書，和一本關於烏拉圭政治領袖路易斯・阿爾柏托・艾瑞拉（Luis Alberto de Herrera）的書。記者裴納斯向我解釋說，這兩位都是穆希卡外祖父——安東尼奧・柯達諾（Antonio Cordano）崇敬的人物。

安東尼奧・柯達諾的祖籍是義大利的利古里亞（Liguria）。由於他定居在鄰近阿根廷的卡梅洛市（Carmelot），因此相當瞭解阿根廷的政治現況。在艾瑞拉時代，國家黨掌控了烏拉圭的鄉村地區，同黨籍的柯達諾曾出任市長⑭。

直到今日，人們仍能在穆希卡身上看到閱讀習慣、還有外祖父安東尼奧所留下來的影響。他在外祖父身邊學會了珍視土地，除了政治之外，這是他人生中排名第二的愛好。穆希卡本人說他的最愛是土地，其次才是政治。

穆希卡從外祖父身上學到「土地是要拿來耕種的，不是拿來放著等增值的。土地需要人來耕耘、播種，要學著在什麼季節、什麼地方種植何種作物」。裴納斯跟我說明道，「他從外祖父身上學到努力工作、吃苦耐勞、用盡全力過日子，還有一定要保持頭腦機靈，眼光要放遠。」他邊說邊舉例，說穆希卡一生的各個階段中都能反映出這些共同特質，無論他是擔任政治領袖、是總統、游擊隊員，還是年輕時做一般人的工作。

安東尼奧帶著穆希卡領會團隊工作的價值。他跟當年許多來自義大利的移民一樣，懷抱鄉下的傳統還有手藝來到烏拉圭，在穆希卡心目中奠定讓年輕人共同成長、培養合作精神的概念。

「合作運動對穆希卡來說是非常重要的。穆希卡一直都有這個特點，他希望人們向他提出團體合作的案子。合作什麼都可以，只要是能讓所有人一起努力執行的，穆希卡都覺得很好。參與計畫

⑬ 引述自《*Todos los libros de los presidentes*》. Tomer Urwicz. Diario El País de Montevideo, 17 de noviembre de 2013。

⑭ 引述自《*Patio trasero del Gran Buenos Aires*》. Arregui, Miguel, 23 de marzo de 2014. 相關連結請見：http://www.elpais.com.uy/informacion/patio-trasero-gran-buenos-aires.html。

的人可以透過分工一起追求進步。（中略）這反映出他在幼年時期所學到的價值觀。對他來說沒有其他選項。他在書中所讀到的概念也一樣。希望人們不要去壓榨其他人，這是圖帕馬羅斯成員想爭取的價值。」裴納斯以此做為結論。

烏拉圭國內很多農業活動，跟二十世紀剛立國的以色列「集體農場」很類似，都是透過小農合作共享農具、一起購買消耗品，以及合作進行農產品產銷所推動的。

廚房裡的哲學家

從極富盛名的美國《紐約時報》到南韓的電視台，從中國、俄羅斯的媒體訪問，到美國CNN或巴西環球電視台專訪，全世界都看到了他清貧的生活方式。穆希卡習慣在自家客廳的小桌子旁接待記者。有時桌子上面鋪著一條刺繡桌巾，儘管桌上擺滿蝸牛殼、貝殼和其他陶瓷擺設，但往往吸引不了訪客的注意力。他經常與記者進行漫長的對話，之後他會帶著訪客參觀他家，這花不了幾分鐘的時間：他家裡只有一間臥房、一間廚房和一間浴室。

每次訪問穆希卡都是一番特別的體驗。沒人能料想到對話會往哪個方向走，他可以花好幾分鐘做鋪陳，但在幾秒之內卻立刻給了有力結論，端看談話主題而定。

「來，我請你試吃看看。做這個醬要用上很多番茄，但做出來的成果只有一點點。」這回，穆希卡請前來採訪的荷蘭電視台記者到廚房試吃自製番茄醬，說這是照著他奶奶留下的食譜做的。

這集專訪不僅成為當年荷蘭收視率最高的節目，畫面也傳遍全世界。「這個醬不用煮，要讓它發酵，你看，看到了嗎？那瓶醬已經發酵十五天了。」他指著放在地上的大瓶子說。

「這都是很久以前留下來的食譜。那邊那瓶比較白的醬是要拿來做披薩的。這瓶可以直接吃。這瓶是經過發酵的。做這個醬很費工夫啊！做了十瓶最後成品只有一瓶。每天都要攪拌，攪到停止發酵為止。等它不發酵了就可以裝瓶，加一些蒜末，大概四到五瓣大蒜的蒜末，還有二十顆胡椒粒跟兩三片月桂葉。」蓋上蓋子後就可以放著讓醬料熟成。穆希卡拿沾了醬汁的麵包讓記者試吃，一邊跟對方談大麻合法化、毒品和治安問題。

穆希卡不顧聯合國國際麻醉品管制局（Junta Internacional de Fiscalización de Estupefacientes de las Naciones Unidas）反對，針對如何管控大麻市場所發表的演說，讓許多主張以武力對抗販毒集團的人嚇出一身冷汗；但對這位總統來說，大麻合法管控的重要性，跟在家裡自製番茄醬差不多。

穆希卡面對其他記者時也同樣隨性，有時會開牽引機帶記者看看他的田地，或開著金龜車載他們到附近逛逛。

二〇一二年，《紐約時報》的拉丁美洲特派主編西蒙・羅梅洛（Simon Romero）帶著一組記者前來採訪⑮，穆希卡在訪談結束後帶採訪團隊逛了一圈，問到：「我請大家喝點東西好不好？」他

---

⑮〈After years in solitary an austere life as Uruguay›s president〉，西蒙・羅梅洛主編，二〇一三年一月四日刊載於《紐約時報》，由本書作者及 Fabián Werner 協同製作，報導連結參見：http://www.nytimes.com/2013/01/05/world/americas/after-years-in-solitary-an-austerelife-as-uruguays-president.html?pagewanted=all&action=click&module=Search&region=searchResults%230&version=&url=http%3A%2F%2Fquery.nytimes.com%2Fsearch%2Fsitesearch%2F%3Faction%3Dclick%26region%3DMasthead%26pgtype%3DHomepage%26module%3DSearchSubmit%26contentCollection%3DHomepage%26t%3Dqry700%23%2Fsimon+romero+mujica&_r=0

讓所有人坐在戶外，給每個人倒了一杯窖藏二十年的Espinillar蘭姆酒⑯總統自己也拿這款烏拉圭的國酒跟眾人乾了一杯。

二〇一三年他接受半島電視台特派員露西亞・紐曼（Lucía Neuman）訪問時，跟她分享怎麼泡瑪黛茶。

穆希卡的居家生活中有一大半時間都消磨在廚房裡。總統夫婦家裡沒有請廚子或傭人。廚房裡有一座鋪著石面的流理檯，一個洗碗槽，一台瓦斯爐，還有好幾個架子，上面堆放著油鹽酒醋，還有幾個裝水的容器，是用來泡香草植物保鮮用的。廚房裡也是珍藏回憶的地方，「這瓶蘭姆酒是費德爾（卡斯楚）送我的。」穆希卡一邊解釋，一邊把他珍藏的這瓶酒拿下來，讓我們幾位記者傳看；他說這樣的禮物值得好好保存。

架子上掛著好幾口舊湯鍋和平底鍋，有些鍋子的鍋柄還是補過的。只要東西還能用，穆希卡就不太願意買新的。

總統的拿手絕活還包括自己做泡菜和果醬，替狗狗瑪努艾拉做飯。瑪努艾拉之前在鄉下出了車禍斷了一條腿，穆希卡替牠用兩個大枕頭和一條彩色編織毛毯鋪了一張床。

修屋頂的總統——非典型的領袖形象

二〇一二年九月，穆希卡在媒體前曝光時鼻子上有一個傷痕。當時穆希卡的一舉一動都會成為報紙頭條——原來是颶風來襲，總統出門幫鄰居把快被吹掉的屋頂固定好，鐵皮屋頂被強風掀起，穆希卡在跟屋頂奮戰時臉上被刮傷。

「我們幾個鄰居想把鐵皮屋頂固定好，趕快把它綁牢，但我們最後還是沒辦法。還好我沒受什麼傷，稍微擦破皮而已。」他是這樣回應記者詢問的。他最擔心的反而是在烏拉圭總統行館安丘雷納居附近，「有兩百多棵大橡樹被吹倒了，這麼老的橡樹怕救不回來。」當時的颶風每小時風速超過一五〇公里，造成許多樹木傾倒。

除了穆希卡，其他政治領袖也了解到，在現代社會中，政策能否成功的差別，除了上台執政後的表現，很可能同時需要不斷利用小細節來拉近與人民的距離，塑造出更立體的形象。

布宜諾斯艾利斯大主教伯格里奧在出任教宗及梵蒂岡領袖前，也大力提倡簡約生活，獲得信眾一致推崇；但阿根廷國內媒體針對他在獨裁期間傳教行為的報導*2，亦令外界曾對他的誠信和信譽有不少疑義。伯格里奧神父是位爭議性人物，因此他平常生活的一舉一動，小至搭乘公車或捷運的畫面，都會被人公布到網路。

伯格里奧在二〇一三年三月十三日成為教宗時，選用「方濟各」做聖號，徹底改變了羅馬天主

---

⑯ Espinillar 特級窖藏蘭姆酒，烏拉圭國營石油企業 ANCAP 釀造。

* 譯註2：一九七六年至一九八三年間，阿根廷右翼軍政府進行一系列國家恐怖主義行動，世人稱為「齷齪戰爭」（Guerra sucia）。有人指控當時擔任神父的伯格里奧，不僅對白色恐怖袖手旁觀，沒有救人，甚至曾向軍政府造謠、告密，導致兩名神父遭逮捕、囚禁、虐待長達五個月。但伯格里奧及梵蒂岡均強烈否認上述指控。

教會的形象。他的作風與前任教宗——內向、缺乏領袖魅力的本篤十六世完全不同。教宗方濟各在公開露面時樂於親近信眾，拒絕入住奢華的教宗官邸，並讓全世界的人都看到新教宗選擇的樸實居所。有些神職人員熱中於世俗生活，但出身耶穌會的方濟各對此敬謝不敏。伯格里奧出任教宗後首度大規模出訪的目的地，是全球天主教信徒最多的巴西。他搭乘普通轎車從機場前往教士住所[17]，一路上受到里約熱內盧大批群眾迎接，卡在人群中動彈不得。這是難以想像、不可能出現的畫面，但卻對世人傳遞了彷彿「聖父」降世般親近群眾的訊息。

無論是真是假，簡樸的形象都能帶來政治上的優勢。

兩場聞名於世的演說

聯合國大會中出現過許多歷史性的演說，內容大多是對出現緊張關係的兩方提出嚴厲批判，例如一九七四年巴勒斯坦領袖阿拉法特（Yasser Arafat）發表的「槍與橄欖枝」演講，或切．格瓦拉在一九六四年、美國與共產古巴衝突最激烈的時候所發表的演說；甚至二〇〇六年，委內瑞拉總統查維斯緊接在小布希演說隔天，在聯合國大會上發表「這兒還聞得到硫磺味」的演說，其中，大罵小布希是「惡魔」的經典言論，應能在歷史上佔得一席之地。

大會中各國領袖都有數分鐘的發言時間，但幾乎所有發言都會超過表定時間，主席往往得不斷促請講者盡快結束；只有當演講主題跟議程緊密相關，或內容明顯吸引與會人士注意的情況，才會獲得大會主席特許繼續發言。

在二〇一三年的聯合國大會上，穆希卡竟發表了長達四十五分鐘的言論，期間完全沒有人打斷。他在演說中深切反思了現代人的生活方式，以及這種生活方式會對全人類、對環境、對家庭生活帶來的後果，並提出了假設性的戲劇化觀點——如果在他人生走到尾聲時，人們還沒有懸崖勒馬的話會出現什麼後果。

「我們在過一種奢侈浪費的生活。但事實上這對自然、對人類前途的發展都會帶來非常大的危害。這種與簡約和節制背道而馳的文化，是違反一切自然循環的，但更糟糕的是，這種文化讓人們無法自由地享受人際關係，體驗愛情、友誼、冒險、合作和家庭等真正重要的價值。這種文化讓人們無法享受自由時間，讓我們不能去好好地欣賞和觀察自然美景；這都是金錢沒辦法買賣的珍貴體驗。[18]」

穆希卡贊成根據每個人的不同工作來限制工時。他常常抱怨當上總統之後，除了治理國家以外，就沒什麼時間可以花在其他的嗜好上了。

他在演說中嚴詞反對消費主義，認為減少物質約束就能夠享有更大的自由，這也漸漸成為他演講內容的中心思想之一。他是烏拉圭總統，卻非常擔心全人類未來的走向。

他在二〇一二年聯合國永續發展大會（Rio+20）上說道：「人生在世的意義，不僅僅只有空泛的進行開發。我們生而為人的意義是要活得幸福。因為人生苦短轉瞬即逝，沒有任何財產比生命還

---

[17] 教宗強調出訪時不願意下榻在飯店。

[18] 穆希卡於二〇一三年九月在聯合國大會上發表的演說，全文請參見：www.presidencia.gub.uy

要重要，這是最重要的。」這場地球高峰會的宗旨是就環保層面達成國際協議，但結果卻是失敗的[19]。他認為「因為人們得工作，好維持這種『用完就丟』的文明，而使我們陷入惡性循環當中。這些都是政治問題！我們必須開始爭取一種不同的文化。」

穆希卡認為在生活中和政壇上，最重要的就是「讓個人自由」。

「佔領華爾街」發起人的評論

穆希卡不斷在傳達一項明確的訊息：清貧、簡單和有節制的生活也可以過得很幸福。而從當前世局來看，很多厭倦消費的人都樂於接納穆希卡的這個想法。

現居加拿大的拉森（Kalle Lasn），是adbusters.com 網站的創辦人，網站內容提倡反消費主義的生活方式。不過讓這位政治評論家真正震撼全球的，是他發起的「佔領華爾街」行動。他說：「（穆希卡）非常鼓舞人心。我看過他家廚房的照片，看了他生活的方式，真得很令人振奮。我也是老人了。還記得我小時候二戰剛結束，我們家裡什麼都沒有，但還是要想辦法活下去。我們逃到澳洲去，抵達時除了身上帶著的衣服之外什麼也沒帶。穆希卡這種樂在清貧的生活方式，讓我回想起自己的童年。我們家裡什麼都沒有，但我們過得很幸福。現代人坐擁豪宅、房車和流行服飾，經常吃的是速食。我自問，小時候什麼都沒有的人，現在是否已經忘了該如何才能過得幸福了？這種簡單的幸福是非常重要的。[20]」

「有人因為消費文化的危害失了心魂，迷失在『美國夢』中。得想辦法讓這種人清醒過來，得有人往他們頭上打一巴掌把他們給打醒。像穆希卡在做的就是打醒他們。他的所作所為很重要。」他說道。[19]

很多跟拉森抱持相同觀點的人[20]，認為穆希卡是一個榜樣，而政治界也有些人對穆希卡的成功持同樣看法。美洲國家組織（Organización de Estados Americanos）的秘書長殷索沙（José Miguel Insulza）認為：「我想穆希卡總統除了是政治人物，也成為了品德上的典範。他所傳遞的訊息不見得全都是可行的，但都是我們期盼能夠在社會中推動的理想。他經常對現代社會的價值觀和行為提出評論，引起很多人的共鳴。或許我們無法在一夕之間全部改過來，但因為烏拉圭已經比很多其他國家要節制許多，所以他也就獲得了更高的道德地位，這是最重要的。正因如此在海外有這麼多人景仰他，因為儘管人們不見得會立刻改變自己，但他們認為穆希卡是值得效法的楷模。[21]」

---

[19] 引述自穆希卡在二〇一二年七月二十日於巴西聯合國永續發展大會發表的演說，講稿全文可參見 www.presidencia.gub.uy

[20] 關於拉森的完整訪問請參見本書第六章。

[21] 引述自本書作者進行的訪問。

穆希卡的財產申報

穆希卡在二〇一三年的財產申報清單中，列出名下有三塊農地，也就是他的住宅和田產；兩輛一九八七年出廠的福斯汽車；多筆農具設備，還有好幾個銀行儲蓄帳戶，其中包括委內瑞拉Bandes銀行的帳戶。他申報的財產換算後總值只有三十萬美元出頭。在烏拉圭具有法律約束力的申報文件中，穆希卡表示他將約二十五萬美元現金，捐給「合作計畫」互助房屋建案，此外還捐了價值約六萬美元的建築機具。他捐贈的總值幾乎等同於他名下申報的財產總值。此外他執政期間一共捐了約八萬五千美元給他所屬的政黨「廣泛陣線」。

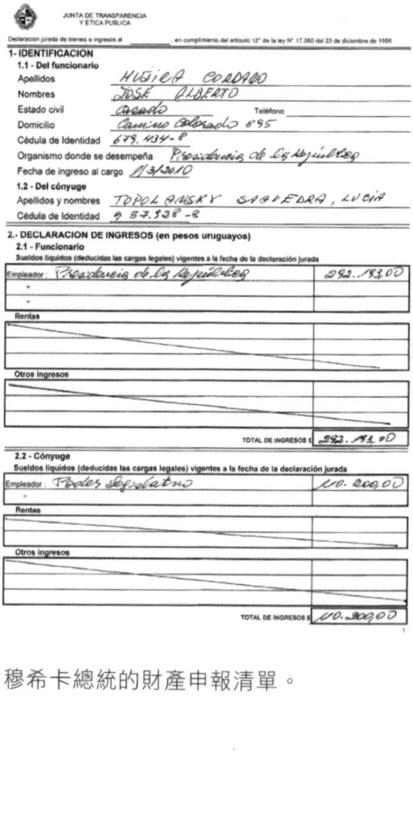

JUNTA DE TRANSPARENCIA
Y ETICA PUBLICA

Declaracion jurada de bienes e ingresos al ________, en cumplimiento del artículo 12° de la ley N° 17.060 del 23 de diciembre de 1998

1- IDENTIFICACION

1.1 - Del funcionario

Apellidos: MUJICA CORDANO
Nombres: JOSÉ ALBERTO
Estado civil: casado Teléfono:
Domicilio: Camino Colorado 895
Cédula de Identidad: 679.434-8
Organismo donde se desempeña: Presidencia de la República
Fecha de ingreso al cargo: 1/3/2010

1.2 - Del cónyuge

Apellidos y nombres: TOPOLANSKY SAAVEDRA, LUCIA
Cédula de Identidad: 957.338-8

2.- DECLARACION DE INGRESOS (en pesos uruguayos)

2.1 - Funcionario

Sueldos liquidos (deducidas las cargas legales) vigentes a la fecha de la declaración jurada

Empleador: Presidencia de la República	292.183,00
"	
"	

Rentas

Otros ingresos

TOTAL DE INGRESOS $ 292.183,00

2.2 - Cónyuge

Sueldos liquidos (deducidas las cargas legales) vigentes a la fecha de la declaración jurada

Empleador: Poder Legislativo	110.200,00
"	

Rentas

Otros ingresos

TOTAL DE INGRESOS $ 110.200,00

1

穆希卡總統的財產申報清單。

3- ESTADO DE SITUACION PATRIMONIAL

3.1 - Activo

Depósitos

Propios	Gananc.	Banco	N° de cuenta	Importe $	Importe U$S	Importe otras monedas	Valor en pesos
		BROU c/ahorro	199752 337-7	792.000,00			792.000,00
		BROU UI	180010200			UI 441.712,37	1:246.070,60
		Bandes	4001383	320.619,88			320.619,88

SUBTOTAL DEPOSITOS $ 2:358.650,48

Inmuebles

Propios	Gananc.	Padrón n°	Especie y Ubicación	% de propiedad	Valor actual (estimado)
x		148.787	Cno. Colorado 895	100%	3:861.000,00
	x	191.464	Cno. Higueras S/N	50%	186.674,40
	x	405.754	13ª secc. jud. Mdeo. Paraje		353.325,60
			Rincón del Cerro	50%	

SUBTOTAL INMUEBLES $ 4:401.000,00

Vehiculos

Propios	Gananc.	Tipo	Marca	Año	Matrícula	Padrón	% de propiedad	Valor actual (estimado)
x		Sedan 2P	VW	1987	SBC 2353	345.263	100%	37.500,00
x		Sedan	VW	1987	SAO 1653	345.031	100%	70.000,00

SUBTOTAL VEHICULOS $ 107.500,00

Semovientes

Propios	Gananc.	Tipo	N° de cabezas	Precio unitario	% de propiedad	Valor actual (estimado)

SUBTOTAL SEMOVIENTES $ —

2

Participación en sociedades y valores

Propios	Gananc.	Clase de títulos	Entidad emisora	% s/capital	Valor nominal	Valor efectivo (en pesos)

SUBTOTAL PARTICIPACIONES Y VALORES $ —

Propios	Gananc.	Otros bienes (no incluir bienes de uso doméstico)	Valor actual (estimado)
		Tractor Kubota	55.000,00
		Tractor Massey Ferguson 65 HP	176.000,00
		Tractor Massey Ferguson 55 HP	88.000,00
		Aperos Agrícolas	110.000,00

SUBTOTAL OTROS BIENES $ 429.000,00

TOTAL ACTIVO $ 7:296.190,48

Observaciones:

Aclaración Inmuebles: padrones 191.464 y 405.754 son gananciales administrados por su cónyuge, y de propiedad de la Senadora Lucía Topolansky y del declarante.—

Desde que asumí la Presidencia de la República he transferido al Plan Juntos la suma de $ 5:812.179,00 más la donación de una retroexcavadora valor U$S 40.000,00 (cuarenta mil dólares) y un aserradero valor U$S 20.348,00 —

Asimismo he aportado la suma de $ 1:862.349,00 al Frente Amplio -

Todo documentado según anexos que adjunto.

3

3.2 - Pasivo

Deudas hipotecarias o prendarias

Acreedor	Importe en moneda pactada	Bien gravado	Saldo en $

SUBTOTAL DEUDAS HIPOTECARIAS O PRENDARIAS $ ——

Deudas bancarias

Banco	Importe en moneda pactada	Saldo en $

SUBTOTAL DEUDAS BANCARIAS $ ——

Otras deudas (civiles, comerciales y fiscales)

Acreedor	Importe en moneda pactada	Saldo en $

SUBTOTAL OTRAS DEUDAS $ ——

TOTAL PASIVO $ ——

TOTAL ACTIVO $	TOTAL PASIVO $	PATRIMONIO NETO $
7:296.190,48	——	7:296.190,48

Quien (es) suscribe (n) declara (n) bajo juramento que la precedente relación de bienes e ingresos, en el país y en el extranjero, al día __________ es correcta y completa, de acuerdo con las disposiciones que establece la Ley 17.060.

Firma del funcionario	Firma del Cónyuge
JOSÉ MUJICA	LUCIA TOPOLANSKY
Aclaración de firma	Aclaración de firma
679.434-8	957.928-8
Cédula de Identidad	Cédula de Identidad

第三章

游擊隊與革命

我會一直工作至死方休；累的時候頂多到樹下去躺一下。❶

❶引述自馬汀・葛拉諾斯基採訪穆希卡總統，發表於阿根廷「第 12 頁」網站的報導〈Sin vueltas〉，請參見 http://www.pagina12.com.ar/diario/elpais/1-43054.html›。Rodiger 的作品中也曾引述本篇文章。

「致各位親愛的同胞：各位在不久前推選我成為國會的議員，本人感到萬分榮耀；國會的重心應該放在推動法案來完成我們的革命，因此我要向各位宣布，我既不願意也不接受——我再說一遍，既不願意也不接受——擔任國務委員會主席及總司令一職。」

消息一出震驚全球。《格蘭瑪報》（*diario Granma*）四個大字下方印著一行小字：「**古巴共產黨中央委員會官方組織**」，一旁還有一張半個世紀前，費德爾・卡斯楚（Fidel Castro）手持武器的黑白照片。這份官方報紙在頭版上刊出的消息，令很多人難以置信，也不願意相信❷。

當時是二〇〇八年二月十九日，卡斯楚發表公開信，表示因為「健康不佳」辭去總統職務。這會是一個世代的終結嗎？

強人卡斯楚的最後一刻

這封公開信佔據了整個報紙頭版版面，在手寫體的紅色《格蘭瑪報》大字下方，內文分成四欄印在紅色的框框裡。卡斯楚兄弟透過這家刻意挑選的媒體，每天向古巴民眾公布他們的決定，以及革命的下一步該怎麼走。

古巴革命在一九五九年展開，當年生活在獨裁者巴蒂斯塔（Fulgencio Batista）陰影下的民眾大力響應。當時古巴的市場遭跨國企業壟斷，說難聽點，簡直淪為北美富豪的妓院。

隨著時間過去，當年領導革命、推翻巴蒂斯塔政權的卡斯楚穩坐廟堂，絲毫沒有放手的跡象。他的革命演變成利用學校進行洗腦教育，透過媒體審查來維持一黨獨大的獨裁統治。

很多一開始支持卡斯楚信念的人都漸漸背棄了他。不管卡斯楚對社會運動的鎮壓程度是大是小，看在任何信仰民主價值的人眼裡，都是站不住腳的。

曾獲得普立茲獎的阿根廷記者安德烈·奧本海莫（Andrés Oppenheimer），在一九九二年出版的著作《卡斯楚的最後一刻》❸中曾寫到，一九六〇年代拉丁美洲出現諸多武裝運動，受到社會主義思想啟發的革命領袖，夢想著建立公平的社會，但卻在蘇聯解體後放棄了他們的理想。

一九六〇年古巴宣布將美國企業收歸國有，遭當年的艾森豪總統（Dwight Eisenhower）處以經濟制裁，繼任的甘迺迪總統（John F. Kennedy）更在任內擴大、強化了古巴民眾口中的「封鎖（bloqueo）」，重創了倚賴採礦、旅遊，及對國外提供醫療服務的古巴經濟，影響甚至持續至今。幾十年來，古巴必須依靠蘇聯老大哥提供經濟援助，然而蘇聯解體，逼得卡斯楚只能直接面對國內早已凋敝的民生經濟。

奧本海莫指出，卡斯楚面對此一危機時，完全沒留下任何改革的餘地，不僅未讓民眾脫離對蘇聯的依賴後慢慢走向經濟自主，反而是採取加強塑造個人形象的路線。

但到了二〇〇八年，費德爾·卡斯楚病了，再也撐不起古巴革命的門面。

卡斯楚在向權力說再見的公開信中，以他一貫的個人風格表示他不願意讓民眾沒有「心理準

---

❷「總司令的訊息」，刊登於二〇〇八年二月十九日的古巴《格蘭瑪報》頭版。

❸《卡斯楚的最後一刻：古巴共產主義逐漸衰敗的秘史》（*Castro'S Final Hour*），安德烈·奧本海莫著，一九九二年 Javier Vergara 出版社出版。

備」就大談他的健康問題：「在這麼多年的革命行動後，讓人民在心理上和政治上準備好接受我的離去，是我最重要的責任。」

「我這不是向各位告別。我會以抱有理想的軍人身份繼續抗爭下去。我將持續寫作，」他說道，「並將文章刊登在〈費德爾同志的反思*1〉專欄中。讓專欄成為另一項人們可以信賴的革命利器。或許人們會傾聽我的聲音。我會保重自己的，謝謝各位。❹」文章日期是二〇〇八年二月十八日「下午五點三十分」，最後還加上他獨特的簽名，費德爾・卡斯楚・魯茲。

那幾年我在華府擔任法新社特派員，這則新聞在全球的政治中心投下一顆震撼彈。有人猜測卡斯楚已行將就木。身為古巴獨裁者之弟、擔任國防部長的勞爾（Raúl Castro），在卡斯楚抱病期間擔任臨時接班人。卡斯楚心目中毫無疑問地，將勞爾視為延續五十年來革命大業的繼任者。跟哥哥相比，勞爾向來都是比較實際的人，知識份子的形象沒有那麼濃厚，而且顯然更願意傾聽民意。

在這則消息傳出好幾個月前，華府便盛傳費德爾・卡斯楚得了不治之症。我聽過各種報紙臆測和古巴事務專家評論，從猛爆性胰臟癌到直腸腫瘤，甚至膀胱疾病等，全都毫無根據或證明。究竟是何種疾病擊敗了費德爾・卡斯楚，目前還無人知曉；然而根據維基解密掌握到最可靠的資訊顯示，他罹患的是腸道憩室炎導致穿孔，且病況已相當嚴重了才接受治療，有部分原因是卡斯楚本身相當不配合❺。

拉丁美洲的團結

從革命領袖轉變為獨裁者的卡斯楚寫下告別信的六天後，勞爾・卡斯楚在古巴政府前接下兄長傳給他的主政大位。過程雖有些倉促但萬全簡潔，以確保政權的穩定。此後，儘管勞爾並未放棄革命的路線，但和兄長相比，他的調性顯得更為穩重開放。他領導了幾項經濟改革，讓古巴得以憑自己之力推動就業；他在二〇一四年推動的《外國投資法》允許私人外資進入古巴，讓國外的古巴人可以將資金投入祖國（但是實際上支持古巴革命的主力、還居住在國內的民眾，仍然無法享有同樣的權利）。

勞爾在六月慶祝八十三歲的生日——比卡斯楚生病時的年齡還小一歲——在他的領導下，古巴與幾個拉丁美洲國家結為政經盟友，來持續推動政治和經濟上的進步。在二〇一三年不敵癌症病魔離世的前委內瑞拉總統查維斯，生前只在古巴接受醫療。查維斯與古巴達成協議，向古巴領導人保證提供能源補助，以低價石油換取古巴醫療人員到委內瑞拉服務。查維斯的接班人馬杜洛（Nicolas Maduro）目前仍維持這項協定。

在二〇〇八年十二月，古巴受政壇明星、所有人都想與他合照的巴西總統魯拉（Luiz Inácio

---

❹ 刊登於二〇〇八年二月十九日古巴哈瓦那出刊之《格蘭瑪報》。

❺ 請見〈維基解密踢爆：卡斯楚搭機途中首度出血後拒絕接受手術〉亞茲納雷斯報導，刊登於二〇一〇年十二月十日之馬德里《國家報》。網路版請參見：‹http://internacional.elpais.com/internacional/2010/12/15/actualidad/1292367620_850215.html›.

* 譯註1：〈費德爾同志的反思〉（Reflexiones del compañero Fidel），為古巴前總統卡斯楚在共產黨官方報紙《格蘭瑪報》每週固定發表的專欄，內容多為他個人對國內外時事的評論。

Lula da Silva）邀請，參與將美國與加拿大排除在外的第一屆美洲國家領袖峰會。會後誕生的拉丁美洲與加勒比海國家聯盟（CELAC），是拉美區域領袖、巴西總統魯拉大力推動下的成果，並獲得向來強力抨擊北美強權的多個中南美國家領袖大力支持，例如委內瑞拉的查維斯、玻利維亞的莫拉萊斯（Evo Morales），以及厄瓜多的柯利亞（Rafael Correa）等。

這場會談選在巴西東北部，壯麗的沙威培海岸（Costa do Sauipe）的高級度假村舉行，古巴得以藉此機會加入里約集團（Grupo de Rio）；里約集團是八〇年代中期成立的政治協商組織，成員國百分之百由拉丁美洲國家組成，是各國辯論、交換意見的論壇，但該組織並沒有決策功能[6]。

當我們幾位在飯店採訪的記者，拿到各國領袖的會後宣言時，發現在多為左派領袖執政的拉丁美洲各國間，古巴已經成為促進各國團結的勢力之一。其中多位領袖都跟烏拉圭總統、棄醫從政的腫瘤科醫師巴斯克斯（Tabaré Vázquez）一樣，抱持溫和左派的立場。

「我們要求美國政府遵從聯合國大會連續通過的十七項決議案，終止對古巴的經濟、貿易及財務封鎖。」會後公布的宣言內文如是說。

美國對古巴實施制裁後，年年在聯合國大會上遭抨擊。此次會後的領袖宣言更以古巴政府對制裁行動的定義「封鎖」兩字，來強調拉丁美洲對此議題的立場。

這時機可不是巴西政府輕率決定的。歐巴馬在二〇〇九年一月二十日就任成為美國總統，他登上《時代》雜誌的封面照笑容滿面，底下打著「44」這個數字，他是美國第四十四任總統。

共和黨總統小布希（George Walker Bush）執政八年來，除了向毒品宣戰政策，以及與查維斯的幾場口水戰之外，並不太把拉丁美洲關係放在心上。選前承諾帶來改革的溫和派民主黨總統入主白宮，正好給了拉丁美洲各國總統一個大好時機，觀察華府決策中心究竟多注重古巴問題。對曾擔任冶金工會領袖、大力反對帝國主義的魯拉來說，這是展現他在拉美地區領導能力的黃金機會，同時他還能趁機贏得工黨傳統派人士的支持。

支持魯拉想法的各國元首裡，有好幾人因為自身的生活經歷受到古巴革命影響，而對古巴現況抱持浪漫的看法。例如委內瑞拉的查維斯，還有靠著玻利維亞國內貧民及弱勢團體支持，而登上總統大位的前古柯農聯盟領袖莫拉萊斯。以及曾參與桑定民族解放陣線（Frente Sandinista）的前游擊隊員、推翻七〇年代統治尼加拉瓜的蘇慕薩（Anastasio Somoza）獨裁政權的奧蒂嘉（Daniel Ortega）。奧蒂嘉在二〇一四年總統任期間推動憲法修正案，允許總統連選連任，引發輿論一片譁然❼。

此外支持魯拉的拉丁美洲元首，還有阿根廷總統費南德茲及厄瓜多總統柯利亞。

即便外界注意在這場會議中，好幾名與美國友好的國家元首，如哥倫比亞總統烏力貝（Álvaro Uribe）或秘魯總統賈西亞（Alan García）等人都缺席，但古巴，或者更精確地說，「反對古巴禁運」這項主題，成為該場會議中拉丁美洲各國討論的焦點。

古巴革命最重要的前哨行動，是由費德爾・卡斯楚在一九五九年領導青年攻擊蒙卡達軍營

---

❻ 引述自二〇〇八年十二月十六日，作者透過法新社從沙威培海岸發出的新聞稿。

❼ 由馬鐸納多報導、〈奧蒂嘉總統得連選連任〉的新聞刊登於二〇一四年一月二十九日馬德里《國家報》。網路版新聞請參見：http://internacional.elpais.com/internacional/2014/01/29/actualidad/1390955328_152316.htm.

（cuartel Moncada）一戰。在二〇一三年，攻擊行動七十週年紀念時，勞爾・卡斯楚回應了拉丁美洲各國當年對古巴的熱情接納。

古巴政府在二〇一三年七月二十六日，大張旗鼓地迎接拉丁美洲及加勒比海各國元首，而其中一位年輕時也曾提槍加入游擊隊，這人正是穆希卡。他的演說成為當天活動的焦點。穆希卡從一九七〇年後就放棄武裝，從此沒有再開過任何一槍。他以五年一任、不得連任的民選總統身份來到古巴，大談他對古巴革命的看法。距離穆希卡在一九六〇年首度造訪古巴，已經過了五十三年。

穆希卡的革命養分

穆希卡在一九六〇年第一次前往古巴時剛滿二十五歲，當時古巴首都瀰漫著一股革命風潮。當年他參與的農村政黨，是烏拉圭史上許多革命領袖的搖籃（但現在已經成為政壇上的重要勢力），這是烏拉圭歷史上的重要政黨。年輕的荷西沿著母親所引導的方向走，還不瞭解日後在他的生命中，「革命」有多麼重要，也不曉得這段旅程日後將會帶他走向多麼曲折、黑暗、充滿試煉和難以想像的路途。

記者裴納斯曾跟我說過，如果要瞭解荷西・穆希卡，就一定得認識他的母親魯希拉・柯達諾，青年時期加入民兵的穆希卡，背後有這麼一位「偉大的女性」❽。「他繼承了母親的政治理念。如果當年情況允許的話，魯希拉自己一定希望能夠從政。」但可惜魯希拉那個年代父權主義當道，女性無法出頭，不過即便如此她也沒有全然放棄政治，她支持國家黨，也希望兒子能支持該黨。魯希拉是來自蒙狄維歐市郊西部的寡婦，在帕索艾雷納區說話很有份量；對她影響最大的就是以儉樸勤奮形象著稱的政治人物，安利奎・艾若（Enrique Erro）。

白黨在一九五九年贏得選舉組成聯合政府，艾若出任工業與勞動部長。當時許多產業爆發工會活動，眾多勞工抗爭運動令情勢非常緊張，也吸引了年輕穆希卡極大的注意力。魯希拉設法讓兒子關注艾若的政治理念，並引介兩人認識。艾若出生於一九一二年，當時已在政壇打滾多年，而穆希卡還只是一名在尋找人生方向的青年。這兩人結為忘年之交，穆希卡開始為艾若工作，而艾若也成為他一生中亦師亦友的榜樣。一九五九年，革命勝利的古巴強人卡斯楚訪問烏拉圭，艾若深知穆希卡對卡斯楚的功績非常有興趣，因此給了他一個改變終身的機會：在一九六〇年派穆希卡代表烏拉圭前往哈瓦那，出席第一屆拉丁美洲青年議會[9]。

穆希卡第一次投票時投給社會黨，但後來他轉而支持國家黨，推動在黨內成立一個「激進側翼」[10]，其中很大的原因就是受到艾若的影響。

---

[8] 穆希卡的母親支持簡稱白黨的國家黨（Partido Nacional），該黨當時在烏拉圭農村聲望頗高；白黨的對手為紅黨（Partido Colorado），主要票倉集中在市區。這兩種顏色分別為兩黨在選戰中主打的代表色。白黨與紅黨是烏拉圭近二百年來政治史上的兩大主角；當歐洲的右派與左派概念還沒有傳達到大西洋另一端時，烏拉圭兩大黨就已進行過多次政黨輪替了。

[9] 引述自《*Comandante Facundo. El revolucionario Pepe Mujica. Biografía novelada.*》Walter Pernas. Uruguay, Aguilar, 2013。

[10] 引述自《*Quién es quién en el gobierno de la izquierda*.》Nelson Fernández. Uruguay, Editorial Fin de Siglo, 2004, p.91。

烏拉圭當時的社會階級劃分嚴明——農村地主和工廠業主是上流社會的主要成員；中產階級大多是蒙狄維歐市區居民，職業多為規模龐大的公家機關僱員，也有少數人從商；而中下階級的生活通常只夠掙一口飯吃，穆希卡的家庭就是一例。遺憾的是，烏拉圭大多數國民都屬於最低下的農村勞工，他們分配到的資源最少，薪資低得可憐，遑論爭取人權。

年輕的穆希卡認為有必要顛覆這種社會階級分佈，而政治就是推動改變的工具。不過他想改革的並不是政治體系，他認為政治體系的改變難以解決勞工每天面臨到的困難。

裴納斯說穆希卡當年參加的政黨可說是烏拉圭的「革命基石」，他抵達古巴時見證了群起反抗的古巴民眾開始組織集結、互助合作的過程。「佩佩回國時心裡已經有了革命的種子」，開始尋找跟他志同道合的伙伴⓫。

穆希卡本人則說一九六〇年代初期的古巴革命「開創了新氣象」。他跟烏拉圭少數的左派選民一樣，認為空談政治理念不可能改變現況⓬。

他受到母親影響投入政治活動，在政治領袖無心插柳之下的引領開始有了革命理念，脫離了傳統從政的道路，踏著古巴領袖卡斯楚的步伐，走向革命之路。

浪漫主義與冷戰：圖帕馬羅斯游擊隊的起源

儘管穆希卡主要從方法論和意識型態的角度來看待古巴革命，但這場革命無疑對他帶來重大的影響。然而他之所以加入當時仍在籌組階段的武裝組織「圖帕馬羅斯國家解放運動」，卻是受到政治趨勢、工會浪潮及人物的影響。

該組織的起源與爭取土地公平分配的抗爭密不可分，至今已經有大量相關報導及文獻，從中人們可以得到一項結論：至少有兩種不同的方式能夠說明為何當時渴望民主的烏拉圭，會矛盾地出現以暴力對抗既有體制的武裝運動。

第一種方法，是從六〇年代盛行的理想和浪漫主義的角度，來說明都會游擊隊出現的原因；這種理想化的觀點直到現在依然存在於拉丁美洲不少地區。第二種方法，是不參雜情感、純粹從客觀分析的角度來看。有一本描述圖帕馬羅斯的重要創辦人——胡道布洛（Eleuterio Fernández Huidobro）生平的書：《從槍桿到票匭》⓭——這言簡意賅的標題，可說是濃縮了游擊隊在近半個世紀期間，從揭竿起義到民主改革的演變。

圖帕馬羅斯游擊隊可說是穆希卡一手參與組成的大家庭，不過穆希卡跟其他同志不一樣的地方，在於他來自一個有傳統政黨政治架構的組織。

六〇年代烏拉圭的政治環境，出現了「民主正統性的危機惡化、主要政黨名望掃地」，以及

⓫ 引述自本書作者進行的訪談。

⓬ 引述自《*Mujica. Miguel Ángel Campodónico.*》Uruguay, Colección Reporte, Ed. Fin de Siglo, 1999, p.52。

⓭ 引述自《*Fernández Huidobro. De las armas a las urnas.*》Gerardo Tagliaferro. Uruguay, Ed. Fin de Siglo. Edición actualizada, 2011。

「獨裁傾向日漸旺盛」的情況[14]，加上冷戰達到最嚴峻時期，當時美國與蘇聯對峙，資本主義與共產主義的抗爭達到最高峰。這些原因加總下來形成的歷史氛圍，造就了圖帕馬羅斯出現的契機。

烏拉圭政治分析家阿道夫・賈瑟（Adolfo Garcé）延續西班牙學者崔斯坦（Eduardo Rey Tristán）的研究[15]，從三個面向來總結圖帕馬羅斯的形成：支持社會黨的民兵對當時政治體系感到幻滅，其中的代表性人物就是游擊隊的發起人之一，勞爾・森狄克（Raúl Sendic）；以及在森狄克組織動員下，主要來自烏拉圭北部的蔗農業領袖；最後就是穆希卡跟胡道布洛所屬的團體，主要成員為首都中產階級和中下階層的青年，他們的興趣集中在對社會主義思想、馬克斯思想、反政府主義的思辯，甚至有些人跟穆希卡一樣，樂於討論毛澤東思想。根據賈瑟的說明，穆希卡這個團體同情工會和農村貧民的抗爭，並曾在一九六二年北部「蔗農」（或人稱「田鼠」的農民）[16]前往首都蒙狄維歐發動抗爭時，提供物資援助。有很多同情烏拉圭勞動階層的大學生，在這場抗爭後，紛紛加入尚在籌組中的圖帕馬羅斯國家解放運動。

為蔗農請命，搭上革命的木筏

在烏拉圭這個剛成立的游擊隊中，成員來自四面八方；勞爾・森狄克是第一個在規劃重大行動後逃亡的知名人物：他計畫到科洛尼亞省的瑞士飛地，繁榮的新艾爾維西亞市（Nueva Helvecia），搶劫瑞士射擊俱樂部的武器[17]。襲擊者搶了幾把長槍，但搶來的槍械大多不能用，因為他們沒有帶走所有的槍枝零件，尤其是擊發子彈用的關鍵配件。其中一輛運送長槍的貨車在路上故障，導致整起事件曝光。

搶劫案發後，森狄克拒絕向警方投案展開逃亡；追隨者認為他轉入地下化，是反抗當時右派政府的政治手段。這次事件成為政治抗爭行動的里程碑，並在日後演變成武裝游擊隊成立的契機。

「從那時起無論願不願意，當時所有支持蔗農抗爭的群眾就背負了共同的責任和過去：森狄克將行動轉往地下化。（中略）現在他們必須考慮現實強加在他們身上的各種實際問題，光靠嘴討論、思辯已經沒用了，他們必須決定逃亡生活中的現實問題，要在哪裡過夜、要怎麼處理交通等等……」

這段穆希卡本人針對他政治生涯上最重要的一段訪問，由身兼記者及作家的康波多尼科

⓮ 引述自《*Donde hubo fuego. El proceso de adaptación del MLN-Tupamaros a la legalidad y a la competencia electoral. 1985-2004.*》Adolfo Garcé. Uru¬guay, Ed. Fin de Siglo, 2006。

⓯ 引述自《*A la vuelta de la esquina. La izquierda revolucionaria uruguaya. 1955-1973.*》Eduardo Rey Tristán. Uruguay, Ed. Fin de Siglo, 2001。

⓰「用這個地區（烏拉圭北部）的『田鼠』做比喻，指收割甘蔗的農工及其家屬，有些本身不是蔗農，但處於跟蔗農一樣的社會階層，或者同樣務農但種植不同作物的農夫，也會以『田鼠』自稱。」引述自《*Las marchas de la Unión de Trabajadores Azucareros de Artigas. La producción ritual de una formación discursiva*》Silvina Merenson. Argentina, IDAES/UNSAM-CONICET, Argentina, 2009. 網路版請參見：http://www.unesco.org.uy/shs/fileadmin/templates/shs/archivos/anuario2009/Merenson.pdf

⓱ 位在烏拉圭西南部。

（Miguel Ángel Campodónico）在《穆希卡》（*Mujica*）一書中記錄下來[18]。

森狄克是籌組反政府武裝團體的核心成員，對圖帕馬羅斯成員來說是精神領袖，在獨裁時代結束後，游擊隊成員宣布放棄武裝行動轉而從政，以求換取森狄克的自由。已於一九八九年過世的森狄克，出生在首都近郊，深刻了解當年鄉村農工艱苦的勞動條件。他認為上個世紀中期的農村階級飽受壓抑歧視，如果能組織農工發起行動的話，就能爭取他們的權益。

作家羅森科夫（Mauricio Rosencof）對此印象深刻。當時是一九五四年，他搬到三十三人省（el departamento de Treinta y Tres）一個名叫恰格亞達（La Charqueada）的種稻小城[19]。車床工人雷奇薩蒙（Orosmín Leguizamón）正在當地組織工會。他出身鄰近的塞羅拉爾戈省（Cerro Largo），後來成為在蒙狄維歐活動的工運人士。烏拉圭社會黨認為他是「農村新工會運動第一人」[20]。當時農村勞工發動罷工，正好是雷奇薩蒙組織工會的大好時機。

羅森科夫原本要為左派刊物寫一篇關於稻農新工會的文章，這在當時是非常新穎的組織。「我到雷奇薩蒙的農場去，在那裡發現了好對手，那人脖子上掛著一台相機，就像戴著牛鈴的牛一樣。他就是勞爾（森狄克）。是《社會主義先鋒黨》派他來的。」在撰寫本書時，我與羅森科夫多次進行訪談，有一次我問他，究竟有沒有辦法確定左派民兵何時開始認真思考武裝行動？他邊回憶，邊提出極富啟發性的回答。

羅森科夫說他跟森狄克一起走訪塞沃亞蒂河（río Cebollatí）附近的城鎮，在烏拉圭豐富多樣的地貌中，發現了烏拉圭國內最原始、或許也是最美麗的風景。他們的交通工具是跟稻農借來的小木筏。

他們一起乘木筏旅行，期間兩人多次在鄉間紮營過夜，日夜相伴。有一天晚上他們徹夜不睡分析遭剝削的貧困勞工現況，而黎明時看到的景象，點醒了兩位年輕人。

「那時候我們在拉瓦耶哈省馬瑪拉赫[21]的一片樹林中紮營。突然間我們看到一片霧白色的破曉，他（森狄克）看到好多農工已經上工了，他們戴著帽緣往後折的寬邊帽在一旁生火。我跟裴裴[22]說『欸，靠么！你看，他們好像軍隊喔！』他一如往常簡潔有力地回答我：『他們就是軍隊。』不需要我再跟你解釋更多了吧。[23]」

看不到前方的光：穆希卡的第一起武裝行動

政治分析家阿道夫・賈瑟認為，在圖帕馬羅斯國家解放運動成形的期間，受到兩股目的不同的思潮影響：「有些人認為行動的重點，在於拯救遭資本家壓榨的勞工，另外有些人覺得認為重點要

---

⑱ 引述自 Campodónico. O. cit., p. 77。
⑲ 位於烏拉圭東部。
⑳ 引述自烏拉圭社會主義黨官方網站對雷奇薩蒙的描述，請參見：http://www.ps.org.uy/spip/spip.php?article4092。
㉑ 位於烏拉圭東南部。
㉒ 「裴裴」是勞爾・森狄克的小名。
㉓ 引述自本書作者的訪問。

放在拯救國家脫離帝國主義。」

一九五〇年代中期的稻農罷工，以及後來一九六〇年代初期，蔗農前往蒙狄維歐的大遊行裡，業主除了清楚瞭解蒙狄維歐各工會影響力所帶來的衝擊之外，他們更擔心勞工提高工資的呼聲，而森狄克等人認知到行動的終極目標，應該是重振烏拉圭立國以來，遲遲未推行的農業改革和土地分配概念。

當時的烏拉圭還有很多闢為牧場的龐大地產，業主或「地主」的日子儘管稱不上奢華，但依然過得很舒適，跟鄉村農工僅能餬口的悲慘生活形成強烈的對比。

隨著蔗農前往蒙狄維歐發動遊行後，「遭剝削最嚴重的人終於出現了，他們在這場抗爭中唯一會喪失的，只有身上的枷鎖而已。」羅森科夫做出的結論難掩他詩意的一面，也掩蓋不了從他年輕時就抱有的浪漫主義理想國思想。「當時的情況和現實越來越吻合，而這就是組織出現和發展的大好時機。」他指的正是圖帕馬羅斯國家解放運動。

一九六四年，巴西前總統古拉特（João Goulart）大膽提出農業改革後就遭到軍方推翻；而在烏拉圭，蔗農是向資本家發動抗爭最激烈的勞工。當時經濟情況快速惡化，通貨膨脹帶來重大衝擊，薪水越來越薄。

到了六〇年代中期，穆希卡和其他許多青年一樣，積極參與許多左派民兵團體的集會，儘管各個民兵團體對國家未來走向抱持不同看法，但大多數都認為未來看不到任何改變，感到失望受挫。拉丁美洲多國陸續出現的獨裁政治，更加深了他們的決心。因此在一九六四年，他參加了人生中第一起武裝行動：他們搶劫紡織廠，為了「籌募資金」，以進行拯救遭監禁蔗農的任務，但行動最後以失敗告終。遭警方逮捕的穆希卡，假裝成為了籌錢買牧場鋌而走險的農人，因此遭警方以搶劫罪當成一般罪犯關入監牢中㉔。

羅森科夫回憶道，矛盾的是穆希卡遭關押的監獄裡，也關著他想要援救的這群蔗農。出獄後的穆希卡，身上背負了不入流的竊盜犯印記，第一次入獄的經歷讓他有了反思的時間，當時年僅三十歲的穆希卡，心裡已暗自決定要採取武裝路線㉕。當他從古巴回來時，心裡還只把革命當成一種想法；但現在，武裝抗爭已經成為他決心爭取的目標。

儘管烏拉圭諸多學者針對一九五〇、一九六〇和一九七〇年代的歷史事件，以及一九七三年的軍事政變發展，寫出成千上萬的分析報告，但事實證明，因各有立場，看法自然天差地遠。有些烏拉圭人認為圖帕馬羅斯成員只是一群想推翻現有政權的莽撞年輕人；反之也有人認為，照當時拉丁美洲的局勢，尤其是烏拉圭的歷史演變來看，圖帕馬羅斯的行動是合情合理的。

可以確定的是，歷經了平等主義理想火花烙印的烏拉圭社會，最終在二十世紀初期，巴特葉・奧多涅茲總統執政時代達到高峰；和採取武裝路線的決定比起來，出現一個追求社會公義的政治團體，絲毫不令人感到驚訝。

政治分析家賈瑟在著作中提出了一種說明：「圖帕馬羅斯國家解放運動所集結的，是一群不願意等待五十年才能看到革命成果的人。㉖」

㉔ 引述自裴納斯的作品。
㉕ 引述自本書作者及裴納斯進行的訪問。
㉖ 引述自賈瑟作品，p. 43。

羅森科夫也替這種觀點背書：「人們沒有辦法永遠等下去。」他接受美國《新共和》（*The New Republic*）雜誌訪問時，曾這麼說道[27]。

「這種急迫感刺激他們（現在也依舊鼓勵他們）去創造能帶來革命性改革的捷徑。圖帕馬羅斯國家解放運動以游擊隊的型態成立，但是創立者是因為當時並沒有其他方式可更快深入權力中心，因此才選擇這種抗爭形式。」賈瑟在書中解釋道[28]。「因為在當時的情況下，他們認為其他的方式是不可行、無用或者效率很低落。」

換句話說，政治學者賈瑟的結論，就是圖帕馬羅斯成員是「無法有耐心等待未來」的一群人集結而成。

然而就穆希卡的解釋，游擊隊之所以會出現是一種正常的程序，而不是精心計算、仔細籌劃而成的策略：「我（在六〇年代）其實不太清楚自己未來的政治走向。我是邊行動邊計畫的。但是無論如何，我依然堅持認為當年的情況很明確，即使沒有任何人出來組織號召，各地也都有人在想同樣的事、考慮相同的議題，都繞著『現在局勢不對，照現有方法行不通』的情勢在思考，例如古巴革命及其帶來的挑戰、中國及蘇聯在思想上的對峙、透過選舉改革無望等等。在接下幾年內發生的事件，說的就是關於這群人們如何慢慢集結在一起的歷史。[29]」

在這段聲明中穆希卡很明確地指出，在組成一個正式的團體之前，圖帕馬羅斯的成員就因為懷抱共同目標而集結在一起了，他們都認為以當時烏拉圭的政黨政治，實際上能給他們的機會十分渺茫。「透過選舉改革無望」。很多成員認為「坐而言不如起而行」，傾向以「武裝宣傳」的方式作為尋求民眾支持的機制，質疑既有的憲政程序[30]。

他們的策略生效了。根據賈瑟的定義來說，從此出現了一個「沒有中心架構，能因地制宜做出應變」且「政治溝通能力驚人」的變色龍游擊隊[31]。這個團體最著名的象徵，就是中間嵌了「T」字的五芒星。

歷史學家、政治分析家，甚至是圖帕馬羅斯的創始成員都同意的，是組織的名稱在一九六六年就已經出現，不過是到了一九六七年才廣為人知。西班牙皇家學院將「圖帕馬羅」這個詞，納入學院編撰的《西班牙語字典》中，然而字典中的解釋是不對的；學院將這辭定義為形容詞，形容「屬於烏拉圭的杜巴・艾馬洛（Túpac Amaru）游擊隊，或與該游擊隊相關」。這是錯誤的，因為游擊隊的名稱並非杜巴・艾馬洛，這是秘魯印加帝國時期的傳奇人物。儘管如此，西班牙皇家學院將這個辭選編進字典裡，仍是值得一提的一件事。

康波多尼科曾分別向穆希卡、以及穆希卡忠實的伙伴胡道布洛詢問過組織名稱的來源，兩人都說名稱來自一本頗受歡迎的烏拉圭小說，書中使用了這個辭的原意，「圖帕馬羅」指的是如同印加領袖杜巴・艾馬洛一樣，對抗歐洲人的克里奧人（譯註：出生在拉丁美洲的歐洲人後代）。直到目

---

[27] 引用本書作者製作之訪談。
[28] 本書寫作期間訪問過幾位圖帕馬羅斯國家解放運動成員，針對政治分析家賈瑟的說法，他們都表示成立游擊隊的目的，從來不是為了奪取大權。
[29] 引述 Campodónico 著作 p. 64。
[30] 引述賈瑟著作 p. 39。
[31] 同上，p. 31。

前為止，康波多尼科訪問所得的解答，是最常見也最廣為大眾接受的答案。

雙面人生：轉往地下化的生活

森狄克在一九六三年新艾爾維西亞市的瑞士射擊俱樂部搶案後，決定將行動轉往地下化，游擊隊因而展開一連串行動，好確保他們的重要領袖不會被政府抓到。經過幾年的發展，組織更形穩固，許多成員開始過著雙面人生：一方面繼續普通民眾的正常生活，另一方面以各種形式加入游擊隊受訓或進行任務。

這樣的情況「是對民兵成員的一種保護，讓成員能更透徹地瞭解這項抗爭」，一九六七年即加入的李斯崔（Julio Listre）表示，他從游擊隊成立就加入行動，但在烏拉圭重新實施民主政治後，因為追求的目標和老同志有了歧異，逐漸淡出圖帕馬羅斯組織。

李斯崔遭監禁超過十五年。他在獄中與穆希卡建立起良好的關係；不過他在穆希卡加入圖帕馬羅斯之前就已經是組織裡的重要人物了。

最早期的一批民兵，是「感到社會萬分不公」，認為政府和政治體系對鄉村農民工的悲慘境遇不聞不問，因而加入尚在籌組階段的游擊隊成員。其中李斯崔是最早轉入地下行動的一批人，當時的情況迫使他在一九六八年放棄銀行行員的生活，他就曾和一些逃亡的民兵合作。出獄後自稱對社會心理學頗有研究的李斯崔表示：「我必須找到逃亡者的下落。」他後來也跟穆希卡一樣，依照自己的原則過著極端儉樸的生活。

李斯崔同意接受本書作者的訪問，這是他第一次公開與記者談論他游擊隊時代的過去——在他參與武裝行動近五十年後，試著向外界解釋其中的各種緣由。

「武裝行動能喚起人民的良知和組織力。」這是他得出的總結，簡單來說，就是回歸到森狄克的中心思想。「沒有別的（辦法）。我可以跟你說沒有別的選擇。」他面帶微笑地啜飲瑪黛茶。這位七十歲的清瘦老人，開口說話前總要經過一番深思。對於會採取暴力手段的抗爭，他揮著手說：「因為當時人們的生活條件，還有拜那個時代的刊物所賜。」

李斯崔過著雙面生活，他在組織鎖定的社會各階層間進行國家解放運動的宣傳，並支援已經轉入地下化的行動伙伴。不過到了一九六八年底，組織要求他放棄工作，轉為「全職領薪」的成員。

他說：「不接受的話，那我就是言行不一了。」李斯崔跟很多圖帕馬羅斯的同志一樣，放棄了他的「普通身分」。他跟伴侶改用假名，搬到一間「純粹是用來掩護非法民兵」的公寓裡。與他們同住的還有一位年輕女子，假扮成他伴侶的阿姨。這位女性名叫瑪麗亞・艾莉亞・托波蘭斯基（María Elia Topolansky），是穆希卡的妻子、烏拉圭第一夫人兼參議員露西亞・托波蘭斯基的雙胞胎姊妹。

除此之外他還擔任第十縱隊的行政指揮官，他的工作是與想加入圖帕馬羅斯的團體進行協調，並向他們傳達組織裡的「政策」。

李斯崔避談他參與過的武裝行動細節，不過他願意回憶六〇年代中期自己在組織裡每天進行的工作細節，並且評論了幾項較小型的行動，例如在離開用來安置人質的房屋之前，該如何進行收尾。但他和本書作者訪問的多名前游擊隊員一樣，不願談槍擊和傷亡。

李斯崔在一九六九年入獄，他曾參與一九七一年的越獄行動，當時一共有一一一人從蒙狄維歐的彭塔卡瑞塔斯（Punta Carretas）住宅區的監獄逃出來：其中有一〇五名圖帕馬羅斯成員，另外六名逃犯是普通罪犯。越獄行動後來成為諸多書籍和影片的主題，本書將在第四章詳述這場大逃亡。

以正義為名的革命？還是野蠻的殺戮？

圖帕馬羅斯游擊隊發動過多起武裝行動，有些行動規模比較大。其中最著名的行動，應算是一九六九年十月八日的攻佔潘多市（Ciudad de Pando）事件，當天正好是古巴游擊隊員，切．格瓦拉在玻利維亞喪生滿兩週年——可以說，這場行動相當於圖帕馬羅斯向他們心目中的英雄致敬。

這場攻擊行動的目標，主要在於展示圖帕馬羅斯的後勤和組織能力。潘多市距離蒙狄維歐市中心僅三十公里，位在烏拉圭的主要幹道旁。游擊隊在攻擊前，必須多次前往這座城市探路考察。

「馬汀，我們現在要準備一項任務。」穆希卡對賈易納雷（Raúl Gallinares）說，他負責騎機車載著兩人在首都移動。而「馬汀」是賈易納雷在圖帕馬羅斯中的代號。

「準備什麼？」

「接管潘多市！」

「我操！」

賈易納雷的直覺反應是催油門。要幹一票大的了！他在一九六九年加入圖帕馬羅斯後，直接編入穆希卡的軍事小組第十縱隊。這是他加入組織後規模最大的行動。控制一整座城市以宣示組織的革命企圖心、搶銀行累積資金、搶警察局來獲取武器——這次行動比馬汀之前在穆希卡麾下參與過的任何任務都大多了！

兩人騎著這台老爺車前往潘多市。

穆希卡與賈易納雷是這起任務的先遣小組，兩人在行動前先到當地探路。第十縱隊要負責佔領當地的電信通訊中心，好讓其他小組能成功掌握重要環節：攔截所有的報警電話，讓負責搶劫市區多家銀行的夥伴有足夠時間「收集」更多資金。

兩人在市區繞了一圈後，佩佩對馬汀說：「我覺得不妙！」他們在潘多市入口處看到一個公路巡警的駐點。「或許可以在前面停一輛爆胎的車子或什麼的。」穆希卡心想。他在尋思能分散注意力、必要時能夠擋住警察的方法。

參與這場大規模攻擊的成員，其中不少已是政府通緝犯，所以必須事先安排好妥當的進城方式。當時烏拉圭的維安戒備極其嚴格，他們進城時必須低調、注意巡警隊。情況棘手，他們謀劃了前所未有的解決方法：要抬著空棺材裝作送葬隊伍進城[32]。

他們設計了一場假喪事，讓一名死於阿根廷的烏拉圭人遺體「落葉歸根」，並委請當地有名的葬儀社運送棺木、規劃送葬隊伍，下葬地點選在潘多市附近、索卡鎮（localidad de Soca）的一座墓園裡。要前往墓地，送葬車隊就必須行經任務的目的地潘多市。一進城後他們就會讓司機離開，各

---

[32] 各種版本的説法不一，有人説運送的是棺材，也有人説運送的是骨灰罈。

小組分頭向各自的目標前進。

車隊由載運靈柩的車輛打頭陣，車上載的是沒有遺體的空棺，為了怕會被攔下來檢查、被發現重量不對，他們先在棺材裡裝滿馬鈴薯後才封棺。棺木上的花圈寫著「往生者」的姓名，游擊隊員也往墓園送了葬禮用花環。

烏拉圭是宗教自由的國家，不過即使當地的交通混亂，用路人和行人也都會對送葬車隊表現出幾近於崇敬的尊重。他們在途中經過蒙狄維歐東部、馬鐸納杜路（camino Maldonado）的一座軍營。當時是春天，閒著沒事做的警衛讓假裝哀悼的游擊隊員通過，沒注意到在悲傷的送葬隊伍中，有好幾位名列法務部黑名單的逃犯。

游擊隊員就這麼假裝成悼唁者進入潘多市，進城後他們掌控車隊，五個小組分頭進行任務。穆希卡和他的隊員依照計畫佔領市區的電信通訊中心，這是任務中的第一階段行動。佩佩在行動前買了一把剪刀，一進入通訊中心，就把所有看起來像電線的東西給全部剪斷。

攔截通訊的任務完成後，第十縱隊接著要提醒其他的小隊，由賈易納雷開著送葬車隊中的一輛車子出去，打開車燈，依照事先規劃的路線行經各個任務小隊所在的位置。點亮的車燈就是展開行動的訊號——占領城市、搶劫銀行與警察局。

搶占電信中心後，一名孕婦走進來，她說家裡的電話不通了。第十縱隊的成員溫和地向她解說情況，替她找了個位子坐下來。但另外一名剛好路過，看起來身量矮小、笨手笨腳的警察，運氣就沒那麼好了。

「這人我們得綁起來。」穆希卡對守在門前當警衛的同伴說道。

「你覺得呢？還是我們就讓他離開？」

「把他給綁起來。」

小隊的領袖下令，隊員們立刻動起來。他們把警察推向牆邊壓制住，連踢帶打地把人拖進電信中心裡。對面大樓有幾名學生在窗邊觀望看著這一幕。

時間不多了。穆希卡很擔心其他人會察覺異狀。他們事前沒有花太多心思估算搶劫各處要花多少時間——又是一個必須在當下臨機應變解決的問題。穆希卡很頭痛，事情變得更複雜了。

游擊隊搶了好幾家銀行搜刮到財物，但這起行動以軍事層面來說是失敗的。儘管他們一如穆希卡事前的預測，成功占領了警察局，但他們切斷市區通訊後，游擊隊各個任務小組之間也斷了聯繫。有居民到公路巡警隊那邊去報案，透過無線電與外界聯繫。這次事件最後以槍戰告終，三名游擊隊員和一名警察喪生。此外還有一名無辜民眾遭流彈波及不治死亡。事後調查雖無法證明子彈究竟是警方或游擊隊員擊發的，不過追究責任已經不重要了，游擊隊只能中止這場行動，並背負殺害一名無辜平民的罪責。

更離譜的是，其中一支去銀行搶劫的小隊，竟把留在地下室看守人質的組員給忘了！這是不可饒恕的大錯。被忘記的那一位隊員自行徒步前往火車站，但是在車站被人認出來、遭到逮捕關押。

政府當局一共逮捕了二十名游擊隊員。事前規劃好的撤退路線最後變得一團亂。由於彼此無法溝通，各小組只能在警方抵達前自行想辦法脫逃。

游擊隊員準備了兩輛大貨車作為逃亡之用，理論上兩名駕駛到了預定的會合點，會有其他的車子作為接應。但兩方人馬在市區發生對峙前，有一些車輛就已經離開原地了，兩輛貨車中，至少有一輛駕駛緊張到開始漫無目的地繞圈子。

所有參與行動的小組中，撤退時較沒有障礙的就是穆希卡指揮的小隊。他跟賈易納雷先前曾到潘多市仔細進行調查，比所有人都更能掌握逃脫的路線。穆希卡是很謹慎的人，所以他手下的組員全都毫髮無傷地離開了。其他成功逃脫的游擊隊員，則是在大批巡警湧入市區時，朝反方向逃離的。

至今圖帕馬羅斯仍對這場行動有著褒貶不一的評價。儘管以傷亡收場，但在本書寫作期間訪問過的幾名成員，回憶起當年情況時都還帶著點浪漫主義的情懷，他們甚至每隔一段時間就舉行集會，以紀念當天喪生的游擊隊員。但也有些成員多所抨擊，認為占領潘多市的任務事前規劃不佳，導致組織付出過於嚴重的代價，尤其是造成許多游擊隊重要高層入獄。

有人認為，這場行動最後以潰敗告終。「只差沒有跪倒在地瘋狂開槍而已。當時的情況是人人只能自保。」一名已經疏遠舊日同伴的前游擊隊員如此表示，他要求在身份保密的條件下接受訪問。

儘管圖帕馬羅斯的成員深知許多烏拉圭民眾無法接受暴力路線，他們仍認為發動武裝抗爭實屬不得不為的合理選擇。因而他們認為自己有理由搶銀行（籌措革命資金）、劫掠金融機構（取得文件），挑釁當權者（踢爆不法勾當）。也因此，他們認為「處置告密者」也是合理的，所以他們殺了通報穆希卡在大道酒吧的警官，處決美國籍的刑求專家米崔翁尼（Dan Mitrione）*2，乃至於曾波及多位無辜民眾。比如鄉村農工拜葉茲（Pascasio Báez）就因為在田裡發現游擊隊員的藏身處，被注射死刑用的毒藥硫噴妥鈉而喪命。事後游擊隊成員承認殺害拜葉茲是重大錯誤，是「野蠻的行為」，甚至有人認為犯下了「戰爭罪」㉝。

沒有古巴模式，只有失敗的戰爭

游擊隊成員公開宣稱他們的目標是與民眾一起獲得權力，反過來說，這表示他們認為屬於人民、屬於烏拉圭社會的權力早已被剝奪了。這顯然是圖帕馬羅斯游擊隊最主要的思想家森狄克，在一九六〇年代決定發動武裝政治抗爭最主要的原因。這個觀點是假設社會中出現重大的斷層：資源的極端不平等，有些人掌控太多的資產權力，有些人卻幾乎一無所有。對於森狄克和包括穆希卡在內的追隨者來說，就是最純粹的階級抗爭，不過此觀點頗富爭議，畢竟游擊隊難以完整地向社會大眾傳達他們的看法。

在國家進入獨裁政權的前幾年，游擊隊曾綁架多名外籍外交官及高層，顯然圖帕馬羅斯成員亟

㉝引述自一九九九年十一月烏拉圭 Radio El Espectador 電台《En Perspectiva》節目對游擊隊指揮官 Jorge Zabalza 進行的訪問，內容請參見：http://www.espectador.com/text/ele99/28nov/ele11042.htm。

*譯註2：米崔翁尼為義大利裔美國人，曾於聯邦調查局服務，六〇～七〇年代美國介入中南美洲多國事務，他獲派前往中南美洲，協助多國獨裁軍政府培訓警方審訊與刑求犯人的技巧。一九七〇年中，米崔翁尼遭圖帕馬羅斯游擊隊綁架。他們指控米崔翁尼是訓練警方刑求的共謀，要求釋放遭俘的游擊隊成員，否則就要殺害米崔翁尼。最後協商失敗，米崔翁尼遭擄十天後，被人發現頭部中槍，陳屍於汽車內。

欲對社會大眾表達他們的論點。

「我們選擇武裝抗爭的道路，不惜動武也要從當權者手中奪回權力，以牙還牙是唯一有效的辦法，讓他們感受到人民的威脅。（中略）也就是說我們是在非常確定理念之後才採取武裝抗爭路線，我們堅信必須透過這種抗爭，才能搶回特權階級手中的權力。那些既得利益者緊抓著權力不放，因為權力，讓他們可以不勞而獲、搶別人辛苦工作的成果、享有特權、滿足自我的享樂。」

這或許是游擊隊成員決定推翻民選政府最完整的原因。作家羅森科夫在古巴與卡斯楚會面後，以化名發表一篇「經過安排」的報導，並於一九七〇年十月由古巴的拉丁美洲通訊社刊出[34]。當時穆希卡已然中槍入獄。

圖帕馬羅斯游擊隊想依照古巴模式發動革命嗎？

我們分析游擊隊在發展出完整架構後的行動，可以回答部分問題。「圖帕馬羅斯游擊隊和（一九六〇至一九七〇年間）其他左派團體最大的差異，並不是政治目標上的不同，而是程序上的差別。在組織上做出的最大區別，就在於行事的方法。」政治分析家賈瑟寫道[35]。

圖帕馬羅斯游擊隊認為那個年代的拉丁美洲各國政府，向美國和中產階級的利益屈服。羅森科夫說：「我們很清楚（中略）這件事對拉丁美洲能帶來的利益。[36]」「我們所獲得的成果（中略）是採取了一種方法，透過武裝抗爭，來提倡或推動革命性的改變。[37]」

圖帕馬羅斯很清楚在烏拉圭不可能走鄉間游擊戰的路線，不能像幾年前哥倫比亞左派革命軍所採取的戰術，從四面八方攻擊他們要推翻的政府中心。圖帕馬羅斯是都市游擊隊，他們在政府軍的眼皮底下直接發動攻擊，這在拉丁美洲是前所未有的舉動。

羅森科夫解釋：「游擊隊的主張是有系統地騷擾政府。[38]」

他們的行動也跟費德爾・卡斯楚所領導的革命不同。古巴革命的必然結果，讓卡斯楚成為政府領袖；圖帕馬羅斯的成員並不打算——至少沒有明確地表達出——讓任何成員執掌國家大位的想法，他們的目標就是要改革。

他們自認為是代表群眾發聲的「武裝先鋒」，可建立起一股和政府平行的力量，他們認為能獲得烏拉圭民眾廣泛的接受，但事實上卻從來沒有成功。

「最終（中略）除了和民眾一起獲得權力以外，沒有其他的目標。[39]」

他們最後沒有成功。儘管他們擁有龐大的影響力，並獲得主要根據地蒙狄維歐民眾大力支持合作，游擊隊依然失敗了，這是組織自身決策錯誤、資源耗損、對手強大和內部背叛所導致的苦果。

---

[34] 引述自《*Tupamaros y gobierno: dos poderes en pugna*》 Publicado por Prensa Latina. Tomado del Suplemento de la edición N.o 116 de Punto Final. Santiago de Chile, 27 de octubre de 1970.

[35] 引述自賈瑟作品 p. 30。

[36] 引述自《*Tupamaros y gobierno: dos poderes en pugna*》 Publicado por Prensa Latina. Tomado del Suplemento de la edición N.o 116 de Punto Final. Santiago de Chile, 27 de octubre de 1970, p. 3.

[37] 同上。

[38] 引述作品同上，p. 2。

[39] 引述作品同上，p. 3。

新舊「羅賓漢」的路線之爭

在一九七〇年代初期，圖帕馬羅斯的主要指揮官都已下獄，游擊隊成員面臨領導者的斷層。原先他們犯下的多起行動，在某種程度來說頗有「羅賓漢」劫富濟貧的風格，也獲得部分烏拉圭民眾的同情；但後來由於游擊隊的關鍵人物大多入獄，新的領導階層雖趁勢崛起，卻被質疑缺乏經驗，部分決定令圖帕馬羅斯流失社會各階層的支持，導致組織的潰敗。

在獄中的胡道布洛曾向部分同志表示：「主張『立刻行動』的這批新世代搶走了我們的組織㊵。」

事實上，當時是圖帕馬羅斯犯下最多暴力案件的年代，他們透過綁架案向政府施壓，甚至試圖藉此讓巴契哥的政府垮台。其中，美國國際開發總署（USAID）駐烏拉圭的公共安全辦公室主任、美籍的米崔翁尼綁架撕票案，令圖帕馬羅斯游擊隊陷入艱難的處境。

根據喬治華盛頓大學（Universidad George Washington）國家安全檔案館（Archivo Nacional de Seguridad）的紀錄，米崔翁尼當時是「美國對烏拉圭警方高階顧問」。他先後擔任警察、聯邦調查局（FBI）探員，最後成為中央情報局（CIA）反叛亂及刑求方面的技術顧問。他在一九七〇七月三十一日遭到綁架並被挾持十天。圖帕馬羅斯要求政府限期協商，以交換遭監禁的游擊隊員，否則就要殺害米崔翁尼。而胡道布洛等多名遭監禁的前游擊隊領袖，認為這是錯誤的決策。他們的立場傾向是「讓巴契哥自食苦果」，讓巴契哥去承受來自各黨政治人物和美方要求放人的壓力㊶。「我們在獄中接到消息，說組織要求政府限期交換（遭監禁的游擊隊員），否則就要殺了米崔翁尼時，所有人都說『靠！完蛋了。』㊷」

美國政府則建議烏拉圭政府以入獄的圖帕馬羅斯成員生命當籌碼，例如「森狄克等重要囚犯」，以對游擊隊施壓，避免米崔翁尼遭殺害㊸。

當時的報紙在游擊隊要求的最後期限前，以戲劇性的筆法大幅報導。

一九七〇年八月十一日清晨，有人在一輛美製敞篷車中，發現米崔翁尼的屍體，他雙眼被蒙起來，身上還有多處彈痕㊹。烏拉圭政府下令全國哀悼。原本許多烏拉圭民眾願意默默支持游擊隊，或至少願意試著去理解他們發動武裝抗爭的原因，但在米崔翁尼遭處決後，游擊隊喪失了民心和同情。

㊵引述胡道布洛獄友的證詞。

㊶引述自 Fernández Huidobro. De las armas a las urnas. Gerardo Tagliaferro. O. cit., p. 113。

㊷引述作品同上，p. 114。

㊸引述自《*Para salvar a Dan Mitrione la administración Nixon pidió amenazas de muerte para prisioneros uruguayos*》，美國國家安全檔案館，第三二四號電子館藏。二〇一〇年八月十一日公布。作者：Carlos Osorio、Marianna Enamoneta，協同作者 Clara Aldrighi。內容請參見：‹http://www2.gwu.edu/~nsarchiv/NSAEBB/NSAEBB324/›.

㊹關於本案最詳細的紀錄，是多年後由記者 César di Candia 進行的報導。請參見 ‹http://historico.elpais.com.uy/Especiales/golpe/9.asp›

烏拉圭當局更是藉此派出敢死隊，大肆鎮壓左派民兵[45]。

當時游擊隊「大規模招募新血」，徵求「年輕力壯」的人加入。李斯崔解釋，或許正因為新人缺乏經驗，他們行事「無法瞻前顧後」。此後游擊隊裡「有政治頭腦的人在獄中，沒有被捕的人主導了游擊隊」。

穆希卡承認這段青黃不接的時期讓游擊隊迷失了目標，犯下許多錯誤。

「我認為圖帕馬羅斯國家解放運動，有一個時期的武裝行動獲得非常多民眾的同情和支持。後來情勢急轉直下，引發社會各階層的民眾害怕或反感。（中略）我們無計可施了。[46]」

一九七三年，烏拉圭爆發最後一場政變。游擊隊的創辦人之一胡道布洛用文字記錄了游擊隊大多數的活動，根據統計，當時他們已經吸收了一萬多名參與程度不一的成員，但政變後全數遭到擊潰[47]。

許多成員難逃牢獄之災，也有些人流亡國外，不過十五年後，他們在政壇上東山再起，建立了「全民參政運動」，他們與時俱進，放棄武裝和軍火，為穆希卡在二〇一〇年登上總統大位奠下基石。

無可迴避，染血的過往

「穆希卡的手上染過血嗎？」會有這個疑問是很合理的。尤其這位烏拉圭總統以和解寬容、追求和平的形象獲得全球知名度後，更是令人想了解他的過往。事實上，在我為寫作本書進行調查期間，並未找到任何能證明總統曾經直接殺害過人命的資料或證據[48]。

儘管如此，回顧圖帕馬羅斯的歷史，追溯穆希卡個人在組織中的經歷，我們可以確認上述這個問題是沒有意義的——穆希卡曾擔任游擊隊民兵組織的領袖，在從事武裝行動時，他為團體所做出的決定，無可避免會傷害無辜老百姓的生命，這就是事實。穆希卡身為圖帕馬羅斯國家解放運動的成員，若說他在行動中完全無須背負任何責任，就跟想判斷他每一次開槍究竟有沒有取人性命一樣

㊺ 引述自《*Para salvar a Dan Mitrione la administración Nixon pidió amenazas de muerte para prisioneros uruguayos*》，美國國家安全檔案館，第三二四號電子館藏。二〇一〇年八月十一日公布。作者：Carlos Osorio、Marianna Enamoneta，協同作者 Clara Aldrighi。
內容請參見〈http://www2.gwu.edu/~nsarchiv/NSAEBB/NSAEBB324/〉。

㊻ 引述自 Campodónico 著作 p.136。

㊼ 引述自 Entrevista del autor para documental universitario realizado en 1998。

㊽ 每到選舉期間，穆希卡是否曾下過處決命令的問題就會再度浮上檯面。二〇〇九年底，穆希卡正進行總統選戰，隸屬於在野的烏拉圭紅黨旗下的《週五郵報》，在同年九月二十五日星期五出刊的報導稱穆希卡是「憤世嫉俗」、「滿口謊言」的「殺人兇手」。這份黨派立場鮮明的報紙緊接著節錄先前的報導，稱維亞爾巴因為通報穆希卡出現在大道酒吧，遭穆希卡下令處死：「圖帕馬羅斯指揮官穆希卡下令『處決』維亞爾巴。一九七一年一月十日，遭六名恐怖份子刑求致死，在他的遺體上放著『告密者死』的傳單。在秉持民主原則的法官審判下，穆希卡是法院文件中唯一的被告，並因本起殺人案遭判刑。廣泛陣線派出來的總統參選人穆希卡，除了憤世嫉俗外，還是滿口謊言的殺人兇手。」引述自《週五郵報》第三二四號第二版報導「槍都打不準的穆希卡已因殺人遭判刑」。參見〈http://www.correodelosviernes.com.uy/insumos/correoviernes324.pdf〉。

荒謬且無用。別忘了烏拉圭當時處於戰爭情況，而戰爭本身就是上演死亡的劇場。就算穆希卡沒有殺過人，他肩負的責任並不會因此增加或減少，更不可能因而卸責。

而穆希卡本人與記者康波多尼科討論農工拜葉茲在農舍遭殺害的過往時，就抱持著這樣的態度。拜葉茲的遺體當年被發現時已經開始腐爛，每當選戰開打，媒體時不時就會刊登遺體被尋獲的新聞照片。

「沒有什麼好辯解的，」穆希卡如此評論，然而他也以此避開了直接的責任。「我不太確定組織究竟是怎麼做出決定的。」他解釋道。「可以說這決定（關於謀殺行動）來自組織中央，中央在小組中有一位代表。……責任是一樣的。農工之死是我們所犯下的愚蠢錯誤，沒有任何藉口。[49]」

此外，穆希卡還分析了殺害該名農工對圖帕馬羅斯帶來的「政治錯誤」：這名農工是一名單純的、弱勢的鄉下人，而游擊隊每天掛在嘴上的，正是宣稱要為這些社會底層挺身而出。傷害自己說要保護的人，這麼大的矛盾無法挽救，沒有任何理由可以為殺死農工一事開脫。

但同一場訪問中，穆希卡坦承在與政府對抗時，組織並不後悔在部分行動中造成其他人死亡，只是他也承認自己必須共同承擔這份責任。「有其他的處決，是我們有意下那樣的決定，例如米崔翁尼或查奎洛（Héctor Morán Charquero，警官），這兩人應該為刑求犯人付出代價。[50]」

我在寫作本書時訪問到的前游擊隊員亦作出同樣解釋：「行刑」或他們口中的「處決」，都是由組織中央做決定的。

全民參政與武裝民兵

烏拉圭眾議員薩畢尼（Sebastián Sabini）是三十四歲的歷史學教授，住在蒙狄維歐附近的佩德拉市（ciudad de Las Piedras）。在烏拉圭總統領導的「全民參政運動」黨中，他的政治生涯可說相當典型。

薩畢尼在一九九〇年代中期開始參加學生運動及抗爭，他來自左派家庭，因為受到「全民參政運動」的政治理念吸引，認為他們的方式更加活躍，更有包容性，也比其他政黨更貼近人民，因此決定入黨。

在薩畢尼共同起草《大麻管制法》（Ley de Regulación de la Marihuana.）法案時我就曾採訪過他。但我一直沒有機會跟他談談我感興趣的幾個問題，其中一個問題是，在穆希卡所領導的「全民參政運動」中，民兵成員是如何看待自己的。

全民參政運動的民兵應該要「準備好在街頭、市集、民宅和廣場上，為組織，為了超越個人的目標而行動，應該力求推動組織在現有的情況下持續精進」，薩畢尼是這麼形容的，

受到穆希卡的影響，全民參政運動推廣街頭行動，讓他們的意見領袖、有政治抱負的武裝成員對民眾宣講他們的想法、批判政府的問題。在傳統的政治活動中，政黨領袖僅僅是在他們所服務

㊾ 引述自 Campodónico 著作 p. 139。

㊿ 引述作品同上，p. 140。

的大眾面前公開露面，全民參政運動透過與選民拉近關係的方式，推動「政治人物也是公民」的概念，是情勢允許下可能獲得掌權大位的普通人，而他們的作法最終滲透了烏拉圭的政壇運作方式。

薩畢尼是典型的全民參政運動擁護者——他的打扮永遠都是牛仔褲、運動鞋和圓領衫，他就穿著這身服裝到國會上班。他的衣櫃裡衣服很少：只有兩條長褲和幾件襯衫，形象跟傳統穿西裝打領帶的政治人物大相逕庭。

他解釋：「全民參政運動裡大多數的人都來自民間。我們都是勞工或勞工子弟。我們沒有財富、出身不是望族權貴、手中也沒有經營企業。我們只是喜歡政治的普通人。在現在這是非常重要的，這也是佩佩所傳達出的理念。身處政壇的人必須有為民服務的使命感，政治不是為個人服務，而是個人為政治獻身，政治不應該牽涉利益。我們不只要做到，也要讓人看得到。」

他在國會辦公室的擺設，充分表達出他對全民參政運動的政黨理念、重要人物，以及歷史源流的認同。在門口和通往他辦公室的走道上，掛著一幅森狄克的海報，旁邊掛著切·格瓦拉的黑白海報。

這位年輕的眾議員稱穆希卡為「老前輩」，認為他是「神話」般的人物。他毫不掩飾對總統的崇敬之情，也大方表明他認同穆希卡在他這個年紀時，採取武裝抗爭的決定。當他加入全民參政運動時，認為「有人願意為了信念，為了團結和革命的目標冒生命危險」，覺得「佩佩是曾經入獄多年，遭受刑求仍抗爭不懈的人物，而不是在出獄後變成只會在家怨天尤人、怪政府怪全世界的人」。

薩畢尼下了如此結論：「身為民兵最重要的就是堅毅和犧牲的精神，隨時準備好繼續努力改善現況。這是佩佩之所以重要的地方。他一直以來都是鬥士，從來不放棄抗爭。」

我請教他對於以暴力為手段，來捍衛或推動政治理念有什麼看法。

「人們討論這問題的時候，忘了薩拉維亞（Aparicio Saravia）[51]曾舉起槍桿，忘了巴特葉・奧多涅茲（Batlle y Ordóñez）[52]也曾採取武裝路線，忘了這個國家是歷經武裝抗爭才得以成立的。烏拉圭整個十九世紀都是染滿鮮血的歷史。」他揮舞著雙手說，「人們討論圖帕馬羅斯游擊隊時，說得好像烏拉圭的武裝抗爭是在游擊隊成立後才出現的，然而烏拉圭在武裝抗爭奪權這方面，其實已有非常重要悠久的傳統。」

六〇和七〇年代烏拉圭出現經濟和政治上的危機，「學生[53]和勞工都遭政府殺害」，同時出現一股「對政府機關強烈的不信任感」，「在當時的情境下，（武裝抗爭）是人們可以理解的實際選擇，（中略）現在美洲各國朝著另一個方向在走。我們不是為暴力而暴力。我們是和平主義者。但在那個時代，烏拉圭的人民承受極大的苦難。」

烏拉圭支持穆希卡的年輕人是這樣看待他的。這種觀點跟加入其他政黨的年輕人很不一樣，毫無疑問地更與這些年來政壇大老的觀點不同——大老們認為圖帕馬羅斯游擊隊破壞了民主國家的穩

---

51 薩拉維亞（一八五六～一九〇四）革命抗軍領袖。一九〇四年在某場交戰中受傷，十天後喪生。

52 巴特葉・奧多涅茲（一八五六～一九二九），烏拉圭紅黨領袖，曾於一九〇三～一九〇七及一九一一～一九一五年間擔任總統。

53 這裡指的是一九六八年獸醫系學生阿爾瑟之死，他在警方鎮壓時中彈受傷不治。

定，是撼動憲政政府的團體，應該予以鎮壓打擊。

「圖帕馬羅斯之父」森狄克入獄時，由霍赫・巴特葉[54]擔任總編輯、桑吉聶提（Julio María Sanguinetti）[55]擔任副總編輯的《行動日報》（*el diario Acción*），刊登了一篇社論，內容是恭賀政府軍的行動。這篇文章描繪出當時烏拉圭社會對游擊隊的看法有重大分歧，時至今日，不同立場的民眾仍舊壁壘分明。

「政府軍的行動極具效率，再度彰顯出國軍的專業及紀律。國軍在艱苦的戰爭中仍能維持烏拉圭軍隊的優良傳統。結合各個部隊的軍力也獲得民眾寶貴的支援，沈默的大眾自願依照國軍的行事方法及作戰風格與政府合作[56]」。

紅黨黨報社論大肆讚揚當時波達柏瑞所領導的政府，然而波達柏瑞隨後在一九七三年發動政變，實施獨裁統治。

《行動日報》刊出的文章中，承認圖帕馬羅斯游擊隊所指出的部分問題確實存在。「我們先前已經說過，但現在要趁這機會再強調一次：烏拉圭出現的血腥抗爭，和國內必須處理的諸多問題息息相關」，文中還提到「不公不義、尊嚴盡失的社會問題。[57]」

很多人支持政府鎮壓游擊隊，但另外也有很多人支持游擊隊的行動。

敲鍋抗議與獨裁下的公民公決

一九八〇年烏拉圭的獨裁政權決定舉行一場全民公決，讓人民透過選票來決定是否承認當時統治國家的政權。軍方試圖將透過武力建立的政府合法化，僅略微放寬了烏拉圭民眾能享有的自由。公民投票的情況很踴躍，儘管選戰期間雙方陣營的曝光率懸殊（能在軍方面前捍衛修憲草案的政治人物，僅獲得極少的媒體曝光），但獨裁政權最終仍敗在票匭裡。近百分之六十的選民在信封裡放了寫著「不」字的紙條，拒絕接受軍方版的憲法，也拒絕接受軍方持續深入掌控政府的計畫。

這是獨裁政權走向終結的第一步。儘管歷經多年的新聞審查和壓抑，烏拉圭民眾仍向軍方表達出民心支持民主自由勝過一切，一九八〇年代初不斷透過各種方式抗議獨裁政權，除此之外，獨裁也重創國家經濟。烏拉圭當時面臨通貨膨脹率狂飆、失業率暴增及物資缺乏的困境。烏拉圭民眾展開匿名抗議。我還記得當年頭幾場「敲鍋」抗爭：等到太陽下山入夜後，民眾把家裡的燈關了，全家大小拿著鍋子猛敲，表達人民對獨裁政府的唾棄。人們當然很害怕。但即使不敢敲鍋抗議的家庭也會把燈關掉，保護發動抗議的鄰居不要曝光。這是民眾對已經走到窮途末路的獨裁政權，發動和平抗爭的一種方式。

圖帕馬羅斯游擊隊隊員，和其他非成員的政治犯依然關押在監獄中。流亡在外的人仍舊無法回

---

54 霍赫．巴特葉，烏拉圭紅黨，曾於二〇〇〇～二〇〇五年出任總統。

55 桑吉聶提，前烏拉圭總統，帶領國家由獨裁轉向民主。他在一九九四年的總統大選勝出，一九九五～二〇〇〇年間再度擔任烏拉圭元首。

56 引述自〈La caída de Sendic〉，《行動日報》第八一四期，發行日為一九七二年九月一日。

57 引述報導同上。

國；而從一九七三年獨裁政府成立後對人民的掌控和箝制規模，已經大到烏拉圭民眾無法想像的地步，許多男女遭追捕、羞辱、性侵、刑求致死，很多人遭處決，更多民眾就此失蹤。

烏拉圭加入「禿鷹計畫」（Plan Cóndor），這是「南椎」成員國（Cono Sur）獨裁政府發展出的戰略架構，當權者在這個框架下，針對南美洲地區的左派民兵、會威脅政權的政治人物，進行情資交換、逮捕和屠殺。在此一架構機制下，在某個國家被捕的人，可能會以非法的方式轉移到其他國家，交由當地軍政府處置。這個計畫有系統地清除了知名的政治異議人物，造成大批政治犯入獄。除此之外，許多被捕女性在獄中生下的孩子也無端失蹤，很多嬰兒直到現在仍下落不明。

烏拉圭在一九八四年十一月舉行選舉，國家開始脫離獨裁政權，然而當時舉行的幾場選舉中，一部分有機會獲得提名的人遭獨裁政府禁止參選。

在特赦法的框架下，烏拉圭政治犯於一九八五年三月獲釋。該法案中有一項條文，明訂曾犯罪

VOTO POR
NO
EL PROYECTO
DE REFORMA
CONSTITUCIONAL
PLEBISCITO
Noviembre 30 de 1980

烏拉圭在 1980 年的公決票。

（圖片來源／維基公共百科：https://commons.wikimedia.org/wiki/File:Papeleta_por_el_NO_a_la_reforma_constitucional_en_Uruguay_en_1980.jpg）

的游擊隊成員和軍方人士，均不會遭追究判刑㊿。

曙光出現：放下武器，踏向民主

烏拉圭恢復民主後，想重新參與政治活動的圖帕馬羅斯游擊隊員只能做出一個決定：放棄武裝。很顯然地，無論有沒有參與過一九六〇到一九七〇年代初期的政治戰役，烏拉圭民眾都不願意再陷入戰爭。鄰近國家巴西及阿根廷相繼民主化，也大大推動了恢復民主後，政治與武裝涇渭分明

㊿ 一九八五年三月公告施行的第一五．七三七號法案第一條明文規定「赦免一切自一九六二年一月一日起犯下之政治罪，及相關的普通罪及軍法罪名。」這項條文目的為終結獨裁政權史，不追究曾犯下違反人道罪的軍方人士。一九八六年通過的第一五．八四八號法案讓特赦框架更形完整，名為「終結國家懲罰性措施法」，內文提及「不再對一九八五年三月一日之前所犯下之罪刑進行追究」。本法案曾兩度交付全民公決，兩次推動公決試圖廢除該法的行動都以失敗告終。在二〇一一年廣泛陣線成功在國會通過第一八．八三一號法案，名為「特赦法解釋條文」，法案中從第一條即重新明訂「對一九八五年三月一日之前所犯下之恐怖行動進行懲處」。在此之前，美洲人權委員會（隸屬於美洲國家組織旗下的委員會），就曾認定「特赦法」與《美洲人權宣言》中列入的「司法正義權」相牴觸（烏拉圭是美洲國家組織的成員國）。美洲人權委員會要求烏拉圭政府「解釋」特赦法所涵蓋期間，也就是一九六二到一九八五年間所發生的事件，同時「個別審理在軍政府執政時期，曾犯下違反人權罪的案件」。二〇一三年二月烏拉圭最高法院宣布「特赦法解釋條文」違憲，從此不得重新立法追訴在獨裁軍政府執政期間，犯下違反人道罪的行動。

的思想。圖帕馬羅斯游擊隊員對此知之甚詳，他們在出獄前就非常瞭解情況了。

在歷經近九年擔驚受怕，不斷遷移、害怕被殺的生活後，這些「人質」——因為入獄多年，已與圖帕馬羅斯脫節的成員，被遷移到蒙狄維歐附近、與聖荷西省比鄰的看守所——名為「自由」的監獄，就位在同名的小鎮上。

這群「自由的囚犯」曾是圖帕馬羅斯的指揮官，他們開始與外界獲得更多交流，歷經多年單獨關押的絕對寂靜後，獄方的守衛替他們帶來監獄外的消息，囚犯間也能夠彼此交談。他們獲得更多來自各方的新聞，聽聞獨裁政權逐步衰敗的消息，終於看到一絲可能獲釋的希望後，出獄後要怎麼做？成為無可迴避的問題。

獄中成員知道組織曾一度擁有上萬民兵，但自他們在一九六六年成立以來，將近二十年過去了，他們不知道究竟還有多少人忠於「隊裡（orga）」的原則[59]。

他們有可能成立政黨，或至少成立政治團體，加入一九七一年成立的左派政治聯盟「廣泛陣線」嗎[60]？放棄武裝是否等於放棄他們對游擊隊身份的認同、背棄組織成立時的信念？

他們排除了成立政黨的想法。「我們從來就不是政黨。我們一直以來都是一個『運動』。（中略）我們是武裝政治組織。」羅森科夫對我說道，「我們以前是扛著槍桿的政治人士，從來沒有陷入武裝抗爭或議會制度的二分法裡。」沒了槍，他們能轉型成政界人士嗎？

到了一九八四年，距離獨裁政權瓦解只剩下幾個月的時間；隨著圖帕馬羅斯的領袖，和其他被關的成員交流日增，出獄後下一步該怎麼走的疑問也越來越多。

他們在獄中決定，依照最高領袖森狄克所提出來的建議行事。他們將森狄克送進地牢裡，在運送途中趁著警衛疏忽，把紙條捲成一小捲，在監獄黑話裡這叫「小藥丸」，傳給組織的另一位創辦人馬瑞納雷茲（Julio Marenales），並且把紙條傳給其他「人質」。

第三個讀到紙條的人是羅森科夫，他說直到現在，森狄克整齊寫下來的每個字他都記得一清二楚。他們最主要的思想家下令：「我們應該加入制度化的民主抗爭，一切公開透明」，日後所有烏拉圭民眾也都聽聞到這項訊息。

對圖帕馬羅斯國家解放運動來說，這是武裝抗爭的結束。羅森科夫說道：「這是能帶來改革最重要的抗爭。」

在一九八五年三月桑吉聶提接任總統並釋放游擊隊員之前，這訊息就早已在民眾間傳開了，圖帕馬羅斯主要的幾位指揮官認為烏拉圭民主「欣欣向榮」，跟獨裁之前「已然腐敗」的民主不同，他們希望說服組織的激進派，放棄武裝抗爭[61]。

---

[59]「隊裡（orga）」是組織（organización）的簡稱，前游擊隊員至今仍以「隊裡」來暱稱武裝時代的圖帕馬羅斯國家解放運動。

[60] 圖帕馬羅斯國家解放運動早在一九七一年三月二十六日透過參與左派獨立行動，協助成立廣泛陣線。

[61] 引述自 Eleuterio Fernández Huidobro, citado por Garcé en p. 55 de Donde hubo fuego. El proceso de adaptación del MLN-Tupamaros a la legalidad y a la competencia electoral. 1985-2004, a partir de semanario Asamblea, 18 de marzo de 1985. Adolfo Garcé. Uruguay, Ed. Fin de Siglo, 2006.

穆希卡告別武裝演說：仇恨無法帶來進步

圖帕馬羅斯游擊隊能以政治行動立足的的特色之一，就是有如變色龍的適應能力，能根據歷勢來影響大局，甚至伺機推動改革。在游擊隊期間他們就展現出應變的能力，透過改變戰略來達到目標，而在主要領袖出獄後隨即斷然決定放棄武裝一事上，令外界更注意到他們與時俱進的特質。

儘管森狄克的決定獲得其他領袖的背書，他們明白烏拉圭民眾已經受夠暴力了，如果出獄後就對已符合憲法的當前政府發動正面、直接攻擊，普羅大眾絕對不會接受，游擊隊必須選擇別的路線。

因此，在一場歷史性的演說中，穆希卡承擔了一項重責大任，用簡單有力的用詞、清晰的想法來表達他們的情感，更重要的，是對大眾宣布圖帕馬羅斯成員在獄中做出的決定：告別武裝路線。

「有智慧的人不會向民眾索討他們給不起的東西。因為如果我們沒有耐心，要求的比人們給得起的還多的話，我們遲早會失敗，民眾會毀了我們。」當時快滿五十歲的穆希卡這麼說[62]。

穆希卡在一場演講中緩緩地對烏拉圭民眾說，圖帕馬羅斯不再是武裝組織了。他人生中發表的幾場演講，在分享他對各個領域的想法時，都是用這樣間或停頓的節奏來說話，無論主題是政治行動的方式、環境保護，還是他蹲了十四年苦牢後對民主的深思和評斷都一樣。

穆希卡說明他們並不打算「手持屠刀，心懷報復」地重新融入社會。「我不願走上仇恨的道路，更不願（和）那些對我們心懷惡意的人一樣。仇恨無法帶來建設。」多年的監禁，在他身上留下了明顯的痕跡，看起來身形削瘦。

隨著之前游擊隊重要成員入獄，組織早已分裂，在全面瓦解前的最後階段更是出現極大分歧。穆希卡和左右手胡道布洛多年來苦心經營的民兵核心，讓他們得以將圖帕馬羅斯改組為非武裝的政治團體，組成「全民參政運動」這個政治結盟，並從一九八九年起逐漸在選戰中為左派贏得更多的認同和席次。然而這一路上許多同志的疏遠和離去，為圖帕馬羅斯亦帶來重大創傷。

穆希卡認為組織在政治上是有前途的。「失敗的時刻來得很晚，雖然擊敗我們，但卻不足以令我們在政治上消失」，他在一場漫長的談話中，對圖帕馬羅斯國家解放運動的前指揮官馬崔奧如此表示，而這場談話同時也是本書的寫作緣由[63]。

森狄克本人在出獄時，就已經準備好了一份憲政改革計畫的大綱，他在方格紙上用藍筆整整齊齊寫下計畫，重點處特別用紅色標明。我在二〇一四年四月有機會翻閱部分原始手稿。內容闡述憲政改革計畫的重點在放棄武裝，這位游擊隊的主要發起人和最高領袖，在文中強調他認為未來有參與合法政治活動的可能，即便組織本身無法參與，至少也能透過組織推派的代表來參政。

即使多年來組織決定不要推派成員參加選舉，但最終，仍舊團結一致的前圖帕馬羅斯成員仍決

---

62 引述自《*Y habló el compañero Mujica*》 Discurso completo de José Mujica en el Platense Patín Club, marzo de 1985. Publicado en Liberación Nacional, publicación del Movimiento de Independientes 26 de Marzo en el Uruguay. Marzo de 1985.

63 引述自《*Charlando con Pepe Mujica. Con los pies en la tierra...*》 Mario Mazzeo. Uruguay, Ediciónes Trilce, 2002, p. 59.

定派員參加選戰。一九八九年森狄克過世，同年在蒙狄維歐發生一起涉及西班牙巴斯克艾塔恐怖組織（ETA，Euskadi Ta Askatasuna）*3成員的事件，這兩件事徹底改變穆希卡和胡道布洛對選舉的看法，或許也開啟了兩人走上傳統從政之路的契機。

選舉之路：候選人穆希卡的誕生

烏拉圭游擊隊歷史上的重要人物薩巴爾札（Jorge Zabalza），在記者萊克特的書《無足輕重：薩巴爾札傳記》中，證實了圖帕馬羅斯成員與穆希卡和艾塔組織的關係[64]。

在接受《暴風雨》雜誌的訪問後，薩巴爾札在另一個受訪場合表示，圖帕馬羅斯國家解放運動曾經接受艾塔組織的金援，以維持一家ＦＭ調幅廣播電台的運作，該頻道節目內容充滿政治議題，是前游擊隊員掌控的媒體組織之一[65]。

曾是游擊隊成員、現在仍是穆希卡心腹的杜特（Eduardo León Duter），向我解釋艾塔與圖帕馬羅斯的「合作」，很大一部分源自於許多游擊隊員流亡西班牙時，與艾塔成員所奠定下的關係。

一九九四年十一月烏拉圭舉行總統大選，其中一位候選人是醫生出身的巴斯克斯，他曾擔任蒙狄維歐市長，是當時國內聲望最高的左派政治人物。

同年八月，烏拉圭逮捕多名持偽造文件滯留國內的艾塔成員，是時任總統拉卡葉[66]領導的政府準備引渡三名嫌犯：歐泰札（Mikel Ibáñez Oteiza）、立薩拉德（Luis María Lizarralde）和戈伊提亞（Jesús María Goitía）。

在獄中的艾塔成員發起絕食抗議，政府決定將囚犯送入蒙狄維歐的費爾卓醫院（el hospital Filtro de Montevideo），同時持續進行引渡作業。原訂引渡的日期是一九九四年八月二十四日。

圖帕馬羅斯組織中的一個重要分隊，決定透過艾塔組織協助他們成立的CX44泛美電台，號召群眾在醫院大門口舉行抗爭，阻止引渡三名囚犯的行動，拒不接受拉卡葉總統的決定，要求政府提供三名艾塔成員政治庇護。

當天晚間我距離費爾卓醫院僅有幾個街區遠。遠得足以看清如泡沫般湧動的抗議人群、警車的警示燈還有救護車。那時候我還不是記者，對這起事件的印象不比普通的旁觀者深刻。但我清楚記得泛美電台發表的言論中，對將遭引渡的艾塔成員大表支持，呼籲民眾與警方對峙。

---

64 引述自《無足輕重：薩巴爾札傳記》Federico Leicht. Uruguay: Letraeñe Ediciones, 2007. Sexta edición.

65 引述自《*Tupamaros. De las armas a las urnas*》Revista Sudestada número 67. Argentina, 2008. 網路版請參見：http://www.revistasudestada.com.ar/web06/article.php3?id_article=477&var_recherche=zabalza›.

66 路易斯．阿爾柏托．拉卡葉．艾瑞拉（Luis Alberto Lacalle Herrera），一九四一年出生於蒙狄維歐，國家黨政治人物，曾於一九九〇～一九九五年出任烏拉圭總統。

* 譯註3：西班牙的艾塔組織是巴斯克地區的分離組織，原名稱直譯為「巴斯克（祖）國與自由」（Basque Country and Freedom）。二〇〇四年曾犯下馬德里 Atocha 車站恐怖攻擊，他們選擇上班尖峰時間在車站引爆三顆炸彈，造成一九一人死亡，超過一千八百人受傷，但近年來已宣布與西班牙政府停火。

警方與抗議人士間的衝突造成兩位民眾中彈死亡，數十人受傷，艾塔組織成員最後仍照計畫引渡回西班牙。原本外界認為圖帕馬羅斯成員早已放棄武裝抗爭，然而許多烏拉圭民眾認為在這起事件中，前游擊隊員仍佔有重要的角色。多年後薩巴爾札承認，包括他本人在內等號召抗爭的領袖中，準備了一輛載有土製炸彈和「多角釘」[67]的巴士，準備用來阻擋載運艾塔成員的車輛[68]。

圖帕馬羅斯成員出獄後，就不斷針對發動攻擊的資源進行討論，儘管很多烏拉圭人相信他們已經放棄暴力行動了，但他們仍再度採用武裝手段；有部分成員認為應該保留「武裝暴動原則」，持續發動攻擊、或至少保有以武力威脅當權者的可能性，認為引渡艾塔組織成員一案，是他們測試這項理論的大好時機。

「有些人把當時的情況視為一場演練。」一位曾參與這起事件的前游擊隊成員對我說，當時參加抗議的群眾裡，大多數人沒有與維安部隊對峙的經驗，即便有過對峙經驗，但經驗也不多。這場理論與實際的衝突極富「圖帕馬羅斯風格」。不同意武裝抗爭行動的組織成員，發現他們害怕的事情成真。

當我詢問曾參與該場抗爭的杜特抗爭後果為何時，綽號「好好先生」的他毫不猶豫地指出「費爾卓醫院抗爭後產生了分化作用」，讓游擊隊成員間的路線分裂更甚以往。

一九九四年的選戰，巴斯克斯僅以幾千票之差落敗。彼時圖帕馬羅斯成員已經透過全民參政運動（MPP）加入廣泛陣線；部分左派人士認為巴斯克斯之所以會落敗，是因為圖帕馬羅斯成員支持巴斯克恐怖組織艾塔所造成的結果。

我在寫作本書時曾想訪問薩巴爾札，他已經脫離圖帕馬羅斯國家解放運動，強力抨擊穆希卡的領導路線。我透過中間人詢問他的意願，但他不願對總統多做評論。

賈瑟認為儘管因為艾塔成員引爆街頭對峙，組織涉及引渡案而遭逢烏拉圭社會大規模反彈，但圖帕馬羅斯成員依然團結，尤其是穆希卡與胡道布洛認為，如果還想繼續留在政界的話，應該採取關鍵的路線；加入選戰[69]。

杜特承認「費爾卓醫院事件令組織付出極高昂的代價」，但他指出針對政治抗爭方式進行的討論，「從一九八五年出獄後仍不斷演化中」。對他來說，這場討論是森狄克在出獄前定下方針後，就展開的一項漫長過程。無論如何，他認為費爾卓醫院事件後，終止了「組織裡同時並存的兩種觀點」。

在勢力消長平衡下，希望維持武裝暴動的成員成為少數，很多人選擇離開圖帕馬羅斯國家解放運動。

留下來的成員完全支持左派政治計畫，這表示如果要透過選票擊敗烏拉圭的傳統政黨、進入政府，必須完全排除任何武裝抗爭的過去，堅定不移地支持選舉，並推派組織中的活躍人士出馬競選公職。

荷西・穆希卡當然是活躍人士中最耀眼的一位。

---

[67] 拉普拉塔河一帶地區對雞爪釘的稱呼，是用來刺破車胎，阻止車輛前進的釘子。

[68] 引述自 Leicht 著作 p.183。

[69] 引述自本書作者進行的訪談。

穆希卡在獨裁政權邁向衰敗之前，尚未進入組織的領導核心，出獄後他在組織中擔任替立場不同、關係緊張的兩派做「協調人」的角色，對他來說競選是很自然的選擇。根據杜特的說法，他「承接了森狄克的計畫」——行事風格絕對「完全公開透明」。

這位前游擊隊員開始遵循傳統的政治路線行事，導致圖帕馬羅斯內部產生新的摩擦，造成更多人離開。但穆希卡仍舊持續前進，他在一九九四年獲選為眾議員，在一九九九年大選再度勝出，於二〇〇〇年進入參議院。

他在國會中努力培養支持者，用的是他最瞭解的方法：下鄉全國走透透，與黨派立場不同的烏拉圭民眾會面。但他特別重視支持廣泛陣線的民眾，穆希卡再度背負起過去的職責，在支持者面前扮演起能在烏拉圭左派當中，融合激進派和溫和派立場的角色。

他在二〇〇四年連任成功，成為該屆國會大選中得票數最高的候選人[70]，讓烏拉圭出現史上第一個左派政府（至少是目前最為大眾所接受的左派政府）。

在二〇〇五年三月到二〇〇八年三月期間，他擔任農牧漁業部部長，但他與當時的總統巴斯克斯在多項議題上歧見日深，因而辭去政務官回到參議院。在穆希卡辭去內閣職務一年多前，輿論的支持就讓他足以編織總統夢；他以沒有明確執政理念的民兵起家，卻即將走上政治生涯的高峰，他的志向，早已不僅止於社會公義和鼓吹財富重新分配。

---

[70] 烏拉圭總統府網站上公布的穆希卡官方簡歷上表示，他在二〇〇四年勝選時「獲得的票數之多為國內政治史上首見」。

第四章
從反政府到當總統

我跟一般的市井小民一樣，只是再尋常不過的普通人。世人心目中對總統有一種刻板印象，但那並不是我。

——引述自二〇〇九年九月十三日阿根廷《國家報》Ricardo Capena的採訪報導

穆希卡手中握著一股打成辮子的粗鐵絲，他把鐵絲穿過牆壁，牆的另一頭是李斯崔，他抓著鐵絲的另一端，兩人必須在看不見對方的情況下摸索出節奏來。牢房的水泥磚牆兩側各有三個人，每次由兩人一組輪流進行。大夥的未來，就看這事能不能成功了。他們被關在蒙狄維歐的彭塔卡瑞塔斯監獄（Penal de Punta Carretas），利用牢房裡的鐵製床板製作鐵絲辮繩，用來磨穿磚塊間潮濕脆弱的水泥牆。

他們自製的「手鋸」看來發揮作用了。另外還做了幾把不太牢靠的簡陋鑽頭，好在牆面上鑿出洞來，讓鐵絲繩可以穿過去。經過連續好幾週的努力，終於有了一點進展。圖帕馬羅斯成員被關押的這座監獄，維安等級僅有中等而已；他們在灰暗牢房裡的小小「成就」，為自己帶來一絲希望的曙光。

「被關的人永遠都在想要怎麼逃跑。」一名前圖帕馬羅斯成員跟我說。

越獄計畫

關押在彭塔卡瑞塔斯監獄的圖帕馬羅斯成員，決定逃亡重新加入外面的游擊部隊。他們一如往常、如軍隊般詳細分工，從逃亡方法、實施方針到時間規劃，所有成員都有各自的工作。

行動必須小心翼翼。他們第一次試圖逃獄時，計畫從監獄外朝裡面挖出一個隧道，但計畫卻以出人意料的方式宣告失敗：一場強風豪雨造成蒙狄維歐附近的拉普拉塔河水位暴漲，游擊隊員留在河岸旁的工具被沖進下水道和排水溝。他們為了開隧道還做了推車，好把挖出來的泥土推到河邊丟棄，但大水把推車也給沖走，計畫隨著推車一起泡湯。更糟的是這些被水沖走的器材遭人發現後，令政府當局更加提高警覺。

「那時候我們就想到應該從監獄裡往外挖隧道。」李斯崔在接受本書採訪時回憶道。不管游擊隊成員想出來的方法再有想像力，實行起來仍相當困難：「我們打算把二樓用來關我們的這二十五間牢房串連起來。然後把最後一間貫穿到樓下的牢房，一樓的牢房特別重要，我們要從那裡開始挖隧道。」

圖帕馬羅斯成員計畫在所有牢房之間開出一條通道，從監獄內朝外挖地道，通往附近兩棟房子，再沿著地道逃出去。並計畫由一名游擊隊領袖帶隊發動攻擊，除了組織的成員，還會有同情他們的民眾一起裡應外合，把逃出來的隊員送上車輛，載到安全的地方。

李斯崔、穆希卡和他們各自的牢友，是最先開始練習怎麼鑿穿牆壁、貫通牢房的人，這是逃亡計畫中最重要的一環。

他們剛開始想鑿穿厚重的老磚牆，失敗了。不過既然是坐牢，有的是時間可以練習；況且但更重要的，這座監獄裡不只有政治犯，也關了一些普通囚犯，其中有些人很擅長在牆壁上鑿洞，身邊就有厲害的高手可以討教。

其中一名囚犯提出用鐵絲沿著磚塊邊緣、鋸斷磚牆水泥的點子。事實證明這方法很有效。

穆希卡跟李斯崔兩人被關在相連的兩間牢房裡，兩人各有兩名同是游擊隊員的牢友。這兩間牢房組成的團隊最先獲得令人振奮的成果：他們成功找到一個方法，可以移動一整塊已經切下來、厚達三十公分的牆面，同時保持牆面不會坍塌。他們把鐵條穿過牆壁兩端，當作移動牆面時的支撐物。牢房裡陳舊潮濕的水泥和風化剝落的磚牆，讓這工作執行起來更簡單。他們打通兩間牢房的牆壁時，「就像希望之光出現了！」李斯崔回憶道：「我們的辦法有效。」

他們把打通牢房的牆洞稱為「冰箱」，利用親友前來探監的機會，請家人把石灰粉包裝成麵粉偷帶進來，用石灰把牆洞補好後，再往牆上貼海報或標語，遮掉所有會引來警衛注意的痕跡。

他們拿錢賄賂警衛換取寶貴的時間，延長每次查房的間隔，讓他們不止能開出一條連結二十五座牢房的通道，還能同時進行工程，挖出足以讓一百多人逃亡的隧道。他們偷偷用監獄裡最吵雜的時段來挖，或者在放風的時候辦足球賽，在比賽中不斷高聲亂喊「進球」或「犯規」，好掩飾挖地道的聲音。挖出來的泥土就藏在牢房裡的床鋪下。

圖帕馬羅斯的高層決定哪些人可以離開。李斯崔在一九六九年入獄，穆希卡則是一九七〇年入獄，當時他遭警方槍擊的傷口還沒復原，不過兩人被列入逃獄名單的原因不同。穆希卡是組織內的民兵領袖之一，所以需要出去；而儘管李斯崔當時的刑期只剩下幾個月，不過他願意為了組織犧牲，並為了保護團隊裡更重要的決策人物而轉入地下生活，加上先前他也曾參加過好幾場重要的活動，因此也被納入逃獄名單內❶。

一九七一年九月五日晚間，彭塔卡瑞塔斯監獄二六八和二六九號房的囚犯，決定在追求他們迫切渴望的自由前，一起享用最後一頓晚餐。

牢房中有加熱食物和飲水的基本設備，所以他們決定做番茄義大利麵捲，這是相當費工的料理，不過在烏拉圭有很多人跟穆希卡一樣有義大利血統，所以這也算是國民美食。牢房這一頭有人提供麵糰和餡料的材料❷；牆壁另一頭，其他人用之前吃剩下的食物來準備肉醬。食物的香氣，還有游擊隊員對出獄後生活的計畫，沿著已經撬開的「冰箱」通道傳到各間牢房裡，逃獄大計箭在弦上。當天晚上，曾經持槍開火、向漠視民意的政府宣戰的游擊隊員，和在獄中為了往後自由的政治犯，在打通的牆洞中交握雙手，默默舉杯致意。

當天晚上十點，彭塔卡瑞塔斯監獄二樓彷彿成為一條爬滿螞蟻的小徑。圖帕馬羅斯成員一個接著一個從打通的牢房牆洞中穿過去。行動依照事先計畫進行，不過在地道還沒有新消息傳上來前，他們必須在擠在幾個牢房內等上六個小時，等待讓他們爬下隧道的暗號。

接獲暗號後，他們從最後一間牢房移動到一樓，從大小僅有六十乘八十公分大小的隧道裡逃出去。跟他們一起逃亡的，還有加入逃獄行動的六名普通罪犯。除了因為他們幫著開挖之外，游擊隊員也需要利用他們位在其他樓層的牢房來打通逃獄通道。逃亡隊伍持續前進，人人緊跟著前面的人走，他們大部分的人根本沒看過隧道長什麼樣子；儘管他們能想像到地道勢必很狹窄，但並不知道確切大小。他們編了一條皮製的繩梯，好從最後一間牢房進入隧道口。一切都在黑暗中進行。「我還記得同志們有力的雙手抓著我的腳，把我放到繩梯上。」李斯崔說。

負責開挖隧道的人事前經警告過大家，必須把身體小心塞進隧道裡慢慢爬，這樣才能避免堵塞或隧道坍塌，以免害所有人陷入死亡陷阱裡。

他們抵達隧道時，知道自己前面的人是誰，但是不知道後面跟著什麼人。難以控制的緊張情緒

---

❶ 曾參與逃獄行動的成員在與作者會談時，說穆希卡當時負責告知幾位成員，不要在放風時間出牢房。

❷ 義大利麵捲跟墨西哥的塔可餅很像，不過塔可餅的原料是玉米粉，麵捲的原料是麵粉。

瀰漫在逃亡者中。儘管頭部不時撞到前面一位的腳或屁股，但他們依然井然有序地慢慢前進。「我記不清了。當時我就像機器一樣照著指令行動。」李斯崔對我說道。

出了監獄後，逃獄犯躲進一棟事前選好當藏身處的房子。負責任務的小隊已經在地面上精確地挖洞當出口，游擊隊員爬到頂就可以直起身來伸長手臂，讓等在屋裡的同伴把他們拉出來。根據參與逃獄行動的幾位關鍵人物表示，第一個從地洞中逃出來的人是馬瑞納雷茲（Julio Marenales），他是圖帕馬羅斯的決策高層之一。

賈易納雷跟外號「支柱」的露西亞・托波蘭斯基，一起負責監獄外的行動。代號馬汀的賈易納雷負責安排轉移逃犯用的貨車，除此之外，他還安排了一輛兩用小貨卡❸用來載組織裡的高層人士。他把小貨卡倒車停在房子前面準備隨時出發。但當逃獄行動進行到一半，他必須騎機車去找一個負責安排逃亡用小客車的同伴，通知那人計畫有所延誤，因為犯人很多、行動進展很慢、從隧道出口拉人比想像中更費時費力。但當他回到原本所在的房屋時，所有游擊隊高層都已經撤退了。賈易納雷非常緊張，不斷從窗戶探頭審視附近的其他房子。「喂，大家小聲點！出去的時候慢慢來，不然我們就會暴露形跡了」❹。當時的穆希卡還不算游擊隊的決策高層，他走過賈易納雷身後，說了聲：「伙伴，別緊張！」兩人緊緊擁抱在一起。這兩人一同參與過好幾次冒險行動，馬汀知道穆希卡喜歡喝葡萄酒，特地買了一瓶智利紅酒，準備在逃亡後跟他一起喝。

從房子裡出來時簡直一片混亂。所有人朝著大門湧去，人人都急著想趕快上車，不過還好沒有發生什麼意外。

當天清晨一共有一一一人，分乘兩輛貨車和一輛小貨卡逃離彭塔卡瑞塔斯監獄，其中一人即為荷西・穆希卡。其中一輛貨車成功地把車上載送的逃犯，分散到事先安排好的其他轎車上。而賈易納雷則不得不將另外五十名囚犯，帶往他在卡內洛內斯省香格里拉（Shangrilá）濱海區附近的家中❺，因為他發現行動出錯，事前規劃好負責接應的轎車不見了。「我們家的小農場裡擠了五十個人……」此時我和他的談話已進行了一會兒，賈易納雷邊回憶邊說著，看著我的眼神裡還帶著一絲年輕的光彩。等到天色即將大亮，蒙狄維歐一半的警力開始搜索逃犯時，他已經讓這些人分乘兩輛車離開了❻。

穆希卡參與過兩次彭塔卡瑞塔斯的越獄行動，跟上述的逃亡相比，第二場逃獄行動顯得相對平淡。在一九七二年，烏拉圭爆發政變進入獨裁時代的前一年，他在組織中已獲得更重要的地位；穆希卡在同年再度入獄，直到一九八五年才出獄。游擊隊時代的經歷，在他身上留下明顯的肢體傷害，還有他不願在人前顯露的心理創傷；這些磨難卻也使他成為做事具有規劃、極能因時因地制宜的生還者，這是他身為總統的兩大特質，也是他個人的領袖魅力。

他們最後沒機會喝到馬汀買的智利紅酒。因為警方去賈易納雷家裡抓人的時候，把酒也給沒收了。

---

❸兩用小貨卡從一九六〇年代起就是福斯汽車大受歡迎的車款。
❹擔心逃獄行動走漏風聲。
❺位於蒙狄維歐東部。
❻賈易納雷在蒙狄維歐經營一座關懷中心，為無法自力更生的前游擊隊員及獨裁期間流亡海外的人提供居所和食物。

擁抱瘋狂

「嘿，您哪！對，就是您。我想跟您談談。我想跟您說說話，請您叫他們讓我一個人在這裡就好。請您讓他們把地窖裡的機器撤走。」

梅迪納將軍（Hugo Medina）好奇地透過鐵欄杆，看向被關在惡臭井欄裡的穆希卡，這個只有欄杆沒有門的空間看起來完全不像地窖。將軍一頭霧水。另一名陪同他巡視囚犯健康情況的波尼法修（Ignacio Bonifacio）將軍也大惑不解。

「您不相信我嗎？」，穆希卡向梅迪納問道，他越問越激動，而梅迪納一言不發。「您把一隻狗跟我關在一起就知道了。狗是不會說謊的。」

當時圖帕馬羅斯游擊隊早已瓦解，兩年多前烏拉圭軍方決定將游擊隊高層穆希卡、羅森科夫和胡道布洛分別監禁，每隔幾個月就改發到其他監獄。每換一個拘禁地都有「特殊待遇」在等著他們：有些監獄對他們長期施以毒打，有些監獄不給他們水喝。穆希卡和他的同伴曾在拉瓦葉哈省（Lavalleja）的陸軍監獄裡被關了十一個月，大部分時間都呆在小到無法站直的房間裡，坐在搖搖欲墜的木板凳上面壁，筋疲力盡的他們只能蜷曲著身體睡覺。每天只有固定的時間可以出來上廁所，如果在牢房裡大小便，就會遭到嚴厲拷打。

游擊隊決策高層中，一共有九名成員被政府劃歸到稱為「人質」的小團體，軍方經常將他們改發到國內各地的監獄裡，每次都是九個人一起遷移，並嚴格禁止他們彼此交談。「人質」這個詞是圖帕馬羅斯成員自己先發明的，表示這些組織成員完全沒有人權，用以區別「囚犯」或「政治犯」，因為在某種程度上，獄卒在面對一般犯人時，還多少會尊重法律規定或人道規範。穆希卡、羅森科夫和胡道布洛三人遭受到極嚴苛的待遇：軍方認為他們具有煽動性，因此除了請求上廁所之外，嚴格禁止他們跟獄警交談。

他們遭關押期間一共被轉移過四十六次，幾乎每次都在晚上執行，有時候坐吉普車，有時被關在貨車車廂裡，或讓他們坐在破爛的板凳上。他們的雙手被縛，頭上帶著面罩；押送者永遠保持沈默。即使如此，每當三人遭轉移的時候，總會肩並著肩，偷問彼此的情況。他們試著從押監的軍方口中套消息，想知道接下來會被送到哪裡。有時候負責押車的軍人會暗示他們，要把三人送去處死。

穆希卡在獄中精神崩潰了。這位烏拉圭總統不願談及這段往事，就連私底下也不肯再提。畢竟他承受了十三年的苦牢和刑求，在伙伴和妻子露西亞・托波蘭斯基長久的努力和支持下，好不容易才重建起他的人生。

羅森科夫已經高齡八十歲了，他現在仍持續寫作，在撰寫本書期間我跟他聊過，他願意重述當年穆希卡神智失常，被獄方以精神病患送往蒙狄維歐軍醫院的一部分故事。

「您們當時是怎麼避免自己『神智不清』的？❼」

「誰跟你說我們沒有神智不清？我們全被整到腦子壞掉了❽。當時我們的食水配給減半，餓得

---

❼ 指發瘋。

❽ 羅森科夫指的是變成瘋子。

要命又常被虐待。」

「那穆希卡呢？」

「佩佩瘋了啊！當時我們全都看到了。佩佩以為獄方在他牢房裡放了一個麥克風。有時候他會說夢話，（以為）獄方想從他口中套消息。這都是他的幻聽。」

穆希卡認為軍方在他的地牢放了麥克風，好在他自言自語、發燒說囈語或餓到胡言亂語時挖更多訊息出來。認為當軍方想整他的時候，就會把「隱藏的機器」音量開得更大。

「他說聽到很尖銳刺耳的聲音，逼得他放聲大叫。之後軍方狠狠地懲處了他一番。所以後來他再聽到刺耳噪音時，就把小石子或其他東西塞進嘴裡，不讓自己叫出聲來。」

「那您和其他人呢？」

「他後來完全不跟我們溝通了。有整整三年，佩佩完全不想跟我們兩個講話。我跟聶托（指胡道布洛）在那些年都會用指節敲牆壁來交流❾。佩佩完全不跟我們溝通，因為他覺得有機器會記錄下一切。除此之外在墓穴一樣的監牢裡，他還開始產生幻視。我們聽他描述過在牢房角落裡，出現了一些……有很多顏色的東西。」

談到這段之前，羅森科夫的雙眼始終堅毅地看向我，但此時他的眼神卻失了力道。他幾不可見地搖了搖頭，看向窗外射進來的光線，用右手食指撐住下巴說：「佩佩當時孤身一人，他只想一個人待著……」

軍方只讓穆希卡在精神病房待了一個多星期。他把醫生開的藥全都丟進馬桶沖掉。他從精神病房回來後，絕口不提這段期間發生了什麼事，但仍奮力在遭到單獨監禁的情況下掙扎著「恢復正常」。

贏得選戰

二〇〇九年十一月二十九日星期日，烏拉圭舉行總統大選第二輪投票，荷西・阿爾柏托・穆希卡・柯達諾勝出。這場勝利是艱苦選戰後贏來的成果，期間他游擊隊的往事遭大量曝光，穿著或說話的方式也引來諸多評論。最後根據官方的統計，他獲得五十二・五九％的選票，擊敗了競爭對手前總統路易斯・阿爾柏托・拉卡葉・艾瑞拉（Luis Alberto Lacalle Herrera）。

我一直認為穆希卡當年選戰的勝利，象徵烏拉圭民眾的開放及寬容——開放到願意讓這位與傳統政治人物截然不同的人來帶領政府，寬容到願意接受曾以暴力手段革命的男子登上元首大位。

我們該提出來的問題是：穆希卡如何擊潰眾多偏見，說服民眾相信他是領導政府的最佳人選？無論右派還是左派，烏拉圭選民先前早已習慣選出擁有漂亮學經歷、永遠穿西裝打領帶的候選人，就像前任總統巴斯克斯這樣的人。

要解釋穆希卡何以能登上大位，有很多不同的原因和影響因素，其中有些關係到烏拉圭民眾

---

❾羅森科夫和胡道布洛從一九七三年九月起，遭監禁在三十三人省的聖塔克拉拉監獄（Santa Clara del Olimar）時，透過敲擊地牢牆壁來彼此溝通。關於兩人獄中交流的描述，收錄在《*Memorias del Calabozo*》. Rosencof, Mauricio. Fernández Huidobro, Eleuterio. Editorial Txalaparta. España. 1993. p. 31.

的特質，以及烏拉圭的政治史；不過就我看來，其他更明顯的原因，跟穆希卡強大的溝通能力有關——他能用很簡單的方式來表達想法，也能用淺顯易懂的語言來捍衛理念，讓所有人都能輕易瞭解。他有承認自己錯誤的能力，另外他在當上總統之後不斷表現出來的特質之一，就是能讓他想傳達的訊息深入人心。

平等的國家

烏拉圭有一句形容立國起源的俗話：「我們都是坐船來的移民子弟」。我無法確定這觀念是否出自特定的某人口中。但可以肯定的是穆希卡向全世界散佈了這個想法⑩，這話在一定程度上是對的：儘管烏拉圭有原住民後裔，但在各級民意代表間，卻沒有原住民或先民後代的代表。學校教育也告訴學童，當年不屈不撓的洽魯瓦（charrúas）原住民，被第一任元首佛魯托索・李維拉（Fructuoso Rivera）下令全數殲滅，史觀衝突不可謂不大⑪。

這塊土地屬於來自各地的移民，在烏拉圭，沒有歐洲那種世襲的貴族或豪門，儘管現在有幾個世代從政的家族，但所有國民和先進的民主國家公民一樣，皆享有競選公職的機會和權利。任何排外的小團體都令民眾感到懷疑、不信任。就算是餐廳或飯店這種服務業，服務人員也不太會有卑躬屈膝、低人一等的態度，在這個國家裡，顧客不見得永遠都是對的。

「我們所有人的祖先，都是當年前來無人之境、白手起家的人。先民們往往是在原本的國家中處於社會經濟弱勢的階層，是非常純樸的人，自然而然認為自己和所有人都是平等的。」共和國大學社會科學院的政治學家徹維薩（Federico Traversa）做出這番說明，他是專門研究「財富分配」和「重新分配」的學者，當我試著瞭解烏拉圭民眾平等觀點的起源和想法時，曾經向他討教過。

烏拉圭這個國家的概念可以濃縮成簡單的一句話，其中還帶有烏拉圭人對自身核心價值的看法：**「在這裡，沒有人比其他人更偉大。」**（Aquí naides es más que naides）。「Naides」是鄉下口語中的「nadie」（沒有人）。這句俗話明顯表達出烏拉圭居民認為彼此平等的看法。

歷史學家卡艾塔諾（Gerardo Caetano）在穆希卡上台後發表的一篇分析中，提到上述的平等觀點，並說明很難釐清這種簡潔又強而有力的平等信念從何而來。

「在十九世紀後期移民大量湧現的時代，剛坐船抵達蒙狄維歐灣的外國訪客，或許會在與本地人聊天時，問為什麼應該留在這個國家，本地人一定會這麼回答：『因為在這裡，沒有人比其他人更偉大』。」卡艾塔諾說道⓬。

⓾ 本書付梓前總統最後一次公開引用這句話，是二〇一四年前往美國與歐巴馬總統會面時，在華盛頓的美利堅大學受訪時說的。

⓫ 烏拉圭民眾愛用洽魯瓦原住民來讚美形容足球選手，常說球員像「洽魯瓦人般威猛」。

⓬ 引述自〈José Mujica como nuevo presidente uruguayo〉，作者為 Gerardo Caetano，發表於二〇一〇年五～七月號之《*Umbrales de América del Sur Número 10*》，p. 55-62。本文連結請參見：http://www.cepes.org.ar/downloads/umbrales/10/gerardo_caetano.pdf

卡艾塔諾在這份分析中，引用穆希卡本人說的話。當時穆希卡在爭取黨內提名出任總統候選人，記者詢問如果他勝選的話，有什麼代表意義——

「他（中略）立刻回答說：『代表終於實現了沒有人比其他人更偉大的想法。』就是這樣。正如前總統桑吉聶提曾口無遮攔地評論到，在現在的烏拉圭，『外表像鄉下菜農，說話粗俗的老游擊隊員』（他對穆希卡的定義）也能以壓倒性的得票率贏過『紳士』（他對拉卡葉的看法）。」

卡艾塔諾在二〇〇九年十一月六日，於阿根廷《國家報》刊登了一篇名為〈紳士與游擊隊員〉的專欄，文中以鋒利的言詞影射前總統桑吉聶提——他在一九八五到一九九〇期間帶領烏拉圭從獨裁走向民主，一九九四到一九九九年又再度回鍋擔任總統；幾天後十一月二十九日烏拉圭舉行總統大選第二輪投票，最終由穆希卡勝出[13]。

更準確地來說，桑吉聶提將穆希卡外表形容成「菜農」，事實上（前總統在他的專欄中說明過），是穆希卡本人自己先這麼說的。穆希卡在二〇〇八年接受阿根廷電視節目訪談時，就是這樣一字不差地介紹自己[14]。

桑吉聶提代表了二〇〇九年大選前，烏拉圭知識菁英、保守派和漸進派人士（progresista）對穆希卡的看法。（「漸進」這個詞在烏拉圭包括極端左派和溫和左派。）

他的意見也代表經歷過游擊隊時期的民眾，仍不信任參議員穆希卡。桑吉聶提在文章中提出了幾項他認為穆希卡上台後可能會帶來的負面後果，並呼籲民眾投給穆希卡的競選對手拉卡葉：「理性思考後，我們必須選擇能保證國家持續維持民主憲政的候選人。」雖然前總統在文章一開頭先「讚揚」了穆希卡以往的游擊隊員背景，但言外之意其實是質疑這位左派候選人是否真能實踐民主使命。

儘管穆希卡已經蛻變了，決心透過民主方式走選舉途徑獻身政治，但他的過去仍陰魂不散。

烏拉圭的人民也經歷了巨大的轉變，在連續選出桑吉聶提、拉卡葉和霍赫・巴特葉（Jorge Batlle，一九九九年當選為總統）這三位律師總統，或醫師出身的巴斯克斯總統後，選民這次並未投給出身政治世家或知識菁英界的候選人，反而選出穆希卡這位沒有顯赫學位的人來帶領國家，這一回跟巴西前總統魯拉當選的情況相當類似。

魯拉是車床技師出身的工會領袖，他在二〇〇三年到二〇一一年間，領導拉丁美洲最大的經濟體巴西。我在採訪工作時有機會親眼目睹魯拉總統的兩種面貌：他在參訪工廠時展現了對勞工階層的認同，他曾在工地現場高聲發表震撼人心的演說，講完後幾乎沙啞到說不出話來，他在任內批准多項獲得全民支持的政策；但同時魯拉也有國家領袖的形象，他在執政期間無數次出訪行程中，身著無可挑剔的西裝領帶，儼然是國際政治舞台上的巨星。魯拉跟穆希卡一樣，都是政壇變色龍。

光憑穆希卡選上總統，烏拉圭就能成為更平等的國家了嗎？當然不是。然而在解釋穆希卡之所以能夠登上總統大位時，烏拉圭國內根深蒂固的平等觀念，確實是一項重要且無可避免的原因：很多烏拉圭人在這位前游擊隊員身上，看到的是一個尋常百姓，是一個想要領導國家的普通人。

---

⑬〈El caballero y el guerrillero〉. Julio María Sanguinetti. Columna. Diario La Nación, Argentina, 6 de noviembre de 2009. 文章連結請參見：‹http://www.lanacion.com.ar/1195262-el-caballero-y-el-guerrillero›.

⑭〈http://www.montevideo.com.uy/notnoticias_63608_1.htm〉, A dos voces, de TN.

「多虧（移民塑造出的）社會經濟結構，使得早期形成的民主，傾向於重視平等。」政治學家徹維薩解釋道。

烏拉圭的歷史則說明了為什麼這個國家的人民，將平等視為最高價值。早在一八一五年烏拉圭剛立國的時候，平等思想就已萌芽；廣受民眾敬愛的國父阿爾提格斯（José J. Artigas），認為「享有最多特權的人（就是）最不幸的人」，決心徵收地主的大片田產，分給最貧窮的弱勢民眾。他受到具有同樣信念的左右手瓦列拉（José Pedro Varela）影響，推動一八三〇年通過第一部憲法。多年後烏拉圭於一八七六年通過教育改革，一八七七年起推行義務、免費且不受教會干預的全民教育。改革的前提是要推動均權，達到全民享有同等權利的目標。因此政府設計學生制服，要求學童無論出身貧富，上學時都要穿制服，以示平等。

為了實現均權目的，建國早期的統治者認為，團結意識是不可或缺的願景，而烏拉圭民眾心目中亦已經牢牢樹立起這項基本價值，認定國家應成為人民最終的保障⑮。

巴特葉主義與烏拉圭的政治認同

「在烏拉圭，唯利是從是令人不齒的。在烏拉圭，純粹的市場邏輯讓人無法信任。烏拉圭民眾對企業家，特別是成功的企業家，往往抱持懷疑的看法。」卡艾塔諾接受作者訪問時還補充道：「和個人主義相比，烏拉圭民眾認為團結是更重要的美德。」

這幾種概念集結了烏拉圭社會的一些基本特徵，其中最具體且最有意思的，是政府和政治在建立國家身份認同時所扮演的角色——穆希卡正是這份國家認同的最佳代言人⑯。

在說明政治上的烏拉圭時，勢必會提到「巴特葉主義」，這項思潮是依據二十世紀初期治理烏拉圭的前總統，荷西・巴特葉・奧多涅茲命名；巧合的是，人們也尊稱這位前總統為「佩佩先生」。

「荷西・巴特葉・奧多涅茲是一位有信念的人，無論居廟堂之高，還是處江湖之遠，他向來有話直說且身體力行。」《荷西・巴特葉・奧多涅茲傳記》⑰中對這位前總統的描述，也正好可以明確點出政治人物穆希卡的幾項特色。不過穆希卡與巴特葉的不同之處，在於穆希卡不是天生的政治家，雖然他能夠理解在資本主義社會中，政府應該扮演規範者的角色，但他非常不信任官僚體制（儘管在他擔任總統後，仍不瞭解該如何打擊或降低官僚作風）。

巴特葉主義是難以統合的思想。卡艾塔諾將巴特葉主義定義為「自由共和主義」，融合了法國大革命共和派的原則：自由、平等、博愛，也就是團結合作，以及自由主義所體現的尊重公民自由

---

⑮卡艾塔諾說當年一位支持巴特葉的眾議員，在二〇年代提議規定所有棺木也要設計成一樣的形式，讓國民在死後也能享有平等，不過這項提案遭到否決。在一九一一年到一九一五年間，蒙狄維歐統一人行道和部分建物門面的顏色。十九世紀末烏拉圭成立借貸銀行的宗旨，是讓國家出資提供國民住宅和融資，其中大部分的國宅也是參考平權模式，依據人人平等的哲學設計，房屋格局簡單實用。完全不見一絲奢華。

⑯穆希卡在二〇一三年九月於聯合國大會上表示「社會民主主義的發源地是烏拉圭」，顯然暗指巴特葉主義的幾項基本原則。卡艾塔諾也在一項「不完整」的定義中指出，巴特葉主義是「預視了社會民主主義」。

⑰引述自《*José Batlle y Ordóñez. El hombre.*》Daniel Pelúas. Uruguay, Editorial Fin de Siglo, 2001, p.6。

的精神。

更具體來說，巴特葉・奧多涅茲是奉行極端實用主義的政治家，他透過協商能力逐步在烏拉圭實施經濟和人權方面的改革，將國家推向他心目中理想的現代化進步國家之列。無論在管理公共服務企業或擬議新法時，他始終透過行使民主權力，以及在公民生活中建立強大的國家意識來推動改革[18]。

歷史學家麥斯特吉・卡薩斯（Lincoln Maiztegui Casas）在他的著作《烏拉圭政治史》[19]中，形容在巴特葉執政的一九〇四年至一九一九年間，是「政府為了推動社會平衡和強化中產階級，加強介入經濟活動」。

巴特葉主義對現在的烏拉圭起了決定性的影響。卡薩斯指出，這段期間醞釀出「以中產階級為主的現代社會」，使烏拉圭在南美洲大陸與其他國家相比顯得與眾不同。當時不光只是受到巴特葉和他所屬的紅黨影響，在野的國家黨所提出的議案也推動社福政策的進步。烏拉圭在政治和政府上，都一致朝向均權的概念發展[20]。

卡薩斯強調，因為缺乏農業改革，農村大多數的產業特色仍是「大莊園及大規模放牧」，並說這樣的情況「使強大的社會基礎建設根基薄弱」[21]。大莊園、大規模放牧，以及鄉村農工缺乏有效率的社會保障機制這三點，正是圖帕馬羅斯游擊隊之所以會出現的原因，同時也是他們主要的訴求。

儘管有上述弱點，但當時的烏拉圭「出現政治文化和公民概念模式的溫床」，形成烏拉圭的民主概念。歷史學家卡艾塔諾並解釋說，這樣的環境是透過協商而獲得的。政府的角色已定型並成為主流概念，亦即政府是「貧苦弱勢者的護盾」，是「建立社會秩序的強大工具」，並受到世俗主義強大的影響，應大力擁護女性權益及其他維權行動。

卡艾塔諾指出，巴特葉主義的理想簡化到極致即為「平等」。「巴特葉主義就是平等主義，烏拉圭（在社會和政治上）的環境是支持平等的：『沒有人比其他人更偉大』，自由應建立在平等的基礎上。」

「巴特葉主義非常強調共同利益及公眾幸福」，希望透過「合法改革」來實踐理想；「巴特葉主義在道德上並非中立」，因此巴特葉曾試圖立法規範性交易，他認為性交易已是社會「既有的現實」，而非必須「打擊的亂象」，可說將務實主義發揮到極致。

思想上的熔爐

穆希卡與崇尚巴特葉主義一派人士的不同之處，在於「他不相信政府。但他有『共同利益』的觀念，促使他（在有必要的情況下）要求國家設法捍衛更高的利益」。卡艾塔諾以穆希卡對大麻的

⓲ 巴特葉・奧多涅茲在一九〇七年至一九一一年間，獲男性選民直選為總統，之後又在一九一一年至一九一五年連任。他的治國理念以改革為主，執政期間所建立的公營企業和銀行如今依然營運中。

⓳ 《*Orientales. Una historia política del Uruguay.*》Tomo 2. De 1865 a 1938. Lincoln Maiztegui Casas. Uruguay, Editorial Planeta, p.150.

⓴ 引述來源同上，p.153。

㉑ 引述自上列作品，p.151。

政策為例。

「穆希卡不只是自由派人士。他是幾近無政府的自由主義者，他認為自由就是不介入。他的觀念是任何人都不能被強加束縛。」這位烏拉圭歷史學家的說法，似乎比其他對穆希卡的描述更精確：對經歷過游擊隊時代的穆希卡來說，自由比一切都來得重要。穆希卡甚至透過「拒絕」來實踐他對自由的想法：他排斥消費主義，免得受物質所囿，免得為財產勞心傷神，避免陷入延長工時增加購買力，卻犧牲自由時間的惡性循環。

我有一次請教總統他對「自由」的理解為何。他回答說：「有自由的時間，儘可能擁有更多時間。我不希望物質上的束縛，搶走我做自己喜歡的事情的時間。」

卡艾塔諾將穆希卡定義為「多元價值的繼承人」或「思想上的熔爐」，認為他受到烏拉圭身份認同中多樣核心價值的影響，其中包括好幾項巴特葉主義的重要理念。穆希卡「無法接受不平等，但也不接受為了將平等強加在眾人身上而犧牲自由」。這是「需要透過協商來解決的壓力。是穆希卡花了最久時間才理解到的事情。在六〇年代他認為這是可以透過武力、透過武裝革命來解決的」。

「如果建構我們經濟體制的基礎，是毫不留情的互相競爭的話，我們怎麼有可能討論團結合作、談『互助共生』？我們的博愛情誼能延伸到什麼地步？」穆希卡二〇一二年七月在以氣候變遷為主題的聯合國永續發展大會上提出上述問題。這是他第一場重大國際演說，毫無疑問地，也是令他全球知名度倍增的演說之一。

他的行為，多半架構在「透過個人努力，促進團體合作」的概念上，例如他參與興建住宅的互助計畫，除了捐出大部分薪資，也常到親自到工地現場與一般老百姓一起工作。他推動的財富重新分配機制，是設法讓政府向大地主增稅，或者增加對低收入戶的公共經濟補助（不過後來由於官方社福機構對受惠方的控管失能，引發極大爭議，例如強制未成年子女需定期接受醫療照護，或要求學齡兒童在學年間最低的出席天數等）。

在社會中創造平等條件最重要的一環，是改善公共教育品質。大多數烏拉圭家庭的孩子，尤其是低收入戶的學童都接受公共教育。在接下來的章節中，我們會深入探討穆希卡身為領導人在教改方面的失誤，最終導致了政策失敗——他推行的教改受到各地小學教師和工會的強力反對，反而擴大烏拉圭社會貧富兩極在未來機會上的差距。

自學而成，沒有菁英氣息的革命首領

穆希卡跟所有的政治領袖一樣，他所生活的時代背景，和他以往曾做出的每一個決定，塑造出身為領導人的風範。穆希卡在圖帕馬羅斯游擊隊的經歷，幾乎是以傷痕刻畫出前半生；另一方面，自學而成的穆希卡，在青年時期的世界觀裡已經有「首領」的特質。首領（Caudillo）文化是拉丁美洲歷史中重要的一環，尤其在烏拉圭留下特別深刻的印記。

「烏拉圭的政治，是革命首領所構築出來的政治。」政治分析家賈瑟解釋道。「政黨便是革命首領創辦的。」出現政黨之後才成立了政府[22]。

---

[22] 引述本書作者進行之訪談。

「烏拉圭擁有豐富的革命首領歷史，而穆希卡可說是首領中的領袖」，賈瑟強調。他補充說穆希卡有好幾項首領特質：「他有人民革命首領的特色：有溝通能力、有千百種令人傾聽和解釋事物的才幹、他善於傾聽。革命首領是願意傾聽的人，是知道該往哪裡去的人，知道他們的行動必須付出何種代價……穆希卡便是如此。在所有的政治人物中，他或許是最樂於傾聽的人。」

賈瑟在他的說明中提到好幾位烏拉圭歷史上著名的革命首領，說這幾位領袖促進了當地政黨的成立，並提到了這些首領的特色。他們都是「非常純樸的人」，和「菁英階級」及「學界人士」搆不上邊，並說他們都帶有一股「反學院派及反學術權威的特質」。

穆希卡在政治和人道方面的形象，都融合了烏拉圭特色中最核心的幾項價值觀：崇尚簡約、平等、人道，還有從小處體現的團結精神。除此之外，他極力避免以「世故」或「權威」形象出現在公眾面前，並盡可能簡化他豐厚的文化背景，因而吸引到更多追隨者。

穆希卡是在獨裁時代結束後，第一位以傳統革命首領特質贏得民心、獲選為總統的政治人物，或許也是他這個世代裡的最後一人。烏拉圭社會對政治的態度正在逐漸改變，以往效忠特定政黨的民眾，幾乎等同於該黨的終身鐵票，但現在的選民更務實，更在意候選人的背景和政見。在這種社會氛圍下，令穆希卡獲得民氣的重要關鍵之一就是：溝通技巧。

就職演說：謙遜的當選人

穆希卡根據烏拉圭傳統，在二〇一〇年三月一日於國會發表就職演說。他的演講內容豐富，他所關注的議題和宣告的事項，都帶有濃厚政治意味。

我認為穆希卡的演講有兩段精華，他在第一段中替未來的施政方針定調，並在第二段中利用簡短的幾句話，向不願原諒他游擊隊過往、懷疑他是否真心支持民主的烏拉圭民眾尋求和解。

「我對於法條瞭解不多，應該說是極度缺乏，讓我弄不清楚到底什麼時候我就從總統當選人的身份，變成真正的總統。我不知道是此刻，還是等一下從即將卸任的總統手上接過國璽之後才算當上總統。對我來說，我不希望『當選人』頭銜從生命中突然消失。這個頭銜能在我擔任總統的每一天，提醒我是受到選民支持才能當上總統的。『當選人』能夠提醒我不要分心，讓我記住人民任命我是來做事的。當然，總統的另一個稱謂是領袖；有人會用『最高領袖』這個字眼，但總統一職是接受民眾的任命，沒有人可以自命為總統。」

穆希卡利用上面這段話，對他領導的傳統烏拉圭政壇闡明了多項要點：拉丁美洲常見強人政治，其他國家的元首往往備受崇敬、獨攬大權，但烏拉圭健全的國會分散了總統權力，此外國內各黨也有能力對元首施壓，總統必須經常與各黨派進行折衝協商。

穆希卡在演說中首先承認主權在民，說他是接受選民任命所選出來的總統，在任何跟烏拉圭一樣實施民主共和政體的國家，這是很正常的事，但除此之外還有一點——這是他在總統任內，能成功說服烏拉圭民眾接受改革的關鍵——穆希卡將自己定位為和大部分的「其他人」一樣，是站在平等立場執政的人。他承認對司法機制認識不深，等於在自己和之前的歷任總統間畫下楚河漢界。他向國民傳達的訊息，是現在的執政者跟大多數烏拉圭民眾一樣，這是他在總統任期內一貫維持、表現並鞏固的立場。

穆希卡在就職典禮當天穿了一套量身訂做的西裝，特別向不願意投票給他的選民喊話，有些人不原諒他曾加入游擊隊的經歷，也有些人懷疑穆希卡從政的動機。

「在今天，我們以嚴格遵循法治而感到自豪，我想再度提醒大家，就這方面來說，我們將盡力依照憲法賦予的權力行事；依照國內政治團體的型態來行事，當然，也會依照憲法條文中對國家社會倫理的規範來行事。」

穆希卡透過這句話向烏拉圭民眾傳達兩項基本重要理念：他會尊重「國內政治團體的型態」，也就是民主共和政治，國內不會出現其他的政治型態。他已經徹底放棄了武裝，不會跟過去的游擊隊歷史藕斷絲連。他承諾依據「社會倫理」的規範，遵循「憲法賦予的權力」行事，同時也敞開大門歡迎各界對此提出討論和解讀。

烏拉圭具有深厚的平權傳統，穆希卡熟知憲法的歷史根基，他依此展開總統任期，根據他對「倫理」的解讀，他專注在強化個人自由，以及尋求平等的機會上。穆希卡無疑地達成了第一項目標，但在推動第二項目標（社會平等）上，還不能算成功，在接下來的章節中，我們會更加深入地說明。

溝通高手：公民穆希卡，批評總統穆希卡

我問了幾位穆希卡的游擊隊伙伴，他在組織中有什麼特殊之處？我也向幾名他所屬政黨的同僚，以及多位曾研究過穆希卡的政治學家、歷史學家、政治分析家和記者請教過同樣的問題。在所

有人的回答中幾乎都有一個相同的答案：穆希卡是具有強大直覺的人。他在政治上還有人際關係上的直覺都非常敏銳。這項人格特質讓他在游擊隊時代得以死裡逃生，或者讓他的施政策略能不受意識型態所囿，得以另闢新局。例如在經濟的議題，他就願意排除左派支持者的異議，接納右派的想法並立法公告施行。同時也因為穆希卡是極度實際的人，因此他有時也能夠背道而行，說服右派選民接受並支持傳統上屬於左派的政見。

他是怎麼做到的？答案其實很簡單：他是傑出的溝通高手。當然他個人的經歷，他在眾人面前表現出來的態度，還有他與民眾親近的各種軼事，就像磁鐵一樣吸引著傳媒，不但呼應和放大了他想傳達的訊息，也使得他的形象更加鮮明。不過，如果他無法透過溝通精確傳達他的觀點的話，就不可能贏得民眾的愛戴。

專攻政治行銷與溝通的烏拉圭心理學家艾斯齊伯爾（Daniel Eskibel）認為，穆希卡與群眾的溝通能力，是他在二〇〇九年選戰能夠勝出的主要原因之一。艾斯齊伯爾特別指出「荷西・穆希卡的公眾形象具有極大的吸引力」，讓他得以從游擊隊時代見報的抗軍「穆希卡・柯達諾」，蛻變成議員「穆希卡」，到他執掌政府的時候，更成為人們心目中親民的「佩佩」[23]。

艾斯齊伯爾認為穆希卡公眾形象的演變，使得他贏得烏拉圭選民的信任，甚至當民眾提到穆希卡時，會親切地稱呼他的小名。艾斯齊伯爾指出當政壇上與他敵隊對的右派黨員，也願意親切地叫

㉓ 引述自《*¿Por qué ganó Mujica?*》Daniel Eskibel. Uruguay, p. 11，網路版文章請參見 http://www.maquiaveloyfreud.com/Mujica.pdf. 2009

稱呼穆希卡一聲「佩佩」時，就證明了穆希卡已成功扭轉他的公眾形象。

穆希卡出席公開場合進行溝通交流時，就像「鏡子」一樣反映出許多烏拉圭民眾的言行舉止。尤其在他表現出的「不正式」、「不拘謹」、利用「幽默言談」來「揭開政治的神秘面紗」時更是如此，這是艾斯齊伯爾的結論[24]。

他展現出的態度，就像一名把「政治」當成好用工具的普通人，儘管身處政壇卻不為政治所限。

所以穆希卡在無數個公開場合中抱怨過，總統的行程「搶走」了他很多時間，好像他是「不得已」才當總統，就算在批評自己所出席的元首峰會時，他也是這種態度。他此舉塑造出「普通人」的形象，讓人覺得，他是為了大家而接下總統職責，不是為了滿足自己政治上的野心——當然，這形象並不是真實的，畢竟沒有人強迫他出任一國總統。一般來說能坐上總統大位的人，通常都有強大的自我意識與自信，得以承受極大的批評和失敗，穆希卡更是有能力透過公開言論、行為，以及以不擺架子態度，表現出有別於傳統政治領袖的形象。烏拉圭人非常欣賞這點，這也多少解釋了為什麼在本書寫作時，也就是穆希卡卸任不到一年內，仍舊有一半以上的選民支持他。簡單來說，這世上多數人仍不習慣一國元首批評自己主政下的政治，也沒看過「坦承不太習慣總統工作」的領導人。

他有能力把自己放在「公民穆希卡」的身份，來批評「總統穆希卡」。

這點令他成功建立並維持親民態度，無論他面對的是一般的談話對象、採訪記者，甚至面對無數的龐大群眾時，態度始終如一。

他是怎麼做到的？穆希卡擁有一項非常卓越的能力，能根據與他交流的對象或群眾來改變談話方式，包括他的語調、用字遣詞，好讓他所面對的對象能完整理解他想傳達的訊息。

很多時候他透過肢體語言來傳達親和力，例如常常在訪問中觸碰記者的手臂或手來表達親切、用眨眼來重申重點，或在回答可能有言外之意時，暗示或強調其中的雙關意涵。

一般來說，總統的發言人，往往會向記者做出各種明示暗示的限制，有時是肢體上的距離，有時是時間上的控管，使採訪往往淪為儀式，對負責元首公關的人來說，這幾乎已經是工作上的自然反應。但穆希卡完全打破這種現況。在我有機會採訪過的幾位拉丁美洲國家總統之中，我只記得有一位有時會表現出類似穆希卡的態度：玻利維亞的莫拉萊斯。

其實圖帕馬羅斯成員向來很仔細選用詞彙。「他們用『徵收』代替搶劫，用『處決』代替（中略）謀殺。游擊隊成員是『人民的代表和同志』。他們用來關押遭綁架人質的地方是『人民監獄』。武裝攻擊在他們的口中，成為『行動』。」艾斯齊伯爾寫道[25]。

符號學家安達赫特（Fernando Andacht）從符號學角度來解釋穆希卡成功的原因，他在政權交接幾個小時後，分析穆希卡在國會發表的一段就職演說，成為瞭解總統和語言機制之間關係的重點[26]。

---

[24] 引述自上述作品，p. 12。

[25] 引述自上述作品，p. 3。

[26] 引述自《*Signos de proximidad y distancia en el presidente José Mujica*》 *Fernando Andacht.Análisis* realizado el 3 de marzo de 2010 en el programa En Perspectiva de Radio El Espectador, Uruguay. 安達赫特提供。

「我把最令人愉悅的工作留到最後：向來自國外，特別是遠道而來，我們幾乎沒料到會出席的貴賓們致意。非常感謝各位，多年前我們會將此次來訪視為珍貴美好的外交行動，是國與國之間表達善意的象徵。但我認為最近這樣的舉動有更深刻、更富有政治味的意義。我認為各位前來此地，是為轉移政權的民主程序背書；在場的各位貴賓都是見證。民主並不完美；我們必須持續爭取改善民主。

我們都知道各位對我國的友善，但我們更喜歡從各位親自出席這一點，來切實感受到善意；從面對面接觸中感受和回應這分友情。人與人間的交流如此，國與國間的交流也一樣。我們人類不光只有想法，還有情感。外交學院應該建議多與彼此親近。因此，我要請在場的國際友人接受烏拉圭全國的感謝。（中略）各位前來我國令我們感到非常喜悅，甚至可說相當感動，尤其是我這個老戰士。[27]」

安達赫特書中分析，穆希卡的成功在於「傳遞訊息」，用更口語的話來說，儘管傾聽穆希卡發言的聽眾並不在現場，但他在談話時也能保持「近距離的」接觸[28]。安達赫特用更精確的方式來總結，指出世人「要求保持接觸還有共同存在的體驗」。並說「傳統上我們將這種接觸，稱為人格魅力和雍容的態度」。

穆希卡是充滿[29]領袖魅力的政治家。這份魅力加上他對政治的敏感直覺，還有人生八十年來的歷練，塑造出能贏得龐大民心的性格，並大大迥異於裝腔作勢的傳統政治人物，他願意讓外界窺視他私底下的普通生活。這種國家元首罕見的行為，勢必會給人相當大的親切感，令人認同穆希卡簡約清貧的人生哲學，甚至於政治理念不同的人，亦會立刻對他產生共鳴。

安達赫特認為，穆希卡面對世界的態度「與權貴人士極度保護隱私，只願讓外界看到美好表象的態度大相逕庭」[30]。

當我向他請教穆希卡如何不斷對外界釋出親和力，他所提到的一段話令我覺得特別有意思，足以用來總結溝通這點：「正是這種罕見的、幾乎異常的親切感，建立起穆希卡的公眾形象，這跟他言行相符的形象息息相關」。

在穆希卡總統的身上，有時難以斷定他的行為背後究竟是有政治原因，還是他本人即是如此，因為他用鏡頭外的生活方式徹底實踐自己提倡的理念，他言行合一的特質，定義了新形象元首的個人特色。

和足球英雄站在同一陣線

穆希卡在政壇上和私生活中，信手拈來就有上百件插曲可供研究溝通學的學者進行分析，可見

㉗ 引述自穆希卡於二〇一〇年三月一日在國會發表的就職演說。請參見 www.presidencia.gub.uy。

㉘ 引述自《*Signos de proximidad y distancia en el presidente José Mujica*》Fernando Andacht.Análisis realizado el 3 de marzo de 2010 en el programa En Perspectiva de Radio El Espectador, Uruguay. 安達赫特提供。

㉙ 引述自上列作品，p. 4。

㉚ 引述自上述作品，p. 11。

他在向群眾傳達訊息方面無與倫比的強大能力。

在他當上總統前的政治生涯裡，一定有許多值得花時間一提的有趣軼事，但在他擔任總統期間，也有幾項刻畫出他性格和脾氣的事件。我要特別提一起鬧上全球舞台的插曲，這起事件集合了所有我們能稱為「穆希卡風格」的特色。

烏拉圭在二〇一四年巴西世足賽的資格賽中對上義大利。這是一場絕不能輸的比賽。輸球的一方會遭到淘汰。

烏拉圭隊球星蘇亞雷斯（Luis Suárez）在經歷膝蓋開刀、僅復健一個月後，就在對英國隊的比賽中大放異彩；英國是烏拉圭與義大利隊交戰前的對手，蘇亞雷斯在那場球賽中以傑出的兩記進球送英國隊回家。他儼然成為烏拉圭「藍衫軍」的新英雄，烏拉圭民眾相信他能帶領國家隊在巴西世足賽中寫下新奇蹟，甚至有機會能重寫「馬拉卡那大勝」[31]但蘇亞雷斯卻在賽中狠咬義大利球員奇里尼（Giorgio Chiellini）的肩膀。當時蘇亞雷斯並未被驅逐出場，裁判也並未回報攻擊行為。但是國際足球總會（FIFA）以多次重犯為由，對蘇亞雷斯處以重罰。

烏拉圭民眾一致認為這項裁決是為了替巴西護航，以免地主國再度吃敗仗貽笑國際。在一片不滿聲浪中，穆希卡總統率先以他的方式發難：他為蘇亞雷斯辯護的說詞——當時也代表了大多數烏拉圭民眾的立場——指出蘇亞雷斯不過是平凡的普通人，就像穆希卡本人一樣。他在國際足總公布對蘇亞雷斯的裁決後，不斷強調這個觀點，順帶向全球說明為何他認為這是不公平的判決。

以下節錄一段他在二〇一四年六月二十六日，在電台訪問中針對此事的說法：

「我們必須承擔的不是不公平的裁決或懲處，儘管我們在某種程度上，可以理解這項重懲，但我們絕對不能理解這種好鬥的行為、方式，還有仲裁程序。這是對許多人、也是對國家的重大攻擊。最主要的就是仲裁方式充滿貶抑、輕視和打擊球員的內容。（中略）我們無法忘懷此事，這會在足球史上留下最糟糕的回憶。這將會是令世足史永遠蒙羞的事件。（中略）我們除了向真正英勇的球員和教練獻上擁抱之外，沒辦法做得更多了，我們去機場等候（蘇亞雷斯）歸國，但一開始弄錯了班機時間，不過我們在清晨五點三十分再度前往機場接機，我們烏拉圭民眾在跑道上謙卑地給他一個擁抱。我們請他好好奮戰下去、努力學習。（中略）我們和他家人一起在寒冷的清晨等待他，所有人都懷抱著一顆火熱的心，大家都團結在一起。事實上我們除了親自前往現場之外，也想讓他具體感受到烏拉圭民眾在此事上，對他無條件、不帶批判的關懷，因為其他的都沒有用。」

當烏拉圭民眾為了與政治全然無關的事情感到深切悲傷和失望時，穆希卡所傳達的訊息，充分顯示出他解讀民眾情感的能力。不過在這份分析中更重要的一點，是他字斟句酌的小心態度。擁抱不只是簡單抱一下而已，是「謙卑」的擁抱，因為烏拉圭民眾最珍視的，就是謙卑和犧牲自我的人；反之，烏拉圭民眾不太能接受有人得到一點成就就大張旗鼓高調現身。穆希卡在提到他給蘇亞雷斯擁抱時，不自稱「我」，他說的是「我們」；而在這件事情上，烏拉圭民眾認為這代表了單

㉛ 一九五〇年七月十六日，烏拉圭在里約熱內盧的馬拉卡那球場（estadio Maracaná），以二比一擊敗巴西隊。烏拉圭隊一開賽表現不及主場巴西隊，當時媒體已經連續好幾天將巴西視為必勝的冠軍。烏拉圭踢進第二球後，擠滿巴西球迷的體育場陷入一片寂靜。巴西將這場敗仗視為全國悲劇。而烏拉圭則認為擊敗足球強國巴西堪稱是史詩般的大勝。

純、謙虛甚至是團結。他用「我們」兩字，把個人的行為放大成全體民眾的行為。穆希卡甚至把他替蘇亞雷斯接機一事，當成「具體」傳達國民的「關懷」，他的說法給聽者一種他身為總統，在情勢所需下代表大眾完成任務的感覺。

穆希卡還小心地在這段話中說明，為了替不幸的國民英雄蘇亞雷斯接機，他還跑了兩趟才替所有民眾達成任務。此舉獲得國內一致好評。他也把此事件與大力抨擊國際足總的阿根廷超級球星馬拉度納（Diego Maradona）相提並論。穆希卡與馬拉度納在電視節目《De Zurda》中，以拉普拉塔河一帶的方言進行對話㉜。

足球迷都熟知馬拉度納的貧苦童年，穆希卡將來自貧困家庭的蘇亞雷斯比擬為馬拉度納。他提到足球天才都來自「小鄉村」，從小在荒地踢足球，並說這正是讓足球成為國球的重要元素，更強調兩名球員的相同之處。除此之外，穆希卡知道馬拉度納的叛逆精神，也瞭解他經常與世足官方發生衝突；他對這位阿根廷球星說了一段話，這段話除了形容蘇亞雷斯之外，用在馬拉度納身上更為貼切，同時總統本人也透過這段話，透露出自己和被迫害者站在同一邊：「讓我們坦白面對自己吧。我們必須為自己爭取到最後。因為世界上大部分都是被遺忘的人、是遭壓迫、受鄙棄、沒有聲音的人。有天分的人熬出頭時就會招人忌妒、會惹人非議、令人不快。如果他持續爭取的話就更令人反感了。」

在這位前游擊隊員高超的談話技巧下，穆希卡、馬拉度納和蘇亞雷斯幾乎就像三位一體的抗爭者㉝一樣。

瑪黛茶會與公民議政傳統

儘管游擊隊員無法抓住烏拉圭社會的主流民意，誤判了一般人對於武裝抗爭的接受度，但在游擊隊出現近半個世紀後，確實可以說，他們對社會公義和財富重新分配的呼聲，仍喚醒了一部分民眾的同情。當游擊隊員在獨裁時代末期出獄時，很多曾看好這群激進青年所提倡的訴求的人，都不太相信他們放棄武裝的宣言。對向來能融合各種政治立場，創造和諧共存的社會來說，十二年的獨裁統治太漫長了。

身為政治核心的游擊隊員，必須與時俱進才能與社會交流，吸引支持者。對他們來說古巴革命代表的理念並未消失。他們只不過面臨新時代，必須採用跟武裝宣傳截然不同的新方法，來傳達六〇和七〇年代游擊隊員趁夜在街道牆上留下的訊息而已。

---

32 本節目在 Telesur 頻道播出，由馬拉度納和阿根廷的烏拉圭籍主持人維克多．莫拉雷茲（Victor Hugo Morales）共同主持。本文中引述二〇一四年六月二十六日播出的節目片段。由於馬拉度納在節目中批評國際足總的制裁，馬拉度納的記者資格遭國際足總裁撤，無法前往巴西舉辦世足賽的場館進行採訪。

33 烏拉圭隊在巴西世足八強賽中，輸給哥倫比亞戰敗歸國，國家隊抵達蒙狄維歐時，總統也在接機行列中，期間一位體育記者 Sergio Gorzy 詢問總統對世足賽中發生的插曲有何看法，穆希卡說溜了嘴：「國際足總裡（中略）盡是一群狗娘養的老不死」。接著總統微笑了一下，趕快伸手摀住嘴巴。記者問總統他剛剛講的話能不能報，總統回答：「報啊，為了我報吧……」最後他還補充說國際足總對蘇亞雷斯施加了「法西斯式」的制裁。

一九八五年時，他們的問題是：如何說服抱持懷疑態度的社會、如何接近民眾？烏拉圭最為人所知的俗語，大概就是「比瑪黛茶更有烏拉圭風（"más uruguayo que el mate"）」。由於當時沒有多少資金，向來喜歡引用本地傳統文化象徵的游擊隊員，想出了舉行「瑪黛茶會」來與民眾交流的方法，他們尤其鎖定在未來的新時代裡，有機會成為組織下一代的年輕人。

游擊隊成員在這樣的聚會中討論政治，解讀他們在街頭上觀察到的現況。他們必須將舊有的格言和口號，替換成不帶暴力意味的語言。軍方也透過明確行動表達他們自願放棄權位，不只是受到全民公決結果影響而下台。

穆希卡經常說他在一九八五年出獄後幾小時內，就開始準備新的行動了。就這樣[34]游擊隊員將烏拉圭最傳統的習俗，變成他們跟外界溝通、拉近與社會距離的框架，成為極自然且有效率的政治交流機制。他透過這樣的方式獲得並維持高人氣，更重要的是，也使得民眾願意在他犯錯、遭批評家砲火猛轟的當下，願意展露出強大的包容心。

穆希卡 vs. 馬拉度納

二〇一四年六月二十五日星期四，穆希卡在前阿根廷球星馬拉度納，與烏拉圭主持人維克多・莫拉雷茲（Víctor Hugo Morales）共同主持的電視節目《De Zurda》中的對話。

穆希卡：（我）現在在現場。我們距離機場很近的地方正在等著蘇亞雷斯回國，好給他一個擁抱。（中略）好多不畏寒風的憤怒群眾在這裡等著。我們不是大國，我們國家的電視轉播權值不了多少錢。還能怎麼辦呢？但你看，我們覺得好像有人想傷害我們的貧民子弟。世人不願意原諒這個沒上過大學的小伙子，他沒有學位，是從小在小場子裡長大的人㉟，自然跟從底層爬上來的人一樣，具有反骨，也嘗過貧困帶來的痛苦。很多人根本不懂，也不願意體諒。

馬拉度納：人們不願原諒，總統先生，是因為這對他們沒有好處，國際足總內部行事很糟糕啊！總統先生，可惜的是他們竟這樣懲處像蘇亞雷斯這樣的年輕人，他為了參加世足賽，手術後拚命復健……他們完全沒有考量進去，令我們都非常生氣。您提到的「感性」，他們是完全缺乏，而且他們完全不公平，因為在這屆世足賽中，還有很多比蘇亞雷斯和奇里尼這場更誇張的狀況。

——對，毫無疑問。我們看了所有球賽，他們顯然有不同的評判標準。這是最令人不甘也最令人心痛的。

——我完全同意，總統先生，我認為這其中牽涉到很多層面，但這小伙子犯的錯沒那麼嚴重，這只是一場球賽而已。之後我們就別繼續追究了，如果我們一場場球賽追究下去的話，是追究不完的，總統先生。

——對，我知道嘛！兄弟。我老了、老了。我還記得以前罰角球的時候，有些球員會偷拿大頭

㉞ 瑪黛茶會指的是所有人共享一杯瑪黛茶的聚會。一人在滾燙的熱水中加入瑪黛茶葉，然後在座者把茶杯一個接著一個傳下去喝。最後把裝有瑪黛茶葉的杯子傳回到一開始準備茶水的人手上，這人就像是瑪黛茶儀式的領導者一樣。

㉟ 烏拉圭和阿根廷人將不能耕種的荒地改為簡陋的足球場，稱之為「小場子」。

針戳人，或拿土往人家眼睛裡招呼過去呢。我的天哪！義大利人最會煽動群眾情緒了，他們很厲害的咧，而這小夥子（蘇亞雷斯）踢進了一球，接著整個下午一球接一球的踢，就這樣。有年紀的人都看得出來。但是他們做得太過火了，他們想拿他來殺雞儆猴。

（略）因為我們烏拉圭是小國小民嘛。值不了多少錢。加上我們又剛好犯了個錯……你看我們踢走了義大利，踢走了英國。啊！他們輸了多少錢哪？

——總統先生，國際足總輸了多少錢？國際足總裡的人輸了多少輸？

（略）總統先生，我身為足球員，認為您願意花時間給蘇亞雷斯接機，是很大的榮耀。

——今天上午我去監獄看工作坊，看囚犯們在社會最底層[36]的勞動。我還跟他們聊了一會兒。現在我卻坐在這裡享用點心！人生無常啊。

（略）事實上最有天分的足球員，都是貧困環境中孕育出來的。

——是的，總統先生[37]。

——是從小場子裡往上爬的。

——從小球場[38]沒錯……

——他們根本不知道足球為我們帶來的喜悅。（國際足總的人）不懂這群愛踢球的年輕人。他們也不想去理解，因為……他們出生在不同的社會裡，他們有其他的資源。讓我們坦白面對自己吧。我們必須為自己爭取到最後。因為世界上大部分都是被遺忘的人、是遭壓迫、受鄙棄、沒有聲音的人。有天分的人熬出頭時就會令人不悅。會惹人非議、令人不快。如果他持續爭取的話就更令人反感了。

㊱指社會最底層中，被世人遺忘的一群人。

㊲馬拉度納出身布宜諾斯艾利斯的貧困家庭。

㊳在阿根廷俗話中指荒地闢成的簡陋足球場。

第五章

寧靜革命：大麻、同性婚姻與墮胎合法化政策

如果偏見不能帶來實際的結果，那要偏見作什麼？

——二〇〇九年九月十三日阿根廷《國家報》Ricardo Capena採訪報導

二〇一三年十二月二十一日英國極具影響力的《經濟學人》（*The Economist*）雜誌刊登了一篇文章，頁首為「年度風雲國家」，標題名為「地球達人」（Earth's got talen）❶，拿選秀競賽節目「英國達人秀」（Britain's got talent）名稱玩文字遊戲。

文章右邊放了一個小小的綠色色塊，烏拉圭人一看形狀就能認得出來，色塊中間打了一個白色問號。光憑近似三角形的色塊，外國人應該很難辨認出這是人口僅三百多萬、面積僅十八萬平方公里的小國烏拉圭。

《經濟學人》：為人類帶來金錢難以衡量的福祉！

《經濟學人》是專門報導經濟與外交議題的雜誌，編輯部第一次決定製作年度風雲國家專題，帶領讀者深入探討二〇一三年在經濟上有重大進展的國家。

「我們認為最值得讚賞的成就，是如果獲得眾人仿效後，不只能改善單一國家，也能對世界有益的開創性改革。同志婚姻就是這類創新政策的一例，開放同志婚姻為全人類帶來金錢難以衡量的福祉。二〇一三年，好幾個國家紛紛通過同志婚姻，其中也包括烏拉圭，除此之外，烏拉圭是全世界唯一立法批准種植、販售和使用大麻的國家」，這是《經濟學人》在專題內文中的說明。

「這顯然是非常合理的改革」，能夠消除與大麻有關的犯罪，並「讓政府當局專注在打擊更重大的罪行上，（是）沒有其他國家做過的創舉」，編輯在文中表示應該將其他同類麻醉品也納入管制，作為「大幅降低麻醉品對世界帶來的危害」的機制。

《經濟學人》雜誌認為，穆希卡將開放大麻定義為「實驗」，表示如果成效不彰就會重新修法，「相當值得讚揚」，並表現出「政治人物身上罕見的誠實」。《經濟學人》和所有報導穆希卡的國際媒體一樣，毫不放過針對烏拉圭總統清貧生活大書特書的機會，內文提到他簡陋的房子、老舊的金龜車，並指出他搭飛機都搭經濟艙。烏拉圭沒有總統座機，穆希卡出訪時，有時會向鄰國總統借專機，但他更常搭乘商務客機。座位選擇則依據飛行時間長短而定。

「烏拉圭是我們今年選出的年度風雲國家。恭喜！」文章最後一段這麼寫到❷。

擁有廣大美國讀者的《哈芬登郵報》（*Huffington Post*）網站上，也有大批網友大讚烏拉圭總統的大麻政策，據該網站的報導，穆希卡總統每次接受訪問時，都會發表「相當睿智」的言論❸。

---

❶ 引述自〈The Economist country of the year. Earth's got talent〉二〇一三年十二月二十一日出版，網路版請參見：http://www.economist.com/news/leaders/21591872-resilient-ireland-booming-south-sudan-tumultuousturkey-our-country-year-earths-got

❷ 二〇一四年六月，英國《經濟學人》雜誌再度在一篇社論中，針對烏拉圭開放種植、販售和使用大麻的政策向穆希卡致敬，該期雜誌內文中大力讚揚美國科羅拉多州及華盛頓州也採取了類似的法案。《經濟學人》認同烏拉圭及上述美國兩州大膽嘗試。該專欄主題為「麻醉品使用除罪化」，指出這類政策只能當作一種階段性措施，最終應該走向麻醉品制度化，如此才能終結非法的地下市場。完整內文刊登於二〇一四年六月二十八日的雜誌，網路版請參見：http://www.economist.com/news/leaders/21605908-decriminalising-drugs-leaves-crooks-cash-legalise-drugs-instead-half-smoked-joint.

❸ 引述自〈10 things we can all learn from Uruguay's weed legalizing Presi-dent〉，二〇一四年三月十四日刊登於 http://www.huffingtonpost.com/2014/03/14/mujica-quotes_n_4965275.html.

《哈芬登郵報》針對烏拉圭總統刊出多篇圖文並茂的報導，對他規範大麻市場的政策做出極高的評價。

但最高聲讚揚穆希卡所推動的新法的，當屬秘魯作家馬里奧・巴爾加斯・尤薩（Mario Vargas Llosa），他是二〇一〇年諾貝爾文學獎得主，在馬德里《國家報》擔任專欄作家，也是極難得邏輯分析能力很強的一個人。

「同性婚姻在世界上許多國家都已經合法了，這項政策的目的，是打擊愚蠢的偏見，替數百萬名承受不公義（且至今仍未受到公平待遇）的民眾討回公道，他們備受司法體系歧視，從（西班牙）宗教審判時代燒死異端邪說、到監獄內的騷擾、以及社會邊緣化等種種虐待。」巴爾加斯・尤薩寫到[4]。

尤薩針對穆希卡政府決定允許大麻合法流通的政策，表示：「這政策將重創毒販，進而打擊因非法吸食毒品衍生出的犯罪問題，儘管一開始時吸毒人數可能會出現上升，但隨著毒品不再是禁忌，對青少年的吸引力大減，長期下來勢必能證明毒品合法化不會增加吸毒人數，而是會降低對迷幻藥成癮的人數。」

「自由是有其風險的，相信自由的人，必須準備迎接超越文化、宗教和政治上的風險。烏拉圭已經政府理解到這一點，這是非常值得讚許的。希望其他國家也能從中學習，跟著烏拉圭這個榜樣走。」

大麻合法化的背景

穆希卡接任總統時，前一任政府是二〇〇五年上台的左派政府。一九七一年烏拉圭左派與廣泛陣線結盟後，第一次贏得總統大位。他們自認為是多元的「政治勢力」，成員包括國有社會主義領袖、激進與溫和派的共產黨員、社會民主主義者以及左派工會人士。左派工會成員喜歡自稱為「漸進派人士」，這名詞顯然是針對敵對政黨所創造出來的，右派人士因此稱為「非漸進派人士」，指立場傾向倒退，或至少是保守派的人士。

穆希卡在第一輪投票中獲得國會的大多數支持，並在第二輪投票中勝出。他初上台時，國內仍有一部分民眾對他持反對態度，國會的支持對他來說相當有利。

烏拉圭民眾的期盼相當明確——延續自二〇〇三年以來持續保障國家經濟發展的政策，以及先前幾任總統實施的稅制改革。和改革前相比，稅制革新後為國家帶來大筆稅收，是該立法促使財富重新分配的時候了。

不過穆希卡的口袋中，還藏了好幾項極富爭議的革命性想法。

二〇一二年總統提出規範種植、販售及使用大麻的概念雛形。此前國家黨議員，也是本書付梓前，出任該黨總統候選人的拉卡耶・博巫（Luis Lacalle Pou），曾提出類似的議案，針對種植大麻

---

❹引述自馬里奧・巴爾加斯・尤薩於馬德里《國家報》專欄《Piedra de toque》中發表的〈El ejemplo uruguayo〉一文。作者將巴爾加斯・尤薩此篇專欄的全文，收錄在本書附錄中。

自行使用或「自產自用」進行管制。穆希卡提出改革前，烏拉圭早已允許合法吸食大麻；但進行交易或交換仍屬非法。如果法官認定民眾種植的大麻量比個人吸食用量高太多的話，民眾也可能因為持有大麻遭判刑。

這樣的情況導致烏拉圭許多大麻使用者遭定罪，拘押在人數過多、衛生條件不佳的監獄裡。因為烏拉圭國內流通的大麻，以來自巴拉圭的劣質大麻為大宗，很多吸食者乾脆自行種植，因而遭到法院制裁。

同時，這也增加了吸食「古柯膏」（pasta base de cocaína）的人數。古柯膏是破壞性極強的毒品，成癮性非常高，價錢卻極端便宜，這種毒品從製作古柯鹼後的剩餘物質提煉出來，主要鎖定消費力不高的年輕人。烏拉圭媒體不時報導青少年偷搶自家財物買古柯膏的案件，以及送往戒毒中心治療的年輕人，承受不了戒斷作用痛苦求助的畫面。只要到戒毒中心走一趟，跟染上古柯膏毒癮的人談話後，就能清楚明白這種迷幻藥對神經系統的傷害，並體會戒除古柯膏癮有多麼困難。

古柯膏進入烏拉圭後，等於給毒販帶來了新的市場策略。本世紀初二〇〇二年至二〇〇三年間，烏拉圭經歷一場經濟危機，造成國內經濟飽受重創，很多毒販拚命想辦法找比大麻更便宜、更容易走私進國內的毒品，可製成粉筆狀販賣、點燃後放在自製煙斗裡吸食的古柯膏，正好滿足了這幾項特點。

到了二〇〇五年，非法進口到烏拉圭的大麻價格飛漲，於是古柯膏取代大麻，成為缺錢的吸毒者首選。這兩種毒品的迷幻效果及長期吸食的後果截然不同。烏拉圭面臨全國性的健康問題，成癮現象充斥街頭和戒毒中心；路邊常見大批年輕人吸食新毒品古柯膏後，就四仰八叉胡亂歪在人行道或房屋大門口睡著的景象；戒毒中心的專家開始研究這種他們未曾注意到的毒品，發現在吸食幾天後，就會產生極高的成癮性，並帶來前所未見的嚴重大腦損傷。

六株大麻政策：對抗販毒的新方法

穆希卡上台時，政府已多年未曾針對打擊毒品採取積極行動，導致古柯膏泛濫的情況急遽惡化，大批年輕人開始吸食這種迷幻藥，公私立戒毒中心裡，滿是因古柯膏成癮而多次進出接受治療的患者。

穆希卡及顧問團在正式上台執政前，就認定必須採取對策，對他們來說最重大的問題不是吸食毒品，而是迷幻藥交易所帶來的後果。

他們發現法律上有極大的矛盾：烏拉圭不禁止民眾吸食成癮性迷幻藥，但販賣和經銷都是違法的，而且比大麻更具成癮性的毒品也一樣，例如古柯鹼、古柯膏和其他化學合成毒品等。

穆希卡在二〇一二年六月的公共辯論會中提出管制大麻市場的構想，大麻屬於較為溫和的毒品，烏拉圭社會中很多人都曾吸食過大麻，而大麻在許多其他國家裡，也被應用在醫療用途。

這不是穆希卡想出來的新點子。他在獄中第一次聽到管制大麻的想法。是他的伙伴、「兄弟」胡道布洛所提出的。他們兩人一同熬過地牢監禁，承受軍方多次假裝送上刑場的心理折磨。胡道布洛是第一個向穆希卡提出下列概念的人：如果政府想管制並打擊毒品，第一步應該先將毒品合法化。數十年後，他們試著將概念化為實際政策。

穆希卡在烏拉圭的公共辯論會上，丟出另一顆震撼彈，當時烏拉圭同時針對多項議題進行辯論，包括是否通過讓孕婦本人同意便可進行墮胎的法案，還有同性婚姻等。

穆希卡的提議不只要求開放大麻合法販售，因為其他國家已經嘗試過開放販賣大麻了，這不是創舉，他希望讓政府來管制和掌控大麻種植與經銷。有史以來頭一次有政府帶頭規劃這種產銷機制，目前全球各國在遏止販毒方面，大多採取直接禁止、以武力壓制打擊的策略。

總統此話一出，招致各界議論紛紛，僅有少數人認同讚賞。大多數烏拉圭民眾反對由政府擔任管制毒品市場的角色，甚至有些人暗示穆希卡年輕時曾抽過大麻，說大麻也是「嬉皮」運動的象徵之一，表示現在穆希卡老了，可能想把年輕時代的習慣合法化。

事實上，穆希卡雖是老菸槍，但從來沒有抽過大麻。

立法管制大麻是穆希卡和顧問團一起構思出來的獨一無二想法。由烏拉圭政府授權國內的特許商種植大麻，透過藥局來管控大麻的經銷。建立大麻使用者登記制度，並規定每人每月可購買的大麻數量，登記領卡後才能購買。卡片上不會印有肉眼可見的身份資料，一切個人資訊都透過加密的電腦資料庫管理。

同時允許吸食者自行種植，規定每戶最多只能種六株大麻。

許多敵對陣營的政治人物批評這是障眼法，穆希卡想藉此轉移輿論對其他施政問題的焦點，並指控政府無力回應烏拉圭民眾最重視的兩項需求：加強治安、挽救日漸惡化的教育體系。

不過，南美洲的區域政治現況，剛好在此時幫了總統一個大忙。

拉丁美洲爆發一場血腥的反毒之戰。作為名列全世界毒品使用量最高的國家之一，美國政府大力提倡以武力攻擊毒販的策略，並在軍事和財政上支援反毒作戰；但在拉丁美洲地區，毒品販運導致的暴力罪行不減反增，造成無數民眾喪生，以暴反毒的策略是否有效，越來越受外界質疑。

在二〇一二年四月，於哥倫比亞卡塔赫納市（Cartagena）舉行的第六屆美洲國家元首高峰會上，事態出現轉機。穆希卡總統準備好的《大麻管制法案》，有可能獲得美洲大陸各國接受，並有機會在烏拉圭國會立法通過。

同年二月，距離高峰會召開僅有幾個月的時間，瓜地馬拉總統培瑞茲（Otto Pérez Molina）開第一槍，他提議由於美國大部分毒品都是穿越中美洲各國運進美國內境，因此中美洲國家應討論是否將毒品除罪化❺。

瓜地馬拉在反毒戰爭上採取新的立場，比烏拉圭更名正言順。培瑞茲總統是拉丁美洲第一位在總統任期內，呼籲全球共同討論，以前衛的「毒品除罪化」手段，代替武力打擊毒梟的領導人。因為在毒梟及維安部隊的衝突中，瓜地馬拉是反毒戰爭最慘烈的戰場之一，根據官方統計數字，光是二〇一三年就有多達六千人死於與毒品有關的暴力罪行中。

在卡塔赫納的峰會中，美洲各國領袖要求區域性的美洲國家組織（OEA），針對美洲境內的反毒戰爭提出特別報告。

峰會結束後，哥倫比亞總統桑多士（Juan Manuel Santos）表示：「南半球各國領袖針對全球毒

---

❺引述自 Declaraciones de Otto Pérez el 11 de febrero de 2012.，相關連結請參見：http://elpe-riodico.com.gt/es/20120211/pais/207899。

品問題展開寶貴的討論。我們都認為必須分析美洲現行反毒政策的成效，研究是否應該用更有效率的新策略來打贏這場戰爭，並已責成美洲國家組織進行分析。❻」

包括美國在內，所有美洲國家首度全數同意修改反毒品販運政策，並決定在向毒梟直接發動武裝攻擊外，思考「新的策略」。

穆希卡當時正為古柯膏問題大傷腦筋，他發現這是在國內進行區域性實驗的大好時機，如果實施得當的話，即使失敗也只須承擔少數負面影響。因此僅僅在元首峰會兩個月後他就提出立法管制大麻的議案。

美洲國家組織的報告，在卡塔赫納峰會十三個月後出爐，報告名稱訂為《美洲地區之毒品問題》❼。

這篇由美洲國家組織秘書處發佈的報告，主要鼓勵各界檢討當對抗毒品販運的策略。其中有一項重要細節：美洲國家組織旗下有好幾個研究機構，他們針對不同議題研究後，一般大多以獨立組織的名義公布成果，公開前不一定要獲得成員國認同，也就是說，對調查結果不滿意的政府，往往會提出質疑。但這份主題為反毒的研究報告，竟能獲得美洲國家組織認可並對外公佈，大幅降低成員國對報告提出批評或謗議的可能性。畢竟美洲國家組織的秘書長代表組織所有成員國，該報告勢必能反映出成員國間一定程度的共識。

在這份長達一一七頁的報告中，針對美洲地區反毒策略提出了幾項頗具深意的結論。其中對烏拉圭政府，尤其對穆希卡來說最重要的一項，是提到目前許多明顯的「趨勢」，證明各界在大麻的種植、販售和使用上，傾向採取合法化或除罪化的積極管制方式。

美洲國家組織請求外界用「最大的彈性接受各國修訂國內法規，或推動國際修法的可能性」。他們對大麻的立場特別強勢：「根據我們針對現況及未來趨勢的研究發現，未來在大麻種植、販售及使用上，傾向除罪化或合法化。各國遲早必須在此事上做出決定」❽。

穆希卡必須花很多心思向鄰近各國元首說明，如何避免烏拉圭成為區域性的大麻交易集散中心，或避免烏拉圭開放大麻合法後，反吸引大批想嘗鮮的外國人，成為新的大麻朝聖地。但是美洲國家組織的報告，等於默認他立法規範大麻市場的提案，是所有美洲國家都必須開始思考嘗試的新方向。烏拉圭在南美洲鄰國的同意下，接受這位老游擊隊員的提議，成為這塊大陸上的「實驗」先鋒。

穆希卡已經踏出了重要的一步。但最艱苦的挑戰其實在國內：他必須說服烏拉圭的民眾。

以毒攻毒引發的輿論爭議

當穆希卡及他的顧問團提出大麻合法化的提案時，烏拉圭政府深信，儘管這是一著險棋，但一定能帶來正面效應。社會學家卡薩達（Julio Calzada）是烏拉圭毒品委員會秘書長，同時也是總統身

---

❻引述自美洲國家組織秘書處於二〇一三年五月公布的報告，《美洲地區之毒品問題》。
❼報告全文請參見：http://www.oas.org/documents/spa/press/Introduccion_e_Informe_Analitico.pdf
❽引述自美洲國家組織秘書處於二〇一三年五月公布的報告，《美洲地區之毒品問題》，p. 17。

邊的親信，他將帶頭推動法案的實際細節。我們曾多次進行訪談，卡薩達堅稱這項法案是打擊毒品販運的重要策略。

部分廣泛陣線的議員不是不願對此表態，就是批評這個提案。不過政府立場明確：引述美洲國家聯盟反毒報告中第五項結論提出的建議，表示推動大麻合法化是為了加強管理公共衛生。

草案內文第一條即聲明「為維護公眾利益，保障、提倡並改善國民健康，特制定本法，以降低使用大麻帶來的風險，減少對身體的傷害」。內文並強調政府將根據美洲國家組織提出的建議規劃宣導教育，避免民眾吸食大麻，同時為重度成癮者規劃治療及戒毒計畫。這項草案最後獲得國會通過，成為第一九一七二號法案。

其實在此之前烏拉圭就已經出現過類似的例子了：政府強力推動的公衛法案，最終獲得社會大眾接納——例如二〇〇八年烏拉圭國會就立法禁止在密閉公共場所吸菸[9]。

巴斯克斯前總統是腫瘤科醫師，他推動的禁菸政策獲得外界好評不斷。但卻引來掌控國內菸草市場的菲利普莫里斯公司（Phillip Morris）不滿，在國際仲裁機構對烏拉圭提告。禁菸法案規定菸商不得為菸品打廣告，同時必須在產品包裝印上罹癌或氣切患者圖片，或因為孕婦吸菸，導致新生兒患有呼吸道疾病的照片，同時還必須遵守其他強制規範。

穆希卡認為香菸是「永遠打不倒」的「難纏敵人」[10]，他很認同巴斯克斯的想法，因此穆希卡政府在近九成民眾支持下延續禁菸政策。

穆希卡篤定烏拉圭民眾能瞭解他的擔憂：古柯膏販運已經為社會帶來重大危害，除了治安問題之外，更有社會弱勢族群間的成癮問題。

但是支持禁菸行動的烏拉圭民眾，對這項《大麻法案》的反應卻相當不同。大多數民眾仍認為開放大麻是自相矛盾：如果反菸要做的是限縮吸菸者的吸食量，減少香菸的曝光率，那為什麼要開放大眾合法吸食大麻這類毒品？更有甚者，很多民眾提出質疑：政府的天職是保障公共衛生，為什麼這項政策要把民眾拉下水？反穆希卡的人認為推動開放大麻的法案，顯然是明目張膽地挑戰道德良知：政府支持民眾吸毒？難道不應該要反過來嗎？為什麼抽大麻可以，抽菸就不行？

穆希卡必須向民眾解釋通過管制大麻市場的新法後，對國民健康和社會治安能帶來的利大於弊。

不過這樣的二分法是錯誤的，穆希卡清楚看穿這點。無論在烏拉圭還是其他鄰近國家，以武力打擊毒品販運已被認為沒有成果，光透過警方緝毒行動無法令大麻市場消失。烏拉圭總統展現了他最實際的一面：敵人就在前方，他的提議不是向敵人抗爭，而是與敵人競爭，削弱敵人實力並接管市場，以便盡可能降低吸食大麻對社會產生的負面影響。因此政府展開媒體宣傳戰，向民眾解釋政府不是要鼓勵人們吸食大麻，也不打算把烏拉圭變成另一個阿姆斯特丹，變成能自由取得毒品的旅遊勝地；政府的目標是打擊毒品販運和降低吸食古柯膏的人數。

---

❾ 引述自二〇〇八年三月六日通過之第 18256 號法案《菸害防制法》。

❿ 引述自〈Mujica ratificó que seguirá línea de lucha contra el tabaco iniciada por Vázquez〉，二〇一〇年十一月十五日刊登於蒙狄維歐《國家報》（*El País*）。

總統在二〇一二年七月十九日接受電台訪問時向聽眾說明，在烏拉圭近九千名受刑人中，有三分之一是因為參與毒品販運而入獄⓫。

「大部分的國民都不知道，因為這是最近幾年才出現的數據。」總統並指控販毒者：「在社會中散佈暴力。」

「這是所有犯罪中最糟糕的。國內絕大部分民眾不吸毒也不販毒……民眾出於自我防衛，不願意張開眼睛看看危機大到什麼程度。人們自我麻醉，雖努力想在充斥毒品暴力的社會中生存，最終卻無可避免地低估毒品販運持續擴大的威脅，這問題遠比毒品本身還大。」

總統這番言論隱含對國民的批評，畢竟提出這項法案時，他遭到全國一半以上的民眾反對，也就是說很多支持他所屬政黨的選民也不贊同，不過他願意承擔政治風險。

穆希卡敢如此大力推動《大麻法案》，是因為他深知選民最終的訴求之一，就是改善國內治安。「我們社會上的暴力罪行，都跟日益嚴重的毒品販運問題有極大的直接關連。」他對聽眾說道，「毒品對人體會帶來重大傷害，這點無庸置疑，但更嚴重的是毒品販運對社會帶來的傷害，我們必須牢牢記住這一點。」總統在最後說道。

政府宣布修訂通過《大麻法案》後，第一次進行的民調中，有六十六%的民眾反對，僅有二十四%的民眾表示支持穆希卡的提議。

這項提案甚至導致黨內同志的不滿。穆希卡原本享有國會多數席次的支持，不過這次他甚至不能肯定是否能拿到足夠的票數，好通過這項已經被外界定名為《大麻法》的提案。

有一次我訪問屬於保守左派的眾議員沛瑞茲，醫師出身的他表示不可能投票支持總統的提案，因為這就好像允許孩子們抽大麻，而且「沒有什麼關係」一樣。他受訪時坐在收拾得很乾淨的書桌後，桌面沒有任何文件，顯得桌上的菸灰缸和房間裡濃重的菸味特別引人注意。沛瑞茲用沙啞的嗓音對我說，即使黨內傳統是為總統提出的議案護航，但他個人依然會堅決反對到底。

「最盲目的人，永遠是不願意張開眼睛看清事實的人。」穆希卡當時曾說道，他指出從古至今都有人吸毒。「我們是要忍受販毒帶來的治安敗壞，撇過頭去默默承受，繼續放任問題惡化，還是要真正地做些什麼？」他問道。

「不要顧左右而言他，因為我知道你不吸毒，絕大多數國民都不吸毒也不販毒，而且對毒品排斥到極點。但販毒的現象依然存在。依然在戕害我們的社會。」他補充道。

在烏拉圭民眾合法使用的易成癮物質中，香菸和酒類分別佔一、二名，大麻排名第三。對穆希卡來說，大麻的問題跟菸酒大不相同。儘管吸食大麻早已合法化了，但毒梟依然能透過販售大麻牟利，非法交易同時也帶來大量暴力犯罪，使烏拉圭監獄人滿為患，增加政府獄政上的負擔。

烏拉圭針對是否全面開放大麻展開的辯論受到全球關注，雖然很多拉丁美洲國家因為國內政治情勢不穩定，或地理位置不便而無法推行類似法案，但仍熱切關注烏拉圭的情勢。《大麻法》將穆希卡推上國際焦點。

⓫ 訪問全文請見：http://www.presidencia.gub.uy/sala-de-medios/audios/audio-audicion-mujica-19-julio

索羅斯：反毒戰爭是一場十億美元的敗仗

匈牙利裔的美國富豪索羅斯（George Soros）以金融投機致富後，致力投身公益提倡個人自由，他在二〇一四年五月以相當具原創性的觀點來探討反毒戰爭。

索羅斯從他最瞭解的觀點——金錢——出發，在《金融時報》（*Financial Times*）發表了一篇文章。文章一開頭他就寫到：「反毒戰爭是一場耗資十億美元的敗仗」⑫。

富豪索羅斯稱以戰反毒的策略「無效」且「勞民傷財」，同時呼籲政府修訂現有的反毒政策。他指出全球九百萬名受刑人中，有四十%是犯下與毒品有關的罪刑入獄的，其中包括罪刑較輕的罪犯。索羅斯表示對很多犯下非暴力罪行的人來說，「以治療或其他替代性懲處取代監禁，來避免再犯和保障社會治安，或許是更便宜有效的作法」。他呼籲將更多資源放在戒毒治療或變更反毒策略上，因為直接與毒梟火併的政策，反而導致毒梟為了與政府對抗，而擁有威力更強大的武器。

索羅斯的理論，來自於極具公信力的倫敦政經學院（London School of Economics）所發表的一篇研究，研究中指出修改反毒戰爭的手段，將能為社會和經濟帶來龐大利益。

索羅斯的文章見報兩天後，五名諾貝爾經濟學獎得主聯名發表一篇名為〈終結反毒戰爭〉⑬的文章，呼籲各國政府重新思考是否放棄以武力對抗毒品販運，改以依據事實經驗進行的「嚴謹經濟研究」為主，制訂新的反毒政策⑭。

穆希卡領導的政策要求全面開放大麻的種植、販售和使用，對他來說這份研究最重要的一點，就是要求各國將願意採取開放態度的國家視為研究個案，從中汲取知識；只要開放大麻的國家制訂好相關配套措施，不讓國家成為大麻出口國，其他國家便無須另眼相待。倫敦政經學院甚至在報告中用了「實驗性」這字眼，與烏拉圭總統提出開放大麻時的說詞不謀而合：穆希卡提出這項全球前所未見的法案時，曾說這將是一項「可逆轉的」實驗。

倫敦政經學院的研究報告後來交到瓜地馬拉總統培瑞茲手中。

美國早在四十多年前就已提出反毒的概念。在英文裡稱為「反毒戰爭」（War on drugs）。在西班牙文裡稱為「毒品之戰」（guerra contra las drogas）或「反毒之戰」（guerra antidroga）。在墨西哥最常聽到的字眼是「毒品戰」（narcoguerra），這個詞的詞義最完整，足以說明這類戰爭不僅只有一方開火，是政府軍警與火力強大、訓練精良的毒梟對戰。

前美國總統尼克森（Richard Nixon）是第一個將打擊毒品視為戰爭的人，他在一九七一年向美國國會發表一份報告，主題是避免濫用麻醉品政策。尼克森總統當時以戰爭兩字形容打擊吸食海洛

⓬ 引述自索羅斯在二〇一四年五月五日發表於《金融時報》的文章：〈A futile war on drugs that wastes money and wrecks lives〉。全文請參見：http://www.ft.com/intl/cms/s/0/f40fe61c-d228-11e3-97a6-00144feabdc0.html#axzz30to2Ctw7

⓭ 引述自倫敦政經學院於二〇一四年五月七日發表之《*Ending the Drug Wars: Report of the LSE Expert Group on the Economics of Drug Policy*》。

⓮ 意指倫敦政經學院先前針對反毒戰爭所發表過的報告，全文請參見：http://www.lse.ac.uk/newsAndMedia/news/archives/2014/05/EndWarOnDrugsReport.aspx

因的行動；一九七〇年代初期，海洛因是美國最氾濫的毒品[15]。

以武力打擊毒品最明顯、各國也最不樂見的後果，就是導致組織嚴明的毒梟集團出現，有些集團甚至有幾近軍事化的規模。雙方交火造成死傷無數，更波及無辜民眾平白罹難。染上毒癮的人跟慢性病患者有些相似的特質，但是反毒戰爭往往把成癮者當成罪犯，在這樣的司法體系中，成癮者無法獲得戒毒治療，反而因為吸毒遭判刑入獄。

四十年來將重心放在打擊毒品製造、販售和吸食的反毒政策，結果卻相當令人懷疑。

美國目前仍是全球最大的毒品市場，也是南美洲製造的古柯鹼最大的消費國。從美墨邊界的布拉佛河（rio Bravo）以南，毒梟集團、黑幫和毒品販運組織間的火併帶來無數傷亡，使居民長年生活於驚恐中。

二〇一二年，哥斯大黎加時任總統秦奇亞（Laura Chinchilla）曾說中美洲是這場戰爭中「死亡人數最多的地區」[16]。她的言論不無道理，但範圍可以延伸到墨西哥和哥倫比亞，這兩國的反毒策略最為完整。

從二〇〇八年起，美國就在「美里達倡議」（Iniciativa Mérida）框架下，對墨西哥提供軍事和金融援助，推動以武力對抗毒品販運，同時強化墨西哥的反毒體系。根據官方數據統計，美國國會一共對美里達倡議提撥二十一億美元的資金，在本書寫作期間已撥款十二億美元。

墨西哥極富公信力與影響力的《*Proceso*》雜誌根據官方數據推算，在卡德隆（Felipe Calderón）總統執政六年期間，有超過十二・一萬人死於與毒品販運有關的暴力罪行。相當於每年平均有兩萬多人喪生，其中包括諸多死於恐怖刑求的謀殺案受害者。

美國以「哥倫比亞計畫」（Plan Colombia）向哥國提供金援，推動武裝反毒行動，然而反毒戰爭造成的死傷人數卻無法估計，因為哥倫比亞政府認定游擊隊也涉及販毒行動，因此在統計上將政府軍與武裝民兵的衝突也算在反毒戰爭之列。

哥倫比亞計畫的主要目標是根除古柯葉栽種。哥倫比亞是全球主要的古柯葉生產國，栽種古柯葉是很多農民的傳統生計，因此對古柯葉噴藥的破壞政策引發極大爭議。哥倫比亞軍隊也透過這項軍事計畫接受訓練和金援，購置軍火打擊一九五〇年代便出現的游擊隊。自二〇〇〇年至今，哥倫比亞已經因這項政策獲得了超過八十億美元的援助。

針對大麻或古柯葉所發起的戰爭，亦引發了其他比較不引人注意的問題：玻利維亞跟秘魯，很多種植古柯葉自用（主要用來泡茶或嚼食，以緩解高山症不適）的農民遭無端捲入，但外界不瞭解這是原住民留下來的傳統。玻利維亞總統莫拉萊斯因而為了維護嚼食古柯葉的傳統鬧上聯合國，他在二〇一二年爭取成功，讓一九六一年簽訂的《麻醉藥品單一公約》（Convención sobre Estupefacientes）承認嚼食古柯葉屬於傳統文化，不受公約限制，政府也無須為遵守公約而禁止這項

---

⑮ 尼克森總統的報告可在加州大學聖塔芭芭拉分校的《*The American Presidency Project*》查詢到，該校自一九九九年來便收集歷任美國政府的文件。本文中引用的段落請參見：http://www.presidency.ucsb.edu/ws/?pid=3048

⑯ 引述自 http://www.opeal.net/index.php?option=com_k2&view=item&id=10416:centroam%C3%A9rica-%E2%80%9Cnosotros-ponemos-los-muertos%E2%80%9D&Itemid=123

傳統[17]。

根據藥物政策聯盟（DPA）[18]估計，美國每年在反毒戰爭上的花費超過五一〇億美元。如果美國開放毒品合法化，並依據菸酒稅率向吸食者徵稅的話，每年可徵得近五〇〇億美元的稅收，可用在宣導反毒還有向成癮者提供戒毒治療等。

歌手史汀（Sting）、維珍集團創辦人布蘭森（Richard Branson），提倡自然療法的著名醫師喬普拉（Deepak Chopra），還有索羅斯等人，都是藥物政策聯盟的成員。

穆希卡VS.國際麻醉品管制局

穆希卡也要面對屬於他的「戰爭」；他所提出的大麻市場管制，比世界上現有的其他措施都還更進一步，他提議讓政府成為種植和販售大麻的擔保人。

他決定讓烏拉圭民眾或居住在烏拉圭的人都能夠透過合法管道取得大麻，此舉引來諸多大型國際組織的反對。其中，和他爭辯最激烈的，是國際麻醉品管制局（JIFE）的局長——比利時哲學家楊斯（Raymond Yans）。

國際麻醉品管制局[19]是聯合國旗下的單位，目標是確保各國遵守國際間簽訂的麻醉品協議。組織的主要任務，便是監督和提倡以武力對抗毒品販運的政策。

國際麻醉品管制局於二〇一三年在維也納舉行年會時，楊斯對美國華盛頓州和科羅拉多州批准「娛樂用」大麻的行動表示不安。楊斯在致詞中，提到烏拉圭的穆希卡政府準備推動大麻合法化[20]。

烏拉圭在二〇一三年十二月批准《大麻法》後，楊斯在接受西班牙埃菲社（Agenda EFE）訪問時，大肆抨擊穆希卡領導的政府。埃菲社是西班牙半官方的通訊社，也是西語世界影響力最大的媒體，許多烏拉圭媒體都會引述埃菲社提供的外電新聞。

他強調：「一個國家擅自決定不退出也不遵守（一九六一年的麻醉藥品）公約，這簡直是海盜才有的看法。[21]」

楊斯指控穆希卡並未在烏拉圭國內接見他，不過穆希卡氣到口不擇言地回應：「跟那老傢伙說叫他別說謊，我什麼人都願意見。叫他來烏拉圭，看他什麼時候想會面我都奉陪。叫他有話直接跟我說。（中略）我什麼人都願意見，說見不到我的人都是在說謊，不要臉地說謊！」

---

[17] 根據聯合國拉丁美洲和加勒比海經濟委員會（CEPAL）在本世紀初公布的《拉丁美洲毒品製造、販運與使用》報告統計，在二〇〇〇年莫拉萊斯仍未上台時，玻利維亞約有十三・五萬名農民種植古柯葉，相當該國於國內六・四%的勞動人口。報告內容請參見 http://www.eclac.cl/cgi-bin/getProd.asp?xml=/publicaciones/xml/5/19465/P19465.xml&xsl=/dds/tpl/p9f.xsl&base=/tpl/top-bottom.xslt

[18] 藥物政策聯盟網站 www.drugpolicy.org

[19] 國際麻醉品管制局網站 www.incb.org

[20] 相關條文請參見： http://www.incb.org/documents/Publications/PressRelease/PR2013/press_release_311113_.pdf

[21] 刊載於二〇一三年十二月十二日刊行之蒙狄維歐《國家報》，網路版請見 http://www.elpais.com.uy/informacion/onu-califica-actitud-uruguaya-pirata.html

聯合國官員批評烏拉圭是「海盜」，令穆希卡非常生氣，他趁著大麻政策引發的熱潮，利用媒體對他的關注大力向楊斯開砲。

「他就是個厚臉皮[22]的傢伙，我不想跟他用什麼外交辭令。我就是要用粗魯的態度來對待他，因為他說的話只配得上這種態度。」穆希卡這番言論透過阿根廷的美洲通訊社傳（Télam）了出去[23]。除此之外，他還批評國際麻醉品管制局的官員觀念腐敗陳舊。「這群落伍、不知變通的人要跟我談什麼合不合法。」穆希卡批評道。

二〇一四年六月烏拉圭國會通過的《大麻法》即將上路時，國際麻醉品管制局公布年度報告，其中特別提到烏拉圭和美國華盛頓及科羅拉多兩州的新法：「要瞭解開放娛樂性大麻會帶來的問題，以及對健康、刑事司法和公共收入及支出等廣大層面的影響，現在還言之過早。這類新法規範必須經過多年謹慎監督，才能針對未來的（反毒）政策提出相關訊息」。該組織同樣對開放大麻的原則提出批評：「根據現有的調查結果，由於風險降低，民眾更容易取得（大麻），很可能增加年輕人吸食的人數」[24]。

美洲國家組織的支持

烏拉圭通過管制大麻市場的法令後，我為撰寫本書訪問美洲國家組織秘書長殷索沙（José Miguel Insulza）。殷索沙說明對地區性的美洲國家組織來說，對拉丁美洲毒品抱持「毒品使用除罪化」的立場。

殷索沙強調：「一個很明顯的事實是，大家都說必須反毒，說這是公共衛生的重大問題，說成癮者是必須接受治療的患者，但接著立刻把成癮者抓起來丟進牢裡，跟一堆罪犯關在一起，出獄後的成癮者恐怕反而毒癮更大，還在獄中變得更壞。」

殷索沙的立場，和許多推動吸毒除罪化的人相同。

在大麻的例子上，眾人爭議的焦點在於大麻是否真有可能令吸食者成癮，或者只是令使用者產生心理上的依賴。後者的情況可能使大麻不適用「成癮」一詞。

烏拉圭推動大麻合法制度化的倡議人士，將電腦工程師瓦茲（Juan Vaz）的個案，當作代表性的例子。他與妻子布藍科（Laura Blanco）在家種植大麻自用，他們跟穆希卡一樣住在鐵皮屋裡，有一間溫室，夫妻倆在溫室裡教孩子們種菜。瓦茲除了種植以外，還替大麻植株配種以取得品質更好的大麻，供自己每天吸食用。二〇〇七年有人匿名向警方檢舉，法官認定他種植的株數遠遠超過自用需求。瓦茲在二〇〇七年十一月到二〇〇八年十月入監服刑，幾乎在監獄裡待了一年。

在國會通過《大麻法》前，透過一些抗爭行動，跟瓦茲和他的妻子談話多次，其中有一個反覆

---

[22] 指虛偽。

[23] 引述自阿根廷美洲通訊社二〇一三年十二月十四日的報導。網路版請參考：http://www.telam.com.ar/notas/201312/44712-para-mujica-el-funcionario-de-la-onu-que-critico-la-ley-de-marihuana-es-un-viejo-careta.html

[24] 引述自聯合國國際麻醉品管制局《World Drug Report 2014》p. 13，網路版請參見：http://www.unodc.org/documents/lpo-brazil//noticias/2014/06/World_Drug_Report_2014_web_embargoed.pdf

出現的主題：因種植大麻入獄和罪犯關在一起的經歷，在瓦茲身上留下印記。他年幼的孩子每週末都到監獄探望他，但他無法跟孩子說明自己究竟犯了什麼罪。

對種植大麻者是否判刑全憑自由心證——如果法官認為種一兩株就算太多的話，種植者就可能入獄，種植的大麻和器材會遭法院沒收。

瓦茲刑期中有很長一段時間是被關押在烏拉圭最惡名昭彰的孔卡爾監獄（COMCAR），他跟另外十一名囚犯關在同一間牢房裡。牢裡床鋪和床墊不夠，睡覺得輪流睡。幾個人睡覺時，其他人就得要站著。瓦茲每次受訪時都會說「牢房裡永遠都開著燈」。他也曾被關押在另外兩座監獄：維拉德伯精神病院（hospital psiquiátrico Vilardebó）及人稱「塔布拉達」（La Tablada）的監獄。

他出獄後跟妻子一起投身「種植大麻自用合法化」的遊說運動。他們成立組織，向其他種植者提供建議。瓦茲定期參與國際間大麻種植者競賽，並進口種植大麻專用肥料。他與其他種植者成立了「烏拉圭大麻研究聯盟」（Asociación de Estudios Cannábicos del Uruguay），由布藍科擔任聯盟主席，向起草規範大麻草案的議員提供建議。該組織也對在《大麻法》通過前遭司法部判刑的種植者提供法律扶助。

二〇一四年四月，烏拉圭《觀察家日報》（*El Observador*）報導國內「大麻收穫量創下史上新高[25]」。這篇報導說得很合理：因為以前根本不可能知道究竟有多少人種大麻，更不可能統計收穫量。布藍科根據收穫量估計，烏拉圭國內約有五千多人在自家或與人合夥種植大麻。

現實情況是部分種植者甚至在二〇一四年五月新法正式實施前，就聯合起來種植大麻。

拉丁美洲其他國家的情況依然與烏拉圭不同，很多國家仍舊將吸食大麻視為非法行為，將販售大麻視為犯罪。巴拉圭是大麻最主要的出產國，巴西則是最大的消費市場。

國際麻醉品管制局二〇一一年的年報，是穆希卡提出革新烏拉圭反毒政策提案前，公布的最新報告。這份根據二〇〇九年數據進行的研究，指出大麻是南美洲最主要的毒品。「本（二〇一一）年度十五歲至六十四歲人口間，濫用大麻的比例分別為二•九五%，相當於七百四十萬人；二〇〇九年的比例則為三%，等於七百六十萬人」㉖。

殷索沙做出結論：「因此吸食大麻除罪化是我們必須盡快面對的議題，或者至少應該建立不同的懲處方式，建立衛生教育和避免民眾吸食的機制（中略）。而我深信在這方面，烏拉圭穆希卡總統推動的政策，是完全符合除罪化目標的。」

美洲國家組織秘書長還說，對除罪化政策持樂觀態度的拉丁美洲各國總統，會將烏拉圭視為開放政策的實驗場。

殷索沙說：「有些國家毒品的問題更嚴重，他們都熱切觀察（烏拉圭的）情況，好在國內推動除罪化法案。」

㉕引述自二〇一四年四月三十日《觀察家日報》記者 Nicolás Delgado 的報導〈Uruguay tuvo en abril la cosecha de marihuana más abundante de su historia〉，網路版請見：http://www.elobservador.com.uy/noticia/277450/uruguay-tuvo-en-abril-la-cosecha-de-marihuana-mas-abundante-de-su-historia/

㉖引述自二〇一二年聯合國國際麻醉品管制局年報 p. 79，全文請見：http://www.incb.org/documents/Publications/AnnualReports/AR2011/AR_2011_Spanish.pdf

在開放大麻的議題早已攻佔全球各大媒體版面，在獲得美洲國家組織支持，以及瞭解其他拉美國家正在密切觀察後，穆希卡將管制大麻市場的草案送往國會並獲得支持。烏拉圭再度成為先鋒。然而新規範是否有效，依然引發各界爭議。

烏拉圭國會在二〇一三年十二月十日通過規範大麻市場法案，同年十二月三十日由穆希卡正式公告施行。

大麻合作社：政府管控種植與銷售

烏拉圭的《大麻法》，是全世界唯一讓政府有權控管使用者和銷售大麻的法令。根據法律規定，想吸食大麻的人有兩種合法取得大麻的管道，不需要向非法毒梟購買：第一種方式是登記為大麻吸食者後向藥局購買大麻，每人每月購買上限為四十公克，每名使用者每年一共可合法購買四百八十克大麻；第二種方式是向種植大麻自用者購買，或加入「大麻合作社」或種植者合作社。自用種植的上限是每戶只能種六株。

穆希卡政府成立大麻管理控制機構（Instituto de Regulación y Control del Cannabis, IRCCA），負責規範、控制和管理大麻的種植、販售與使用。

個人如果要進行大規模種植，必須先向管理機構申請許可，才能在軍事用地或軍方監管下進行。反之，種植者合作社或「會員合作社」可以專門替成員種植大麻。

這類合作社規模在十五到四十五人之間，每年至多可以為每名成員提供四百八十克大麻，每個合作社種植的大麻不得超過九十九株。

吸食者如果想透過各地藥局購買大麻，必須先登記後才能透過電子指紋掃瞄系統購買。吸食者在購買時無須揭露個人資料。每人每週最多只能買十克大麻。

吸食者只能選擇一種取得大麻的方式。如此一來，加入合作社的成員就不能到藥局購買大麻。這項規範適用於所有烏拉圭人，或持有合法居留文件、並確實居住在烏拉圭的外籍人士。吸食者不得轉售大麻。法令中明訂違法者的罰則。大麻管理控制機構負責掌控大麻品質，起草法案的人最擔心的，就是大麻吸食者的貨源，主要來自巴拉圭的壓製大麻，裡面往往摻雜了其他對健康危害甚鉅的雜質。

《大麻法》明文禁止吸引民眾吸食大麻的廣告，禁止在工作時間吸食大麻，或在吸食大麻後進行工作。二〇一四年八月起並嚴格管制司機吸食大麻。

大麻實驗與諾貝爾獎敲門磚

「毒販是不顧一切的，販毒比染上毒癮更糟糕。因為染上毒癮破壞的是人們的身體健康。但販毒會摧毀社會道德倫理，首先破壞的就是政府的管理機制。現實是每況愈下，那接下來怎麼辦呢？百年來我們實施的壓抑政策一點效果也沒有，我們還要繼續用同樣的方法嗎？[27]」

---

[27] 訪談影片網址：https://www.youtube.com/watch?v=Jar3YU_9w_E

荷蘭公視二〇一四年對穆希卡進行專訪，當時烏拉圭已經通過《大麻法》，國內正依據新法進行大麻種植、販售和吸食的管制。穆希卡在訪問中再度強調他擔心販毒對社會帶來的問題。對穆希卡和撰寫《大麻法》的人來說，新法的目標是要建立機制，來管理和控制眼前不可避免的現實情況：根據與種植大麻自用者有聯絡的社會機構統計，在烏拉圭共有超過三十萬民眾，會固定或偶爾吸食大麻。

穆希卡將大麻市場規範法案，定義為「規範」現有的情況。他說「這情況就發生在我們眼前、在街角、在學校大門口」，他揮舞著雙手說[28]。

他說這是「一場全球首見的實驗」，總統同時強調他將全力宣導「避免民眾成癮」。「烏拉圭想替全世界做實驗，並不想冒犯任何人」，總統在最後說道。

穆希卡在二〇一二年十二月下旬頒布這項法令時，外界讚譽有加。

不久後在二〇一四年一月底，《觀察家日報》報導德國一群刑法學教授，決定聯名致函諾貝爾和平獎候選人遴選委員會，呼籲將荷西・穆希卡列入候選名單。

在該報刊登的信件裡一共有一百五十人連署簽名支持，表示穆希卡創新的反毒政策焦點，是值得全世界仿效的楷模。

信件內文指出：「這項罕見但大膽激進的策略，很可能在公共治安及衛生政策上開創新局；禁止毒品帶來毀滅性的副作用，拉丁美洲是世界上受害最深的地區，包括成千上萬起暴力挾持及殺人案，自然環境也受到嚴重破壞和污染。」這顯然是影射「哥倫比亞計畫」反毒框架中，在哥國叢林大規模噴灑藥劑破壞古柯葉種植一事。

信中還提到「穆希卡先生的政策焦點能夠幫助各國政府，打破傳統禁止毒品思維下，出現的暴力、貪污和強制壓抑的惡性循環」[29]。

事實上這封致諾貝爾獎委員會的信，令穆希卡開始願意相信自己可能值得這份肯定。

穆希卡致力改革反毒戰爭的策略，為他獲得全世界的讚揚；二〇一四年四月二十三日，《時代雜誌》（*Time*）將穆希卡列入《年度全球百位最具影響力人物》[30]的原因，正是因為他開放大麻合法化的決定。

美國電視節目主持人梅根・馬侃（Meghan McCain）[31]，在她寫的短文〈推動大麻合法化的革命家〉（The revolutionary who legalized pot）中提到，她本人也支持大麻合法化。

穆希卡決定開放大麻合法化的原因很單純，因為禁止只會促使黑市出現，如同美國實施禁酒令

㉘ 引述自穆希卡在廣播節目中發表的言論。全文於二〇一三年八月十三日刊登於烏拉圭總統府網站，請見：http://www.presidencia.gub.uy/Comunicacion/comunicacionNoticias/mujica-audicion-m24-marihuana-proyecto-regulacion-narcotrafico

㉙ 引述自《觀察家日報》於二〇一四年一月二十九日刊載的信件內文：〈Alemanes proponen a Mujica como Premio Nobel de la Paz〉。網路版全文請見：http://www.elobservador.com.uy/noticia/270505/alemanes-proponen-a-mujica-como-premio-nobel-de-la-paz/

㉚ 引述自《時代雜誌》於二〇一四年四月二十三日出版之《年度全球百位最具影響力人物》：http://time.com/70869/jose-mujica-2014-time-100/

㉛ 梅根・馬侃是參議員馬侃的女兒，在二〇〇八年美國總統大選中，馬侃與歐巴馬角逐白宮寶座。

期間，出現大批非法蒸餾廠及酒品黑市一樣。

對有些人來說，這也代表各界承認壓抑的反毒策略無效；另外有些人則認為這項法案風險太大，因為政府傳達出「允許使用」大麻的訊息，恐怕會吸引更多人吸食。

大麻在烏拉圭掀起軒然大波時，穆希卡表現得相當平靜。總統一再強調如果新法成效不彰，就有可能撤回法令。「如果我們做錯了，就該拿出政治上的勇氣說；我們錯了。但（絕對）不能害怕改變方向[32]。」

挑戰保守主義的人工流產法

穆希卡執政期間通過的改革法案，不僅只有《大麻法》而已。事實上他所屬的政黨廣泛陣線，數十年來不斷致力修法擴大人權——且往往引發諸多爭議，穆希卡更是在上台後大力推動改革。

聯合政府決定推動的多項法案，都是針對在烏拉圭引發重大問題的現況而來：其中之一就是在不衛生的條件下進行人工流產手術，及其後可能帶來的致命後果。議員決定推動修法的概念，是女性無論在何種情況下都應該有權為自己的身體做決定，因此也應該有權決定是否終止妊娠。

在一九三三到一九三八年間，烏拉圭認定人工流產屬於女性的權利[33]。當時烏拉圭是走在人權尖端的國家。然而，據「烏拉圭人工流產（除）罪化」研究指出，一九三八年一月通過的第九七三六一七六號法案剝奪女性人工流產權，並制訂「墮胎罪」[34]，任何涉入終止妊娠行為的人都有罪。該法規定「為挽救個人、妻子或近親名譽之犯罪者，得減其三分之一至二分之一刑責，若在獲得許可下進行人工流產，法官得根據客觀事實，全面免除刑責。」[35]。遭性侵或「經濟情況拮据」可作為免除墮胎者與協助進行墮胎者雙方罪刑的理由。

此法令公布後，對合法墮胎的認定漸趨嚴格，絕大多數的墮胎都被認定是非法行為，導致越來越多人根據民間偏方在自家進行墮胎。其中包括利用棒針，甚至是在女性生殖器官放入草藥等墮胎偏方，結果往往非常嚴重。利用這種毫無根據的簡陋方法進行人工流產的，往往都是較弱勢的女性。

同時非法墮胎診所也日漸增加，負擔得起醫療費的人，可以在適當的衛生環境下進行人工流產。但不見得所有密醫診所都衛生條件良好，女性再度必須承擔手術失敗的嚴重後果。只有財力雄厚的人，才能付得起在設備良好的非法墮胎診所手術費用。這類診所至少衛生環境合格，由醫師進行人工流產顯得更有保障——然而，非法墮胎究竟能提供多少保障，則不得而知。

很多貧窮女性因為接受不恰當的人工流產手術，導致死亡或不孕。被人發現私下進行墮胎的婦

---

[32] 引述自蒙狄維歐《共和國日報》（*La República de Montevideo*）二〇一四年五月五日報導。全文請見：http://www.republica.com.uy/marihuana-vamos-a-ganar-el-partido/

[33] 根據一九三三年 José Irureta Goyena 通過之刑法承認女性人工流產權，引述自《*(Des)penalización del aborto en Uruguay: prácticas, actores y discursos. Abordaje interdisciplinario sobre una realidad compleja*》。由烏拉圭共和國大學科學調查委員會整理，網路版請參見 http://www.fcs.edu.uy/archivos/Libro%20Despenalizaci%C3%B3n%20aborto%20Uruguay_web-final.pdf

[34] 請見：http://www0.parlamento.gub.uy/leyes/AccesoTextoLey.asp?Ley=09763&Anchor

[35] 請見：http://www0.parlamento.gub.uy/leyes/AccesoTextoLey.asp?Ley=09763&Anchor

女面臨牢獄之災。許多醫師或無照密醫透過非法人工流產，在絕望痛苦的女性身上大撈一筆。

專家指出，「將人工流產視為罪行的法律，只會令非法墮胎大增，這類手術往往風險甚高，對女性的健康、福利和生活影響極大。將墮胎視為犯罪的主要目標，似乎不是降低墮胎率，而是限制墮胎條件，利用建構在社會上的雙重道德標準，營造出譴責和批判墮胎女性的氛圍。這樣的社會和司法環境延續了數十年，期間只有少數例外。[35]」

獨裁期間各界對人工流產議題避而不談，直到一九八五年民主化後才重新獲得政壇重視。但直到二〇〇八年，國會針對修訂人工流產法的討論都沒有結論，當然也無法送交總統頒佈實施。

二〇〇八年十一月國會首度通過修法，將法案送交總統辦公室，當時執政的巴斯克斯總統是醫師出身，他強烈反對將人工流產合法化，甚至不惜退出他所屬的社會黨——該黨為廣泛聯盟的創始成員之一；國會審慎修法達成朝野共識的墮胎法案，在巴斯克斯總統執政期間遭到否決，引來社會黨嚴厲質詢。

巴斯克斯的妻子、第一夫人戴嘉多（Maria Auxiliadora Delgado）是極端虔誠的天主教徒、立場極端保守的女性。二〇〇五年若望保祿二世辭世時，便是這位第一夫人帶領烏拉圭代表團出席教宗喪禮。

「根據我國國民的特質，我們更應該依據團結合作的原則，尋求提高女性及嬰兒福利的解決之道，為婦女提供其他選擇，如此一來，就能夠兼顧母親與胎兒的性命。我們必須從社會經濟的現實面上，處理國內真正引發墮胎的原因。」當時巴斯克斯總統在一封致國會的信件中澄清他否決該法案的原因[36]。醫師出身的巴斯克斯，認為從受孕的那一刻起胚胎就有了生命。

穆希卡在墮胎議題上的立場，與前任總統有一百八十度的不同。儘管由於墮胎並未合法，因而沒有官方統計數據，然而推動合法終止妊娠的人士引用各界估算數據，指出國內每年約進行三萬起人工流產手術，對於人口僅有三百萬人出頭的烏拉圭來說，這幾乎是天文數字。無論手術次數多寡，非法墮胎都是常見且極端危險的行為。

在穆希卡眼裡，「非法行為」就是導致「無解問題」的溫床。現實情況促使他以他最瞭解的方式來處理此事：讓問題具體化、攤在陽光下，停止將決定墮胎的女性視為罪犯。身為總統的穆希卡支持墮胎合法化、除罪化。

穆希卡這一生的遺憾就是沒有孩子，他向來不支持將墮胎視為一般的、或有計畫性的醫療行為。以下這段西班牙電視台的訪問，或許可以算是他對自己在墮胎議題的立場，和決定支持人工流產合法化的原因，最完整詳盡的解釋。

「誰會支持墮胎？這事情很單純，用常識就可以理解的。我認為沒有人能夠真正『支持』墮胎，這是原則問題。但是社會上有許多婦女，基於各種原因，就是必須做出墮胎的苦澀決定。因為

㉟ 引述自《*(Des)penalización del aborto en Uruguay: prácticas, actores y discursos. Abordaje interdisciplinario sobre una realidad compleja*》，由烏拉圭共和國大學科學調查委員會整理，網路版請參見：http://www.fcs.edu.uy/archivos/Libro%20Despenalizaci%C3%B3n%20aborto%20Uruguay_web-final.pdf›.

㊱ 巴斯克斯的否決信全文請見：http://www.parlamento.gub.uy/sesiones/AccesoSesiones.asp?Url=/sesiones/diarios/asamblea/html/20081120a0013.htm#numeral5，p. 9~10。

家庭不理解她們、因為她們孤身一人、因為人生際遇浮沉等等。而地下世界裡的墮胎行為會剝削婦女，令婦女面臨生命危險。（中略）承認非法墮胎的事實，把問題搬到台面上合法化，我們就有機會向這些婦女展開有力的遊說，看她面臨的是經濟問題、是孤獨無依，還是生活痛苦的問題；有很多例子可以證明婦女（獲得支持後）打消墮胎念頭，這樣我們就能拯救更多生命。另一種作法是放任婦女自生自滅，這樣太虛偽了。我們必須做些什麼。[37]」

立場傾向社會民主主義的獨立黨眾議員波薩達（Iván Posada），不促使墮胎合法化修法成功。特別是強制要求想進行合法墮胎的女性，必須出席由一名醫師、一名心理學家和一名社工組成的專家會議，在會議中告知婦女除了終止妊娠之外，還可以選擇把小孩生下來交由別人領養，之後她有五天的時間可以思考，再向專家團告知她的選擇。

政府不強制醫師執行人工流產，醫師可以依照個人意志拒絕執行手術，部分醫療院所（大多數都是與宗教機構有關的醫院）請求政府允許院方保留拒絕提供治療，將婦女轉送到其他醫院的權利[38]。

允許婦女進行人工流產的第一八九八七號法案，自二〇一二年十月起生效[39]。

二〇一四年二月，烏拉圭政府公布法案實施後第一筆官方統計數據：在二〇一二年十二月至二〇一三年十二月期間，全國醫療院所一共執行六六七六起流產手術，相當於每個月有五百五十六起，幾乎每天有二十名婦女墮胎。自新法實施後，烏拉圭衛生部就沒有接獲因墮胎致死的案例。

烏拉圭政府將人工流產法視為全面強化人權的一環，並如此形容這項新法的目標：「對於正大力推行社會結構轉型改革的政府來說，人工流產合法化是一大重點。在健康和生命議題方面，人人都有權自行做決定；我們想在這樣的共識基礎上強化性別與生殖權。」以上是衛生部次長布里歐佐（Leonel Briozzo）所發表的言論[40]。二〇一三年六月的全民公決試圖推翻人工流產法，結果以失敗告終。參與公決的選民裡，只有不到十%的人表示希望廢除人工流產法。

婚姻平權：拉美第二個支持同性婚姻的國家

穆希卡執政期間表示，讓同性伴侶享有和異性伴侶同等的權利，也是他希望在國內推度的改革之一。

烏拉圭國內的同志人口多年來不斷爭取婚姻權。二〇〇七年同志倡議人士成功讓政府承認同志伴侶的民事結合，在爭取與異性伴侶平權的路上又更進了一步。然而在爭取婚姻權上，他們仍有很

---

[37] 引述穆希卡二〇一三年五月接受西班牙電視節目訪問內容。在 Youtube 及下列網址可觀賞訪問片段：http://www.rtve.es/alacarta/videos/los-desayunos-de-tve/entrevista-jose-mujica-presidente-uruguay-desayunos/1847647/

[38] 烏拉圭除了公立醫療體系之外，還有「互助醫療體系」，概念類似合作社或台灣的健保，加入此醫療體系的成員，每月繳交固定額度的費用就能享有醫療協助。受聘僱的勞工會直接從每月薪資中扣除保費。

[39] 第 18987 號《自願終止妊娠》法，法案條文請見：http://www.impo.com.uy/bancodatos/18987.htm

[40] 引述自 http://www.montevideo.com.uy/noticiacanalmujer_209271_1.html

長的路要走。

同志婚姻必須獲得國會通過，而同志團體已經知道在國會裡有部分議員願意表態支持，而且如果國會全體通過同志婚姻法案，任何政黨都不需付出政治上的代價。

二〇一一年穆希卡已經當上總統，並擁有國會多數席次支持，不過同志聯盟「黑羊」（Ovejas Negras）仍選擇在民調結果顯示民眾支持所有性取向的人都應享有平等權利時，才向國會議員提出草案，要求「婚姻平權」。

婚姻平權草案首先送入國會眾議院，同年九月獲得執政黨廣泛陣線議員支持。之後在國會表決中，獲得各黨派議員近三分之二的票數支持；法案通過十八個月後正式生效。當地天主教會發起反對同志婚姻的行動，然而並未獲得太多民眾支持。烏拉圭民眾擁有絕對的宗教自由，烏拉圭自一九一八年實施憲法後就政教分離，教會與政府無法互相干涉。

穆希卡總統在二〇一三年五月公布第一九〇七五號同志婚姻法，重新定義婚姻的概念；此後同志伴侶得以在烏拉圭合法締結婚約。

該法條文第一條即揭示，一旦法案生效後：

「依據法律規定，婚約意指同性或異性伴侶雙方的永久結合。

我國承認民事登記婚姻，根據本法及其他民事登記法相關規定，不再承認自一八八五年七月二十一日後的儀式婚姻。」

在此之前婚姻僅限於男女雙方的結合。

烏拉圭成為拉丁美洲第二個實施同性與異性婚姻平權的國家，在此之前只有阿根廷通過同性婚姻合法化。目前包括美國在內，全球有二十二個國家承認同性婚姻。

「合作」造屋計畫：幫助弱勢家庭

穆希卡協助創立了名叫「合作」的社福計畫，幫助民眾興建住宅，他與合作計畫保持非常密切的關係。這項建屋計畫由住宅、空間規劃與環境部，以及社會發展部及各地市政府共同推動執行。穆希卡除了支持以外，還將大部分薪水捐給合作計畫，捐款金額高達三十一萬美元，幾乎相當於他個人名下所有財產總額。

這項計畫不只是替無力購屋的民眾興建低成本住宅，還強調由民眾合作興建房屋的機制。事實上需要住宅的家庭，必須在政府或義工等第三方協助下自行建屋，穆希卡本人也經常到場幫忙。要求參與計畫的家庭必須接受訓練投入勞動市場，接受社福協助，確保家庭中的兒童接受學校教育和強制健檢。

合作計畫已經在國內多個地區興建社區。根據二〇一三年的年度報告[41]，一共有二二〇〇戶加入合作計畫。穆希卡的目標是在任期結束前，能將一•三萬戶納入合作計畫中。在參加的一•一萬人中，有四十%為十四歲以下的人口。政府的目標是在二〇一四年底將加入計畫的戶數增加到三千

---

[41] 請參見 http://medios.presidencia.gub.uy/juntos/pdf/memoria-anual-2013.pdf

戶，但這數字遠遠不及穆希卡的期待。他將這項計畫視為團隊合作的重要典範，各地志工一共投入了八十萬小時。他強調自己支持的原因，是這項計畫能夠讓民眾「靠自己」走出貧困、改變態度，鼓勵人們主動參與。計畫一反傳統，和烏拉圭現行的其他計畫不同，不是由國家提供融資，而是強調透過工作來興建住宅，且主要鼓勵民眾加入社區共同合作。

穆希卡曾說過要是得到諾貝爾和平獎的話，願將一百萬美元的獎金捐給合作計畫，資助民眾興建住宅。

第六章

巨星穆希卡

追求發展不能與幸福背道而馳。

——引述自穆希卡於二〇一二聯合國永續發展大會致詞內文

穆希卡自二〇一〇年上台後，便成為國際媒體追逐的人物。光是他憑「前游擊隊員身份，再透過民主程序當上總統」這件事，就有夠令人感到好奇了，如果再加上國際媒體慢慢挖掘出他生活方式和細節等種種軼事，更不難懂為何這位烏拉圭總統會快速成為外國媒體競相採訪的對象。穆希卡年紀大了，對社群媒體上出現的熱潮幾乎一無所知，不過他的直覺卻很敏銳，能夠把他想傳達的訊息說得很吸引人，他善用了這番機會。

在他執政期間，全球各地出現重大經濟危機，使各界對當代資本主義社會的基本原則提出質疑，其中包括政府的角色。近年來，歐美社會貧富不均的情況越來越嚴重，各國政府紛紛扮演起協調者的角色，但除了令事態惡化之外卻一無所獲。社會上洋溢的不滿情緒，催生了如美國的「佔領華爾街」（Occupy Wall Street）或西班牙的「憤怒者運動」（Indignados）等示威行動，在此氛圍下，穆希卡在國際間不斷大力宣揚的概念，獲得始料未及的共鳴。他確實善用當下局勢，並在演說中引為殷鑑，無論談的是適度消費，還是提倡公平正常的工作條件，當他提出遠大而遙不可及的夢想時皆會以現況為例，如研擬全球協定，避免勞工遭剝削等等。

穆希卡能成為典範人物，原因很簡單：他確實遵照自己的簡約教條來過日子，或者根據他本人的說法，過著「節制」的生活。穆希卡的政治理論充滿了理想性，為何能成功讓世人接受他的說法？我選擇他在二〇一四年接受西班牙記者艾佛列（Jordi Évole）訪問時提出的回答：「從我出獄後，過去四十年來都是這樣過日子的，如要說這是一種包裝宣傳手法，時間未免也太長了吧。❶」這話簡直像推特貼文一樣簡潔有力❷。

穆希卡在二〇一二年聯合國永續發展大會發表演說後，首度發現自己的言論可以引發眾人共鳴。第一支上傳到網路影音分享網站 Youtube 上，長達十分鐘的演說片段，至今已經有超過百萬次的點閱率，儘管穆希卡是媒體寵兒，但這對他來說也是前所未有的情況。他的理論有兩大支柱：第一是將生命奉為最高價值，其次是他自己的生活方式為演說中大力宣揚的價值觀背書。

「人生在世的意義，不僅僅只有空泛的進行開發。我們生而為人是要活得幸福。因為人生苦短轉瞬即逝，沒有任何財產比生命更重要，如果僅為了消費而不斷加班工作，人生不知不覺就消失了，而消費導向的社會正是背後的驅動力，如果停止消費的話，經濟活動勢必會隨之停擺，我們所有人都將籠罩在經濟停滯的陰霾下……（中略）今日傷害我們地球的，正是這樣的過度消費，人們開始製造壽命不長的產品，才能賣得更多……（中略）因為人們得不斷工作，得維持『用完就丟』的文明，使我們陷入惡性循環當中。❸」

穆希卡說明他對人類眼前面臨生態浩劫的評斷：「原因出在我們所建立的文明型態。要修正的

---

❶引述自二〇一四年西班牙電視節目《Salvados》中，記者艾佛列對穆希卡的專訪。
❷穆希卡於一九八五年出獄，至今已超過三十年。
❸引述自二〇一二聯合國永續發展大會致詞內文，全文於二〇一二年六月二十日公布於烏拉圭總統府網站，請見：www.presidencia.gub.uy

是我們的生活方式。」他強調，「我所說的都是非常基本的事情。追求發展不能和幸福背道而馳，開發要追求的是人類的幸福、是愛、是珍惜土地、是構築人際關係、是教養下一代，是維繫友誼，是擁有最重要和最基本的東西。❹」

這是穆希卡第一次利用全球峰會的舞台，來表達自己的立場。他在里約永續發展大會上的演說獲得成功後，在隔年的聯合國大會上，發表了更詳盡的歷史性演說。

「我們砍掉了真正的森林，用冰冷的水泥叢林來取代。對久坐不動的人，我們給他助行器；用安眠藥對付失眠；用電子產品排遣孤單。遠離了人類天性，我們真的會快樂嗎？這個問題值得我們深思。我們渾渾噩噩地拋開以生命捍衛生命的最高價值，用刺激囤積的消費主義取而代之。」他在紐約聯合國大會上說道❺。

「我們認為世界上欠缺的是全球性的規範……（中略）這需要一長串的定義。世界要將工時訂為幾個小時？不同貨幣要如何匯兌？全球保障水資源、對抗沙漠化戰爭的資金從何而來？要怎麼作資源回收，怎麼對抗全球暖化？人類努力奮鬥的極限在哪裡？我們必須要達成全球共識，才能團結合作拯救遭壓迫的民眾，嚴懲浪費與投機行為；我們推動大規模經濟體成長的用意，不是為了生產『計畫性報廢』的消耗品，而是要製造實用且耐用的商品，來扶助世界上最弱勢的民眾，以實用的產品來打擊全球貧窮。

「全球化為我們快速帶來各地的訊息，卻也帶來重大的文化變革（令我們變得麻木不仁），這是歷史要我們付出的代價。一切物質的根本都改變和動搖了……（中略）我們活在這種文化裡的人，還覺得好像什麼事情都沒發生一樣。

我們沒能掌控全球化，反而讓全球化掌握了我們……（中略）如果我們不能自己管理自己，勢必只能屈從；我們會屈從的原因，是無法和我們自己創造出的文明與時俱進，這是我們所面臨的兩難。我們不能只想著事後挽救惡果就行了，要想想背後的原因，想想鋪張浪費的文化，想想用完就丟的文化，我們丟棄的其實是浪費掉人類生命、浪費在無用之物上的時間。請各位將人的生命當成一樁奇蹟，把我們能活著當成是奇蹟，沒有什麼比生命更重要。」

《時代雜誌》建議讀者聆聽穆希卡的聯合國演說前，先看一看他之前在其他場合發表的言論；波多黎各籍歌手瑞奇・馬丁聽完穆希卡於里約熱內盧發表的演說後，在推特上表示「令人難忘」，並邀請追蹤他推特帳號的人發表評論，更加助長了穆希卡出席巴西峰會後的熱潮。另外，日本也將穆希卡在聯合國永續發展大會上的致詞改編為彩色童書，讓學童也能讀懂❻。

儘管穆希卡本人承認他所提出來的問題，「在未來還必須做出很多無用的犧牲，有很多後果有待挽救補償，而不是去阻止背後真正的原因」，事實上，他的演說之所以具有龐大的影響力，是因為這番言論讓已開發國家中對生活現狀感到不滿的人產生共鳴，也將小國烏拉圭總統的影響力，以指數倍增的速度擴大到全球。

---

❹引用來源同上。
❺引述自穆希卡於聯合國大會上發表的演說，演説全文於二〇一三年九月二十四日公布於烏拉圭總統府網站。
❻請見：www.presidencia.gub.uy。台灣繁體中文版《全世界最窮的總統爺爺來演講》，由如何出版社於二〇一五年九月底發行。

一個地球，兩種極端

穆希卡在國內許下的承諾很多仍無法兌現，因此許多烏拉圭民眾不瞭解，為什麼他在海外能獲得這麼大的成功。有些人單純地認為他只是特立獨行，所以特別引人注目，然而，其中的原因其實更複雜：社會變了，資本主義經濟模式在成長停滯時便會出現極限，使人不得不質疑這種經濟結構。在此一大環境下，穆希卡提出的不是大刀闊斧的改革方案，換句話說，他不像年輕時一樣，主張發動革命來更改現行體制，而是呼籲各界反思，利用現有的資源和工具展開行動。資本主義雖是現今主流，但根據世界銀行二〇一〇年的統計數據，全球有五分之一人口活在極端貧窮中。

地球資源終有耗竭的一天，這是世人都明白的道理，然而人類的野心——以及必須創造工作機會的前提——往往使環保淪為不受重視的議題。當穆希卡指出環保危機背後有政治問題，最需要改變的是文化而不是經濟模式時，很多人認為這是令人耳目一新的觀點。美國歷史悠久的環保團體，成立於一八九二年的喜艾拉協會（Sierra Club），二〇一四年初在協會網站上公佈了一份圖表，詳述人類生活中所倚賴的能源，其供應狀況有多不均等❼！這份資料呈現出極大的差異：同樣一小時為單位，一台筆記型電腦會消耗的電力，比海地一個「有電可用」的普通居民能用到的電力還多*1（海地是全球第二貧困的國家）；一台冰箱每年消耗的電力，是衣索比亞每人年度耗電量的六倍。

以往這類資訊主要透過報章雜誌流通，能觸及的讀者有限，但在網路時代，訊息得以快速傳達到世界各地，使民眾更加瞭解在世界各地，取得貨品與服務的機會有多不平等。

當快速消費模式的基礎，受近年來全球經濟危機影響而動搖時，各界紛紛提出解決之道。有些人組織抗議行動，要求政府提出答案；有些人則直接發起行動，更改消費的模式。因此歐洲再度出現以物易物系統，網路上成立各種共享工具或共乘車輛的平台，同時鼓勵民眾使用二手商品。

接下來，我將針對這類回應提出幾項具體範例。靠著全球化的傳播，有一大群民眾將烏拉圭總統這類儉樸作風的領袖視為精神標竿，這些人便是造就穆希卡能夠快速崛起的主因。

佔領華爾街行動

拉森（Kalle Lasn）是加拿大《*Adbusters*》雜誌創辦人，當世人將快速消費性的商品和服務當成幸福的典範時，這份家雜誌卻公然向消費主義宣戰。拉森出生於愛沙尼亞，在澳洲長大，目前定居於加拿大；我與他進行訪談，好瞭解為什麼現代社會竟對如此激進的言論產生共鳴，尤其年輕人更感同身受。

二〇一一年出現的「佔領華爾街」行動就是由拉森命名的，這場活動跟西班牙經濟危機時出

---

❼請參見：http://vault.sierraclub.org/sierra/201401/grapple-energy-consumption.aspx

*譯註1：中美洲各國基礎建設程度不一、貧富差距驚人，電力公司的電路網不見得會延伸到較偏遠的地區，即便有牽電線有繳電費，也「不是想用電就有電可用」，不時會限電或斷電。極富有的居民花得起錢請電力公司拉電線，但鄉村居民或手頭還算寬裕的家庭大多會自備柴油發電機，至於貧困民眾往往根本用不起電力。至二〇一五年止，海地的災後重建進度緩慢，供電網仍在修復當中。

現的「憤怒者運動」極為相似，我也向他請教這場行動所帶來的後續影響。拉森在一九八九年創辦《*Adbusters*》雜誌並擔任主編，他是意見領袖，也跟穆希卡一樣，都是質疑我們熟知的西方消費市場的典範人物。近年來世界危機頻傳，在社群網絡催化下，逐漸形成新的批判思潮。我認為拉森的回答可以讓讀者一窺這股新潮流的梗概。拉森對穆希卡言論的評價，足以說明抗議行動為何提升了穆希卡在國際間的高人氣。

「您成立的《*Adbusters*》雜誌（www.adbusters.org）反抗快速消費品，但同時我們現代社會的基礎，正是架構在消費主義上，成千上萬個工作機會都仰賴貿易，您為什麼要反對呢？」

「有很多方法可以評估我們現有的全球經濟體系。我們說製造 **iPhone** 這類漂亮產品能創造工作機會。但也可以說製造 **iPhone** 造成氣候變遷，引發二〇〇八年的金融危機，使全球近七十億人未來堪憂。如果從很小的個人觀點說『我想要一份工作，請給我工作，我想賺錢好去看電影、買鞋子』，那麼全球的經濟體系，也就是我們口中的資本主義，或許還可以行得通……（中略）但如果想替自己、替子孫、替未來的世代創造永續健康的前景，就應該要從另一種觀點來看事情……（中略）我們現行的經濟體系並不健康，也無法永續發展，更沒有未來。這體系是不管未來的。人們不應該執著在工作機會上，應該想想未來。」

「如果要您列出快速消費品帶來的各種重大問題，您認為最惡劣的是哪一種？」

「如果你成長的環境跟這裡（編按：北美地區）一樣崇尚消費文化，從小就坐在客廳裡看著電視長大的話，到你讀中學時應該就已經被消費主義洗腦了。你的一生恐怕都被消費文化給綁架了。消費文化會摧毀你的靈魂。很多年輕人短短一生中看到成千上萬個廣告，受到廣告架構出的文化影響，承受廣告造成的情感勒索。他們失去了靈魂，喪失了對抗廣告中不良誘惑的能力，甚至當世界上出現像氣候變遷這種威脅全人類的巨變時，多數人都已經被消費主義變成麻木的僵屍，絲毫無心應對。」

「那您認為世界該往哪個方向走？當然一定不是美國夢❽。《*Adbusters*》雜誌想推行的是哪種社會和哪種消費型態呢？」

「我們從好幾年前就發起了『拒絕購買日』，之後又推動『耶誕拒絕購物行動』，想讓人們瞭解消費文化陰暗的一面，如何在心理和生態層面影響我們的心智……（中略）我們希望人們可以活得更儉樸，沒必要人人都擁有兩輛車、身居豪宅、把逛街購物當消遣，上超市時也不需要（在推車裡）堆滿所有想買的東西。我不認為這是幸福的生活方式，這樣過日子不會帶來幸福。如果真的想改變世界、創造值得我們努力的未來，就必須先修改經濟學的立論基礎，改變經濟類型和我們培養出的經濟學家。就算成千上萬民眾都少買一點，不開車上班改用單車代步，問題依然無法解決，我們要修改的是經濟學的理論基礎。」

「您認為穆希卡的言論是否有可能影響我們改變生活習慣呢？」

「有人受消費文化傷害失了魂，為追求美國夢失去自我。我們得想辦法喚醒這些人，必須有人給他們當頭棒喝，穆希卡正是在想辦法打醒民眾，他所做的事情非常重要，他是一位真正言行合

---

❽在美國，「美國夢」的概念代表申請貸款買房，工作換取良好退休生活等目標，其中不可或缺的一點，是在經濟層面有充滿發展機會的人生。

一的國家元首，他能為下一代樹立榜樣……（中略）因此對大學學生，尤其是讀經濟的學生來說，最重要的就是看看穆希卡的生活方式、從中獲得啟發，學生必須挑戰教授所傳授的過時理念。現在大家都去店裡買準備好的即食食品，但穆希卡在自家廚房下廚，自己吃的菜自己種，家裡也沒有請幫傭。穆希卡是極富啟發性的人物，我看過他家廚房的照片，他的生活方式很有啟發性。我也是個老人了，我還記得我小時候二戰剛結束，家裡什麼都沒有，但還是要想辦法活下去，我們逃到澳洲去，抵達時除了身上帶著的衣服什麼也沒帶。穆希卡樂在清貧的生活方式，讓我回想起自己的童年，家裡雖然什麼都沒有，但我們過得很幸福。可是現代人坐擁豪宅、房車和流行服飾，經常吃的是速食❾。我自問像穆希卡跟我一樣、小時候什麼都沒有的人，如今是否已經忘了該如何才能過得幸福了。這種簡單的幸福是非常重要的，能好好享受食物原本的純樸香氣，這能啟發眾人，為人們打開改變生命的大門，或許有些人在電視上看到穆希卡的家庭，會說『別去麥當勞了，我們來替全家人好好做頓飯吧』。這類日常生活的小改變，就是我們所有人都需要學習的進展。」

「佔領（華爾街）行動的名字是您取的……」

「是的。」

「佔領行動對人們有什麼貢獻？在拉丁美洲和歐洲，佔領華爾街代表年輕人和中年世代的大型社會活動。您認為這場活動的存在帶來何種主要影響？」

「在占領華爾街、西班牙的『憤怒者行動』，或俄羅斯的『暴動小貓』❿抗爭，或發生在土耳其、在巴西，還有智利的學生運動等等，（這些運動中）都存在著年輕人對未來的不安感。年輕人擔心沒機會過上父母那一輩擁有的良好生活，像是擁有一棟房子、一輛車子，房子附帶個小花園，家裡有設備完善的廚房等等。我認為占領華爾街就像這些運動一樣，美國的民眾——尤其是年輕人，在應該做些什麼的時候突然群起發聲。他們決定占領最能代表資本主義的地區，也就是華爾街，這是極富象徵意義的……（中略）一邊有穆希卡這樣的人，說我們應該改變日常生活方式，自己做飯，過簡樸的生活，這是行動訴求的一種生活方式，重新告訴人們該怎麼過生活，但同時，如果我們真的想改變世界，也需要從上層進行爆炸性的大改革……⑪（中略）對我來說，如果我們想在未來幾年間發動全球性的革命，就需要有更多像穆希卡這樣的人，也需要更多像占領華爾街一樣的行動。」

「您相信聯合國永續發展大會能有所作為嗎？您認為您所提出來的議題有改變的希望嗎？您對此是否感到樂觀？」

「我現在老了。世界各地的年輕人覺得自己有力改變現況，是很令人興奮的積極情況，當一個世代起身行動時，會令人覺得一切都好樂觀，世界上數以千百萬計的民眾覺醒了、認知到當下的現

---

⑨ 指垃圾食物。

⑩「暴動小貓」是俄羅斯的龐克樂團，歌曲中對社會及政治多有針砭。二〇一二年由於她們演出一場反對總統蒲亭（Vladimir Putin）的彌撒，導致三名成員遭判刑入獄。直到兩年刑期將滿時才獲釋。儘管歌迷、維權人士，尤其是推動言論自由的倡議者都知道團員的真實身份，但她們演出時仍習慣戴上只露出雙眼的頭套。二〇一三年英國的麥可・勒納（Mike Lerner）和俄羅斯的帕斯多羅夫金（Maxim Pozdorovkin）兩位導演，推出一部名為《暴動小貓：龐克祈禱》的紀錄片。

⑪ 指突發且具開創性的改革。

況。但同時，我心裡也覺得彷彿大災難就在眼前，除非發生重大危機，否則我不知道人們是否真有能力去推動改變、去修改經濟學的基本理論、剷除政府貪汙問題和改變美國夢文化。我認為這可能成為未來幾年間的全球性衝擊，說不定明天就會發生。可能跟一九二九年經濟大蕭條的情況一樣，比二〇〇八年的經濟危機還糟糕，會對整個經濟體系造即將重創，以史上未見的方式來喚醒全人類。當人類在地球上面臨暖化的風險，令我們面臨漫長的黑暗時代，或許那時候我們才終於有機會可以推動新的生活方式。」

「您認為未來的『進展』應該朝哪個方向走？」

「如果我們從修改經濟學理論著手，在理論中加入『幸福』的元素，加入衡量幸福、衡量動物福利、衡量環境健康的方法，如果我們在經濟中加入上述所有新要素，加入心理、生態和社會上的元素，我們就能發展出衡量進步的新方法。人們就不會再說上一季國內生產毛額提高了一%，會說『我們成長的原因，是民眾覺得幸福、因為全球暖化趨緩，或城市裡的污染情況減輕了』。因此修改經濟上的準則至關重要，我們必須改造全球經濟體系的DNA。當我們完成這項任務後，才算掌握了衡量人類成長的方法。」

「重新定義」消費模式

「我們的腦袋裡在想什麼？是現在富裕社會的發展與消費模式嗎？是依據現有的富裕社會，所創造出來的發展與消費模式嗎？我要提出以下這個問題：如果所有印度家庭擁有的汽車數量，跟德國家庭一樣多的話，我們的地球會變得如何？我們還剩下多少氧氣可以呼吸？問得更清楚點，現在世界能負擔得起讓全球七八十億的人口，都能享有和西方奢華社會一樣程度的消費和浪費嗎？這有可能實現嗎？」

荷西・穆希卡在聯合國永續發展大會上，向與會成員國所提出來的問題，可說代替環保人士發聲，對現行消費泛濫的商業邏輯提出質疑。

因為「有需求而消費」，和「滿足慾望的消費」兩者之間當然有很明顯的差別。換句話說，為滿足飲食、穿著和交通等基本需求而購物，和為了滿足擁有欲而購物是不同的。同樣地，如果產品本身並非生活必需品，但銷售員卻能將產品定位為必需品來行銷的話，勢必能獲得極大的成功。

由於地球自然資源有限，囤積廢棄物的空間亦極有限，人們越來越能體認到，生活中消費後丟棄的物質商品也必然有其上限。久而久之，有智之士對無限消費和囤積的模式不免會有所質疑，當然，無可否認，行銷產品和販賣服務讓人們有工作可做，能維持以市場機制為主的社會運作，更是推動人類發明創新的強大動力，創造許多經典且有用的新發明。

在這樣的兩難間，有人認為人類正走向一條行不通的道路，永續發展終將是空談，因而提出了修正主義。他們提出質疑，因為富裕國家經常出現明明已經滿足生活基本需求、卻為了購買欲而消耗大量資源的情況。

這類經驗中不乏相當極端的案例，外界可從中獲得一些有意思的結論。

德國記者葛瑞塔・陶伯特（Greta Taubert）決定嘗試在一年間不購買任何東西。她自己種菜來吃，自己做牙膏來用。她不買新衣，只穿家裡現有的衣服，在季節交替時才更換不同的服裝。

「我們的經濟體系觀點，建立在無止盡的成長上，但我們的生態環境是有極限的……（中略）我們不能永遠高呼『追求更多、還要再多』的口號」，她在著作《現代啟示錄！》中描述了這一年來的經歷⓬。

陶伯特作出遠離消費主義社會的大膽決定，她的目標很明確：她想知道能不能抵抗當前的消費浪潮來過日子。但如果她不是自願進行這項實驗，而是外在經濟情況不允許民眾取得必需品，或消費者無法購買他們想擁有的東西時，會發生什麼事呢？

法國消費社會趨勢專家菲利普・摩提（Philipe Moati）認為，「很明顯地，已開發國家逼近飽和，大多數民眾已經擁有很多東西了，市場也達到了真正的成熟境界。這就出現了兩種重新推動消費的方法：利用創新來激發民眾的購買欲，或者透過行銷，令消費者在心理上認為應該汰舊換新。」

法國曾經是歐洲排名第二、全球排名第五的經濟體。摩提是巴黎第七大學的經濟學教授，也是「消費與社會瞭望台」（Observatorio de Sociedad y Consumo）的創辦人與主席，該組織由專家組成，定期針對消費者的行為與觀念進行實證統計與研究⓭。

穆希卡發表質疑快速消費品的演說後，我與摩提進行訪談，請教他這番言論在歐洲的影響層面有多大。

這位法國專家表示只有一小部分歐洲人，認為拒絕消費是生活中的重要環節。「消費依然吸引很多人，依然是生活中重要的一部份，我們生活在以消費為主的社會中，消費是核心價值，其他事物的重要性自然就靠邊站：不管是政治理念、宗教信仰，和其他能夠使生命有意義的事物都比不上，人們需要填補這塊空缺。我認為除非有其他事物能夠取代消費，否則將消費視為價值觀、甚至視為生活目標的的情況，是不會改變的。」

「環保界人士提出的批評並非偶然，他們對消費提出批評，呼籲民眾節制購買欲，他們透過其他的事物、透過重新與大自然建立關係，來填補拒絕消費後留下的空缺。他們在生命中找到了新的意義。」摩提說明道，「但這些人只是少數，儘管人數有所成長，但依然屬於少數。大多數民眾仍舊活在以消費為主的社會中。」那麼，哪裡有改變呢？「人們依然認為購買是很重要的，不過也開始意識到必須有所限制。所以大眾慢慢開始聰明消費。這是我們觀察到的改變。」

摩提稱這番改變為「重新定義」傳統消費模式，社會上出現，或者該說再度出現更古老的取得貨品模式，例如以物易物、改買二手商品，或與其他人分享可共用的物品等等。人類歷史上曾出現過的交易模式，在高科技平台的推波助瀾下，形成一股強大的新趨勢。

舉「ouishare.net」為例⓮，這個網站的定位是「推動公民與公營事業機關，以合作、誠實，和分享（行動）建立社會的全球社群」。他們鼓勵成員自行發起共享貨物或交換服務的計畫（例如我請你幫忙照顧小狗，而我會幫你修你拿舊手機去和別人交換來的二手電視）。這些行動的目標是減

⓬ 引述自二〇一四年法新社記者 Yannick Pasquet 發表之報導：〈Yo, Greta T., 30 años, en huelga de consumo〉。

⓭ 請見：www.lobsoco.com

⓮ 網站名稱玩了一個文字遊戲，ouishare 音同英文「we share」，亦即「我們分享」。

少民眾購買新物品，同時在越來越多人上網購物的時代，增加人們彼此互動社交的機會，但除此之外，還有不少以共享概念營運的企業都作得有聲有色，在所有的案例中，這類公司都回應了一項日漸龐大的需求：降低費用好讓民眾取得所需的商品或服務。

摩提指出，「許多新的消費型態，是消費者透過網路平台串連而成的，這種伴隨著經濟危機一同出現的型態還很新，而科技是催化這類趨勢的動力之一。」

他說現在這個年代，是「以共享型經濟為主，簡單來說，目前民眾滿足基本需求的『正常』方式，是從市場上購入產品，但如果民眾能接受其他消費方式的話，就能用更低廉的價錢買到必需品，或者用同樣價錢買到更好的產品。[15]」

當我詢問摩提對穆希卡演說的看法時，他表示演說內容本身的效果並沒有那麼大，但他認為事態已出現改善，並對深受演說內容所吸引的人群提出了幾點分析。

「我能理解為什麼他的演說能吸引這麼多人，聽完之後我們心裡都會出現一個畫面：在鄉間小社群裡，居民都安於儉樸清貧的生活。沒有人會不喜歡這個願景。但這種看法的另一面是必須壓抑物欲，雖然悠閒簡樸令人嚮往、不難認同，但回歸到日常生活中，當生活裡沒有其他東西可以填補消費的空缺，而人們又隨時面對無處不在的刺激時，儘管再怎麼認同簡單過生活，還是會繼續消費下去。」

最後他說在維持人們日常生活，還有降低消費和花費之間，「是有很大的矛盾的」。

好幾次都有人拿這個問題去問穆希卡，他經常以他的演說內容，和他執政期間多種商品的消費統計數據來作回答。

穆希卡二〇一四年五月訪問美國時，在華盛頓的世界銀行總部接受訪談時說：「我們大量消費，在消費已經成為一種文化的時代不斷地進行消費。」另外接受法新社提問時則回答：「一國的經濟需要消費，國家的成長基礎建立在消費上。我其實反對過止消費，因為過止消費就會癱瘓經濟，這是真的，也是自相矛盾的，我必須推動發展，因為（公民）需要更多的消費機會。不過我得向民眾表達我的想法。⑯」

那該如何處理這種矛盾呢？

他向英國《衛報》（*The Guardian*）表示：「事實上我不太想繼續用『消費』這個字眼，因為這樣會造成疑惑，彷彿活著就等於消費，不消費就沒辦法活下去。我反對的是大肆鋪張，是浪費能源、浪費人力，是讓人們沒有時間好好過生活的那種消費。我想強調的是節制，是適度消費，但前提是我們必須要生產有用、耐用的商品，不要進行計畫性報廢，並且推動減少工時。⑰」

---

⑮「共享型經濟」的概念是指以共享產品或服務來降低花費的潮流。支持共享經濟的人，會設法以民眾負擔得起的價格，提供一般來說要價高昂的商品，同時盡可能減少大規模製造對環境帶來的危害。

⑯引述自法新社記者 María Lorente 及 Ana Inés Cibils 於二〇一四年七月製作的專訪。兩位記者向本書提供該次訪談的所有內容，包括先前從未公開的段落。

⑰引述自本書作者製作的訪問，刊登於二〇一三年十二月十六日的英國《衛報》。

教宗的理想

「只要貧窮問題沒有獲得根本上的解決，市場和金融投機的絕對自主權沒有受到限制，沒有從結構上打擊造成不平等的原因，就無法解決世界上的問題，不平等是社會動盪的根源。」

這是很激進的想法。穆希卡數十年來不斷指出極端的市場自由，會對弱勢的群眾帶來負面效果，尤其在法治體系脆弱的國家更是如此；然而，上述這段話卻不是出自穆希卡口中，而是教宗方濟各說的⑱。

堅持無神論立場的穆希卡，與西方世界宗教領袖的想法竟然不謀而合，我們該感到驚訝嗎？答案當然是否定的。無論我們是否認同穆希卡採取的方式與他選擇的路線，都無法否認這位烏拉圭總統的中心思想，向來繞著爭取社會平等的主題轉。除了他執政期間在烏拉圭推動平權改革所留下來的結果之外，他留給世人的形象也與平權的目標息息相關。游擊隊出身的穆希卡不止一次強調，他的演說內容不是反對市場，也不是反對企業家，而是批評人類在野心的驅使下，將資本主義及自由企業無限上綱。他從年輕時加入武裝抗爭起就相當關注時事，對財富重新分配念念不忘，當年他的呼聲並未獲得共鳴，卻在近年外界質疑主流經濟模式時，獲得他從沒想像過的支持和迴響。

當歐美各國等主要經貿市場，紛紛出現貧富差距拉大的情況時，收入和財富重新分配成為當前世界上最重要的討論議題。根據慈善組織樂施會（Oxfam）⑲的統計，全球每三人就有一人生活貧困，世界上最富裕的六十七名富豪擁有的財產，相當於全球三十五億最貧窮民眾的財富總和⑳。樂施會表示「極端不平等的情況日益惡化」。宗教界、政壇、非政府組織及學界紛紛投入研究此議題，當各界對貧富差距感到憂心不已時，穆希卡成為指標性人物。

阿根廷出身的伯格里奧主教、現任的方濟各教宗，在接任後首度發表的宗座勸諭中，直接點名收入重新分配的問題。

「我們不能再信任市場內看不見的勢力和無形之手。促進均富不僅要求經濟增長，即使經濟轉好，均富還要求決策、方案、機制和過程，專為改善收入的分配、創造就業的機會，以及促進窮人的全人發展而非單純的福利思維。我絕不認同不負責任的民粹主義（Populismo），當經濟不景氣而求助時，找到的竟是一劑新毒藥，試圖以減少勞動力來增加利潤，使得被排擠的人增多，絕對不可以。*2」

美國總統歐巴馬於二〇一三年連任成功，他再度入主白宮不久後發表的一篇報告中，將追尋平等社會定為美國最大的挑戰。歐巴馬提到社會上出現了一股「危險且日益明顯的貧富差距，會威脅

---

⑱ 引述自教宗方濟各於二〇一三年接任後，於同年年底針對現況、反思當代社會後發表的首篇宗座勸諭《福音的喜樂》（Exhortación Apostólica Evangelii Gaudium），全文請參見 http://w2.vatican.va/content/francesco/es/apost_exhortations/documents/papa-francesco_esortazione-ap_20131124_evangelii-gaudium.html

⑲ 引述自樂施會網站 www.oxfam.org

⑳ 引述自法新社於二〇一四年四月九日發佈的新聞稿。

* 譯註2：本段引述自天主教臺灣地區主教團祕書處之《福音的喜樂》譯文，來源：http://w2.vatican.va/content/francesco/zh_tw/apost_exhortations/documents/papa-francesco_esortazione-ap_20131124_evangelii-gaudium.html

到美國中產階級的基本原則，亦即願意努力工作的人終能出人頭地」。他向美國民眾表示這是「決定我們時代的重大挑戰」㉑。歐巴馬公開發表這番談話，因為美國社會最重視的便是實績和個人努力，歐巴馬本人的人生經歷也完全符合這樣的價值觀，但現在美國民眾卻質疑起自己國家的立國價值。

穆希卡在聯合國發表的演說中，花了很大篇幅從全球觀點來討論此事，並且再度引用烏拉圭的俗語，「**沒有人比其他人更偉大**」。

「尤其在西方——儘管我們來自南半球，但我們的祖先來自西方，所成立的國家都宣稱人人平等、沒有人比其他人更偉大，宣稱政府應該替共同利益、替公理與平等發聲，但最後往往都扭曲了，尋常百姓忘記了這些價值。國家成立的目的並不是要凌駕在人民之上，相反地，成立國家是要為民眾發聲，要為眾人服務，應該為提倡多數人的生活而努力奮鬥。」

二〇一三年許多人曾針對財富及收入重新分配、平等及公平發表演說，各國元首發言的內容和政見充斥這類議題，然而在推動平等的行動上往往付之闕如。經濟危機說明了儘管各界熱烈討論，但問題依然存在。

馬德里《國家報》的分析師兼專欄作家奈姆（Moisés Naím），是促使美國在全球政壇上討論此事的重要推手。他堅定地說：「超級強國擁有極大的能力，可以向全球表達他們擔憂的問題，並且令所有人來幫他們分憂解勞。㉒」

不動產金融商品或二胎房貸引發的危機撼動美國經濟，至今已超過五年了，在這段期間歐洲的情況也更形複雜，所有歐洲國家都受到衝擊，儘管影響程度不一，失業問題無疑已成為各界矚目的焦點，舉例來說，二〇一三年西班牙有超過四分之一的勞動人口失業，在這樣的局勢下，各界領袖勢必得討論貧富差距、公平與財富重新分配。

然而對貧富議題最深切的討論並非來自政壇，而是來自學界。

奈姆指出在二〇一二年，「與二〇一一年相比，探討經濟不平等的學術論文增加了二十五%，與二〇〇四年相比更是增長了二三七%」[23]。以上數據引用自他的專欄，這位分析師在文中將此稱為二〇一三及二〇一四年的出版業現象：法國經濟學家托瑪．皮凱提（Thomas Piketty）撰寫的《二十一世紀資本論》（*Le capital au XXIè siècle*）問世[24]，促使貧富差距成為經濟辯論議題的中心。

拉森的期望有可能成真嗎？大專院校會改變經濟系課程專精的焦點，少一分教條，多一分人情和關懷嗎？

---

[21] 引述自歐巴馬在二〇一三年四月，參加親民主黨的「美國進步中心」活動，於華盛頓特區所發表的演說。

[22] 引述自奈姆於二〇一四年五月十七日於馬德里《國家報》發表的〈Piketty en todas partes〉。

[23] 引述自上列作品。

[24] 引述自托瑪．皮凱提著作《二十一世紀資本論》，二〇一三年九月由 Collection Les livres du Nouveau Monde. Francia, Editions du Seuil 出版。（編按：繁體中文版由衛城出版社在二〇一四年十一月十四日出版。）

穆希卡與《二十一世紀資本論》

皮凱提的書在美國與歐洲大賣。這本法文原作將近千頁的作品，成為網路書店亞馬遜的暢銷排行榜冠軍，以一本學術書籍來說，這是極新鮮且罕見的現象。二〇一四年五月號的《紐約雜誌》（*The New York Magazine*）評道：「本書的暢銷程度使貧富不均成為（媒體間）廣受討論的問題」[25]。

皮凱提表示從七〇年代起「富裕國家的貧富不均情況即再度惡化」，尤其是美國。全球最大經濟體美國在本世紀前十年間貧富差距擴大的程度，可以跟一九一〇到一九二〇年代的紀錄相提並論[26]。皮凱提指出，即使中國等新興國家的經濟成長，可以略微減緩全球間貧富不均的程度，但如果一味相信經濟成長的果實能讓眾人雨露均沾，亦即認為經濟成長能自動改善經濟情況、改善財富分配，進而提升普羅大眾的生活環境的話，是「非常荒謬的」。他說「我們其實沒有任何理由能相信經濟成長的效應，可以自動平均分配到眾人身上」[27]。

皮凱提主要的結論更深層，激起各界議論紛紛：他認為不平等是資本主義制度固有的缺陷，「沒有任何自然和自發的過程，可以避免不穩定和不平等的趨勢長期主導社會」[28]。簡而言之，他最主要的論點即為有錢人可以光憑制度就變得更富有，從而擴大貧富差距。他還強調二十世紀初期以及一九五〇至一九六〇年間，富裕國家貧富差距縮小的現象，「主要是受到戰爭影響的結果」，並表示戰後受經濟危機影響「所實施的公共政策」，使得許多規模龐大的資產遭到重整、打散。他認為在任何試圖改善財富分配的行動中，政府都占了相當重要的角色。

皮凱提書中多方引用大量歷史資訊支持他的論點，讓讀者從技術性的觀點來瞭解全球貧富不均的原因，因而獲得各界讚揚。

美國哥倫比亞大學的新聞學教授、《紐約時報》專欄作家兼《緊縮年代》㉙一書作者艾德索（Tom Edsall）表示，隨著時間流逝，外界更能客觀地評論皮凱提的言論。「如果他說的有理，貧富不均的情況便會更加惡化」㉚。

皮凱提的成功顯示許多領袖、經濟學家和學界人士，都跟穆希卡一樣對財富分配感到憂心忡忡，使得此議題成為現代經濟議題中最重要的核心。

我們在下一章會繼續研究穆希卡執政期間，所推行的好幾項改善收入分配的措施：他延續巴斯克斯政府的福利政策，對弱勢且育有兒童的家庭提供補助，並試圖立法向擁有大筆土地的地主徵

㉕引述自二〇一四年五月九日刊登於《紐約雜誌》的〈Thomas Piketty’s Mainstream Success Is Proof That America’s New Language Is Economics〉，作者為 Benjamin Wallace-Wells，網路版請見：http://nymag.com/daily/intelligencer/2014/05/thomas-piketty-and-our-new-economic-worldview.html

㉖引述自皮凱提著作，P.37。

㉗引述自皮凱提著作，P.38。

㉘引述自皮凱提著作，P.48。

㉙原英文書名為《*The age of Austerity. How Scarcity will remake American politics.*》，作者艾德索，由美國 Anchor Editorial 出版社於二〇一二年再版。

㉚引述自艾德索於二〇一四年一月二十八日發表於《紐約時報》的專欄文章〈Capitalism vs. Democracy〉，網路版請見：http://www.nytimes.com/2014/01/29/opinion/capitalism-vs-democracy.html?_r=0

稅。

第一項措施遭到反對黨抨擊，尤其保守派更大力反對，因為接受政府補助家庭的資格認證機制效率低落。穆希卡為了推動向大地主徵稅的政策，不惜與曾任經濟部長的副總統阿斯托利（Danilo Astori）翻臉，但最後新的土地稅法卻遭最高法院裁定違憲。穆希卡加入游擊隊行動的主要訴求之一便是土地改革，新法的稅率與其說想真正改善收入分配，更像是回應穆希卡本人的意識型態問題[31]，這項依循烏拉圭激進左派理念所發起的政策，最終胎死腹中。

穆希卡執政期間，除了在演說中大談收入重新分配之外，無法真正推動改革。在拉丁美洲各國間，烏拉圭的收入分配已經算是最平均的了，在他任內烏拉圭失業率降到史上新低，從邏輯上來說這表示更多人可以獲得穩定薪資來消費。然而除了延續前任政府留下來的稅制改革，向擁有正職工作的勞工課徵遭批為「薪水稅」的所得稅，使烏拉圭政府在經濟持續增長的情況下，為國庫徵得前所未有的稅收之外，穆希卡無法將他不斷強調的重新分配理念化作實際行動。穆希卡執政五年後，烏拉圭的富人更加富有，從皮凱提的觀點來看這是很正常的情況，只不過收入屬中低薪資的勞工亦獲得更多正職工作的機會，略微減緩了不平等的情況[32]。

讓美國欠人情：引渡關達那摩灣監獄囚犯

穆希卡推動管理大麻市場、開放同性婚姻權或墮胎合法化等種種決定，吸引無數記者前來進行訪問，穆希卡在訪問中帶領全球觀眾看看他的房子，他成為聞名全球的政治人物。既然影響力大增，他決定在國際政壇間大膽邁出腳步。美國在古巴成立的關達那摩灣監獄向來極富爭議，穆希卡決定讓烏拉圭成為第一個接納關達那摩灣監獄囚犯的拉丁美洲國家。另外，他在廣播節目中詢問烏拉圭民眾看法後，提出在國內安置敘利亞戰爭孤兒的想法。這兩件事毫無疑問是穆希卡再度引發於論爭辯的決定——儘管兩項行動都非常富有人道精神，卻也在烏拉圭政壇上激起龐大議論。

二〇一三年底穆希卡獲諾貝爾和平獎提名後，開始在演說中花更大篇幅來討論人權。同時他也著手進行一項世界強權絕對無法忽視的行動：他在二〇一四年三月宣布，烏拉圭已經準備好接納關達那摩灣監獄的囚犯了[33]。

美國前總統小布希在二〇〇一年的九一一事件後發動「反恐戰爭」，美國在古巴美軍基地上興

---

[31] 記者 Sergio Israel 在著作《*José Mujica. El Presidente*》中曾提到，副總統阿斯托利及時任經濟部長羅倫佐（Fernando Lorenzo）都質疑是否有必要開徵新稅，且質疑新稅法是否有效率，因為該法只針對土地持有人課稅，並不針對土地的產出效益徵稅。二〇一四年五月，Editorial Planeta 出版，P.57。

[32] 引述自皮凱提著作，P.55。「當資本報酬率遠高於成長率時（中略），即表示過往繼承下來的財產進行資本結構調整的速度，比生產及收入成長的速度還快。繼承人靠著既有資本累積財富的速度，遠快於整體經濟成長的速度。在這樣的條件下幾乎不可能避免下列情況：勞動階級辛苦一輩子累積的財富，遠遠比不上世襲繼承的財產，使得資產集中在極少部分人手中，可能有違我們現代社會的基礎，即用人唯才及社會正義原則」。

[33] 第一個報導此事的媒體為《*Búsqueda*》週刊。2014/3/20-26，Vol.1757，〈Uruguay albergará a cinco presos de Guantánamo a solicitud de Obama〉。

建的監獄中，非法（違反美國法令）監禁了反恐戰爭中俘虜來的囚犯。

當穆希卡發表此一聲明時，關達那摩灣監獄裡仍有一百五十四名囚犯，他們遭關押的理由是「疑似」加入或協助恐怖行動*3。

歐巴馬總統在二〇〇九年首度問鼎白宮時，曾在選戰期間承諾廢除關達那摩灣監獄，然而他第一任四年任期結束後卻絲毫沒有任何進展，他連任兩年後面臨在任期結束前，無法履行人權政見的風險。

美國並未起訴關達那摩灣監獄的囚犯，也從未進行任何司法程序或審判，穆希卡得知能以難民身份將囚犯引渡至國內，因此他分別告知了美方及烏拉圭民眾。

「這是基於人權問題所提出來的訴求。有一百二十個人從十三年前就被關在監獄裡了。他們沒見到任何一位法官、沒見到任何一位檢察官，美國總統想要解決這個問題。」穆希卡表示㉞。「（美國）參議院提了六十個條件，因此歐巴馬總統問了好多國家，可不可以向部分囚犯提供庇護，我回答他說可以。」

穆希卡的說法是因為他也曾經入獄，因此對關達那摩灣監獄囚犯的處境感同身受。「這就是人權。」他說道，同時說明如果囚犯有意的話，可以帶著家人一起來烏拉圭定居。

隨後他說明一共將引渡五名囚犯，其中四人為敘利亞籍，一人為巴勒斯坦籍。烏拉圭的《*Búsqueda*》週刊搶先刊出這項消息。數天後時任內政部長博諾米（Eduardo Bonomi）在接受馬德里《國家報》訪問時，將引渡人數上修到六人，並表示不會再更改人數㉟。博諾米部長也在訪問中強調烏拉圭向來有提供庇護的傳統。

「烏拉圭從一九八五年（恢復民主憲政後）起已為四百多人提供庇護，目前國內仍有兩百名接受庇護的人士，其中有哥倫比亞游擊隊民兵，也有立場敵對的政府準軍事部隊成員。我國向他們提供庇護，而且至今都沒有出現任何問題。」博諾米部長說道㊱。

政府宣布這項決定後，美國駐蒙狄維歐大使館稱讚穆希卡在拉丁美洲扮演起「領袖的角色」㊲。

然而當時的局勢使得總統飽受各界攻擊，除了反對黨的抨擊聲浪外，最不假辭色的批判或許來自他所屬的政黨——廣泛陣線中有許多黨員有「反美帝」的情結。

老政治家穆希卡不得不進行政治運作，並且向古巴搬救兵。

他先是說不會「免費」幫別國的忙，向民眾保證會要歐巴馬「還這份人情」，緊接著他又在每週的廣播節目《總統如是說》（Habla el presidente）裡，要求華府釋放二〇〇一年因間諜罪遭美國

㉞ 引述自二〇一四年三月二十日法新社新聞稿。

㉟ 引述自二〇一四年三月二十七日之馬德里《國家報》報導：〈Uruguay espera la decisión de EEUU para recibir a seis presos de Guantánamo〉，撰稿記者為Magdalena Martínez，請見：http://internacional.elpais.com/internacional/2014/03/27/actualidad/1395877475_301933.html。

㊱ 引用來源同上。

㊲ 引述自二〇一四年三月二十日美國駐烏拉圭大使館公告。

* 譯註3：美方從未對這百餘名囚犯進行審判即關押，近年來傳出多起虐囚案，引發囚犯集體絕食抗議，招致國際間人權團體批評。

判刑入獄的三名古巴囚犯。這批囚犯原本共有五人，是卡斯楚政府的探員，哈瓦那（Habana）當局承認派遣這五人前往美國，執行監視反卡斯楚政權團體的活動。

穆希卡向來嚴詞反對美國對古巴的禁運，哈瓦那政府口中的「五位英雄」正好讓他有機會可以平撫黨內的反對聲浪。

「我們可以毫不顧忌地說，我們請求美國政府盡可能想辦法，釋放這幾名遭受拘禁已久的古巴人，因為這也是（令美國）顏面掃地的事情。」

穆希卡先前就曾說過，美國遲不廢除關達那摩灣監獄是「顏面盡失」的事，他現在又用同樣的字眼來形容古巴探員的處境，一方面替古巴和卡斯楚兄弟在拉丁美洲的盟國爭取權益，一方面又安撫了立場最激進的支持者——穆希卡的支持者批評他原本抱持「反美帝主義」的立場，但現在卻願意替華盛頓分憂解勞，對此感到非常不滿㊳。

消息公布當天是星期五，穆希卡再度占領全球各大報頭條，他向美國開出的引渡條件贏得外界讚揚。

接下來的星期一，穆希卡又繼續進行他的計畫。「我從來沒有（向美國）提出任何要求」作為接納關達那摩灣監獄囚犯的條件，他對國內的「El Espectador」廣播電台說道。「我說的是烏拉圭可以接受，我這方面沒有提出任何條件。」

穆希卡補充：「要他們還人情債的意思是要他們記住欠我們一個人情，欠我們人情不代表他們一定得還。這是什麼意思？政府已經決定（接納囚犯）了，而且沒有設下條件，但在未來有需要的時候，我們可以提醒美國政府說：『請你們改善與古巴的關係，別忘了你們在古巴蓋的監獄裡還關著囚犯』[39]。」

穆希卡順帶宣布歐巴馬邀請他在五月十二日到白宮開會，並表示他可能會婉拒，因為該年是烏拉圭的選舉年。

烏拉圭向華盛頓開出條件——或者說，沒開條件——一事，立刻遭眾人遺忘。誰能回絕與世界霸主美國總統會晤的機會？穆希卡除了發表過動人演說之外，在世界政壇上只是一位無足輕重小國總統，難道他會白白浪費與烏拉圭重要經貿伙伴會面的機會？

隔天我分別與穆希卡的幕僚及美方消息來源確認這項訊息。日期沒錯，是五月十二日。依照慣常的官方程序來進行，烏拉圭總統府也已經向白宮確認，穆希卡將在當天週一上午十一點，與美國總統會面。

穆希卡在公開場合仍不願把話說明白。「你相信佩佩啊？」我問總統身邊親近的幕僚為什麼要打迷糊仗時，他說：「你看他會不會去！」

---

[38] 引述自穆希卡於二〇一四年三月二十四日「El Espectador」電台《En Perspectiva》節目上發表的言論〈José Mujica: las cuestiones de derechos humanos como Guantánamo no pueden ser medidas por conveniencia política〉，網路版全文請見：http://www.espectador.com/politica/287544/jose-mujica-las-cuestiones-de-derechos-humanos-como-guantanamo-no-pueden-ser-medidas-por-conveniencia-politica

[39] 引述自上列來源。

和白宮打交道

幾天之後府方才對外表示將應美方邀約出席，穆希卡再度必須向支持者澄清。他對二〇一二年曾提出想與美方會面，卻延期到二〇一三年這一點隻字未提，也不多談烏拉圭可能在這場會議與美國達成的重大協議。對穆希卡個人來說，這場會晤也可能是他爭取諾貝爾和平獎的一大助力。

穆希卡說他願意去見歐巴馬，是為了還美國駐烏拉圭大使的人情。「我不知道這一趟是對國家好還是什麼的……（搔眉毛作沈思狀）我比較關心的是大使女士[40]。因為這位大使女士一來就努力斡旋[41]，幫我們跟美國爭取……因為之前美國派來的大使我們都不太熟。我們爭取出口柳橙爭取了十八年，現在我國的柳橙可賣到美國去了，都是這位大使女士的功勞。我在意的是不要讓她難做人。[42]」

穆希卡再度使出老招數，表現出為大局著想必須挺身而出的態勢。

當一位記者問他：「您這是已經決定好了？」穆希卡又含糊其詞：「我不知道我決定好了沒。我手上還有好多事要處理……」說完就走掉了。

穆希卡說話拐彎抹角是出了名的。「我說一件事的時候，指的是另一件事」，是穆希卡面對外界質疑立場改變時，最常回應的一套方法，他經常用這番聰明的溝通技巧來避免得罪任何人。

二〇一四年七月十六日，距離穆希卡首度也是唯一一次訪問白宮不到兩天後，美國的《紐約時報》指稱五角大廈早在一週前的七月九日，就曾「秘密」通知國會要將六名關達那摩灣囚犯引渡到烏拉圭，該報引述知情人士的說法[43]，之後這則新聞才由美國政府向多家國際媒體證實。

《紐約時報》表示國務院透過一位官方發言人發佈一則訊息，感謝「盟友」烏拉圭願意接納這六位囚犯，是「重大的人道協助」。

穆希卡就此代表烏拉圭民主政府與美國政府，在白宮敏感議題上達成最具有政治意義的重大合作案。烏拉圭和立場反美的拉丁美洲國家的外交關係，也絲毫未受影響。

二〇一四年底烏拉圭選戰打得如火如荼，幾個月後穆希卡的任期即將結束，他再度轉變立場，表示無論由誰接下總統位置，都應該對引渡囚犯一事表達意見。直到本書付梓前，引渡關達那摩灣囚犯一事的結果外界仍不清楚*4。

---

❹⓿ 穆希卡指的是歐巴馬政府派駐烏拉圭的大使朱莉莎．雷諾索（Julissa Reynoso）。

❹❶ 推動美烏貿易。

❹❷ 引述自穆希卡於同年三月二十五日發表的言論，相關報導請見：http://www.teledoce.com/telemundo/nacionales/45392_Mujica-elogio-el-trabajo-de-Reynoso

❹❸ 引述自記者 Charlie Savage 在二〇一四年七月十六日發表於《紐約時報》的報導〈U.S. is said to plan to send 6 detainees to Uruguay〉，網路版文章請見：http://www.nytimes.com/2014/07/17/us/politics/hagel-said-to-tell-congress-6-detainees-will-be-sent-to-uruguay.html?module=Search&mabReward=relbias%3Ar%2C%7B%222%22%3A%22RI%3A13%22%7D&_r=0

* 譯註 4：二〇一四年十二月七日美國國防部表示，當天已經將六名囚犯轉送往烏拉圭。新聞稿請見：http://www.defense.gov/News/News-Releases/News-Release-View/Article/605310）

烏拉圭、古巴與美國的三角關係

穆希卡在他的演說中，刻意與美國保持著模糊不清的關係。他曾說已經關掉了「反帝國主義」的雷達，因為他明白美國是烏拉圭的經貿伙伴，也是重要的政治盟友。

美國是烏拉圭第六大出口市場，但更重要的是，美國對烏拉圭產品的需求最為穩定，儘管烏拉圭在南美洲有巴西和阿根廷等地理位置更近、貿易量更大的市場，但這兩個市場的需求相對比較不穩定。尤其在與阿根廷的貿易上，費南德茲總統決定實施保護主義政策，直接影響區域性經濟。穆希卡瞭解美國在經濟上的重要性，當然也明白美國在地緣政治上擔任要角，因此總統與顧問都認為他前往華盛頓會晤歐巴馬的行程，是二〇一四年的重要事件。

除了與美國總統會面討論商務議題、討論菲利普莫里斯菸草公司與烏拉圭政府《禁菸法》的衝突之外，還要討論關達那摩灣囚犯引渡議題，以及交換對卡斯楚兄弟掌控的古巴情勢資訊，穆希卡在美國首都可說是行程滿檔。

在穆希卡訪美期間及訪問結束之後的幾天，烏拉圭媒體報導穆希卡與歐巴馬會面結束後，肩負了一項任務：推動美古對談，以終結美國對古巴實施的禁運[44]。隨後，烏拉圭官方的新聞來源表示，穆希卡替歐巴馬向勞爾・卡斯楚傳遞了一個訊息，其中甚至提到可能簽訂終止禁運的「協議」[45]。

對熟悉美國政治運作的人來說，烏拉圭消息人士指出的要點，相當吸引他們的注目。美國對古巴實施禁運顯然是政治上的考量，尤其是選戰利益的考量，而歐巴馬是抱持開放主義的總統，不過在解除對古巴禁運一事上，有諸多法案限制擋在眼前，不是單憑歐巴馬一人之力就能決定的。決策單位是立法機構，也就是美國相當獨立自主的國會。當美國政府立法機關把古巴禁運當成政治跳板時，歐巴馬能對勞爾・卡斯楚提出什麼處理禁運的方法？更有甚者：歐巴馬只擁有參議院支持，在野共和黨主導的眾議院卻掌握著更大的立法權，且共和黨不會給民主黨的歐巴馬什麼好臉色，對卡斯楚兄弟的古巴政權更抱持極深的敵意，歐巴馬行事捉襟見肘，又能提出什麼方案？

穆希卡強烈期待透過合作解決重要的區域問題，而古巴禁運正是拉丁美洲地區的重大議題，他的期望或許影響了周遭的人或他的追隨者。

美國感謝烏拉圭願意接納關達那摩灣囚犯，因此並未直接否認烏拉圭政府官方的說詞，不過美方澄清了歐巴馬要求穆希卡轉達給勞爾・卡斯楚的訊息。

根據美國國家安全會議（United States National Security Council）發言人范特瑞爾（Patrick Ventrell，美國國家安全會議是歷任總統在國安問題上主要的顧問機構）的說法，美國總統請求穆希卡利用「他身為區域領袖的強大威信，推動古巴進行政治與經濟的改革，表示美國及國際社會的其他成員，都將對此樂觀其成」。此外歐巴馬也向古巴政府強調，美方對美籍商人葛羅斯（Alan

---

44 引述自本篇報導：http://www.elobservador.com.uy/noticia/278545/obama-abre-la-puerta-a-gestion-de-mujica-por-el-bloqueo-a-cuba/

45 引述自二〇一四年六月十九至二十五日第一七六九期《*Búsqueda*》週刊，p. 48，〈Mujica transmitió a Raúl Castro un mensaje conciliador de Obama〉。

Gross）遭古巴監禁一事，仍感到相當不快。表示華府認為「這對建立更有建設性的雙邊關係帶來極大障礙，美方的優先訴求是釋放葛羅斯」。因此「歐巴馬拜託穆希卡總統，利用一切機會將此訊息傳達給卡斯楚總統」[46]。

歐巴馬請穆希卡替他向卡斯楚傳遞的訊息，儘管與古巴禁運無關，但依然與烏拉圭息息相關，也是美國總統向烏拉圭元首，表示信任與和解的有力行動。

希福特（Michael Shifter）是華府智庫美洲國家對話組織（Inter-American Dialogue）的主席[47]，也是美國最著名的拉丁美洲專家之一，他指出穆希卡與歐巴馬建立起良好的關係，並強調華府方面非常看重烏拉圭總統。

希福特解釋道：「對美國來說（穆希卡）是非常重要的一位領袖。歐巴馬會見他，我一點也不意外，美國方面對穆希卡的印象也很好。對美國來說（烏拉圭）是南方共同市場（Mercosur）成員國裡，最容易溝通協調的國家……（中略）穆希卡毫不避諱地宣稱他與美國的分歧，不過他表達的方式並不激進，不會帶來威脅。儘管他批評美國政治，但依然忠於原則，使美方不會將穆希卡視為挑釁或敵對的人物[48]。」

敘利亞的孩子

二〇一四年四月，國際間都在討論烏拉圭推動管制大麻市場的法案，令總統獲得諾貝爾和平獎的提名。穆希卡已經帶領烏拉圭，加入協助處理美國關達那摩灣監獄問題的行動了，他也提議以積極的作法推動哥倫比亞的和談。總統提出的一項新想法，再度使他登上全球媒體的頭條：烏拉圭願意安置敘利亞內戰的兒童難民。

穆希卡並未直接宣布他已經決定在烏拉圭安置難民。他在四月二十九日的廣播節目中，以提問的方式向烏拉圭民眾提議。以下節錄這段廣播的最後一段：

「團結是（烏拉圭的）重要價值之一。還有一點，我想向烏拉圭民眾提出一個簡單的問題：我們所有人都看電視，其中我們看到衝擊性最大的畫面，就是敘利亞一帶難民營中的大量孤兒。我們身為社會的一份子不能作些什麼、不願意接納一些受內戰影響的兒童嗎？對世界伸出一雙援手，不代表要切斷這些孩子們的身份認同或強搶別人的孩子，單純地只是一種展露家庭團結的做法。敘利亞內戰短期內看來沒有解決的辦法，孩子們卻成為無情戰火的犧牲品，難道不值得我們社會稍微抬起頭來，設法救救這些孤苦無依的孩子們嗎？我提出這個問題。因為我知道國內一定有人會問：『你為什麼不管管烏拉圭的貧童呢？』我們確實有貧童問題。但我認為大多數國內的貧童，至少還能擁有家人的關愛，儘管關愛不見得多也不見得足夠。但敘利亞的戰爭孤兒卻連關愛也沒有……（中略）也許我錯了。或者我們國民的靈魂被消費至上、利益至上的社會消耗殆盡，可能有人覺得

---

46 引述自二〇一四年六月十九日法新社報導，〈Obama le pidió a Mujica que use su influencia para lograr cambios en Cuba〉。

47 美洲國家對話組織網站：www.thedialogue.org

48 引述自本書作者進行的訪問。

沒必要。但戰爭孤兒令我非常擔心，我想聽聽民眾的意見。[49]」

這項消息透過各家外電通訊社傳播到世界各地，各國主要傳媒再度開始討論烏拉圭、討論穆希卡。但外界的批評聲浪排山倒海而來，許多烏拉圭民眾不認同總統的想法，認為應該優先照顧好國內的兒童，有些人認為即便總統是基於人道原因，但試圖介入遙遠國家的紛爭，仍是極為不智的舉動。有人批評他的點子只是想作秀，認為穆希卡只想加快他獲得諾貝爾和平獎的步調。

後來是第一夫人兼參議員露西亞・托波蘭斯基出面駁斥政治行銷手法的指控，她解釋外交部長阿爾馬格羅（Luis Almagro）提交給政府的報告中，描述了敘利亞難民營兒童的艱苦生活，並說總統提案的目的是希望全球都能重視敘利亞內戰帶來的悲劇。「總統的本意是推動世界上所有國家一起來承擔這場災難。我們活在全球化的社會，讓我們負起責任，做些有用的事。」記者寫道[50]。總統夫人還補充：「這些孩子們孤身一人，年紀最小的只有五歲，但卻活在戰火之下，這怎麼能說是行銷作秀。」

外交部長阿爾馬格羅是穆希卡內閣中的左右手，他才是真正大力提倡在烏拉圭國內安置敘利亞兒童的人。外交部長證實提案內容包括接納七十名敘利亞難民，其中大多為八歲以下的兒童，有些人在戰爭中已經失去雙親，有些兒童還有母親陪同前來[51]。阿爾馬格羅在五月把安置的難民人數提高到百人[52]。到了七月份官方的安置人數又增加到一百二十人，第一批接受安置的難民在二〇一四年九月份抵達烏拉圭。

政府將有家人陪伴或獨自前來的兒童安置到私人機構裡，一部份安置到天主教機構中，並制訂協助他們融入烏拉圭社會的計畫，首先從學習西班牙文開始。「我認為烏拉圭現在有條件制訂永久安置國的政策，或為受戰火波及必須離開本國的難民提供庇護」，烏拉圭總統府人權秘書長米蘭達（Javier Miranda），在接受烏拉圭《國家報》訪問時表示[53]。

當第一批敘利亞難民抵達烏拉圭時，米蘭達是陪同他們的官方代表團成員之一。首先抵達的是育有兒童的難民家庭，他們乘坐的班機一降落就受到總統迎接，在短短一週內難民兒童就進入公立學校讀書，參加為他們準備的特別課程，內容包括西班牙文，還有協助他們適應新國家、新同學的課程。

---

49 烏拉圭總統府網站收藏了穆希卡四月二十九日廣播節目中發表的談話全文，全文連結如下：http://www.presidencia.gub.uy/sala-de-medios/audios/audicion-presidente-jose-mujica-29-abril-2014

50 引述自《觀察家日報》網路版（www.observa.com.uy）於二〇一四年五月九日刊登之報導〈Mujica quiere "motivar" a los países a hacerse cargo de niños víctimas de la guerra〉，全文請見：http://www.el-observador.com.uy/noticia/278139/mujica-quiere-34motivar34-a-los-paises-a-hacerse-cargo-de-ninos-victimas-de-la-guerra/

51 引述自《觀察家日報》網路版（www.observa.com.uy）於二〇一四年四月二十九日刊登之報導〈Gobierno evalúa traer 70 sirios, en su mayoría niños, para darles asilo〉。

52 引述自蒙狄維歐《國家報》於二〇一四年五月二十日的報導〈Confirman llegada de niños sirios〉。

53 引述自蒙狄維歐《國家報》於二〇一四年七月二日的報導〈Serán 120 los refugiados sirios; 60% de ellos niños〉。

哥倫比亞的和平進程

二〇一二年十月十八日，哥倫比亞總統桑托斯領導的政府，與哥倫比亞左派革命軍游擊隊在挪威作上談判桌，針對和平協議進行協商，這是十多年來哥倫比亞第二次嘗試解決武裝衝突的問題。

哥倫比亞前總統巴斯特拉納（Andrés Pastrana）曾試圖與左派游擊隊進行協商，然而結果可說徹底失敗。他承諾撤除哥倫比亞大片地區的軍事武裝，但左派革命軍卻利用和談的機會還有解除武裝的空間壯大聲勢，游擊隊將巴斯特拉納擺了一道。桑托斯總統決定展開和談，跌破外界眼鏡，桑托斯曾在前總統烏力貝（Álvaro Uribe）政府中擔任國防部長，任內多次面臨左派革命軍的慘烈攻擊，其中最激烈的衝突結果，導致革命軍第二號人物，本名德維亞的勞爾·雷伊斯（Raúl Reyes）喪生。

雷伊斯曾擔任左派革命軍發言人，是除了游擊隊創辦人以外最重要的人物。哥倫比亞左派革命軍的領袖兼創辦者，人稱「馬魯蘭達」（Manuel Marulanda）或「神射手」（Tirofijo），他的本名是馬林（Pedro Antonio Marín）。烏力貝在二〇〇八年三月發起「鳳凰計畫」（operación Fénix），在厄瓜多境內殲滅了雷伊斯，但烏力貝在這場行動付出的代價，是與厄瓜多及委內瑞拉交惡，並在美洲國家組織引發漫長的危機，儘管各國都同意哥倫比亞的行為侵犯了厄瓜多的主權，但厄瓜多總統柯利亞推動譴責哥國在厄瓜多境內進行武裝活動的議案，卻無法獲得美洲國家的共識[54]。

在飽經戰火的哥倫比亞，桑多士是最受歡迎的閣員，他在烏力貝的背書下獲選為總統時，左派革命軍已經因烏力貝鐵腕掃蕩，勢力大不如前。

儘管新上任的桑多士總統並未停止與左派革命軍的交戰，但他仍成功推動和談。敵對雙方首度在新政府上任後，於二〇一二年十一月十九日坐上談判桌，這次談判的地點選在古巴。衝突雙方同意由挪威代表政府，古巴代表游擊隊，來擔任和平進程的擔保國。由查維斯領導、立場傾向游擊隊的委內瑞拉政府，以及試圖強化外交實力的中立國巴西擔任觀察國。

穆希卡用盡一切努力想參與和平進程，根據他本人的說法，這是拉丁美洲當前最重大的事件。總統說的很有道理：哥倫比亞的衝突，是美洲地區最後一場政府及武裝組織抗爭，且這場游擊戰已經持續近六十年了！

穆希卡在國際論壇中強調他想「協助」哥倫比亞推動和平。他在二〇一四年訪問美國時，將和談當作與他有關的議題來討論，或者說他至少在演說中如此提道：「我們必須協助左派革命軍和政府尋求一條出路，要知道最糟糕的協商也比任何戰爭還要好。對於開戰，我們不能譴責任何人，只能怪自己。[55]」

在二〇一三年七月，穆希卡拜會教宗方濟各後，曾對國際媒體披露兩人討論了哥倫比亞和談問題[56]。穆希卡是無神論者，但他多次表示外界應該承認天主教會在拉丁美洲的影響力和滲透力，並

---

[54] 引述自作者為法新社發表之新聞稿，全文請參見：http://www.petroleumworldve.com/nota08030612.htm

[55] 引述自二〇一四年五月十三日法新社採訪華府美利堅大學會議後發佈之新聞稿〈EEUU: Mujica pide ayuda al proceso de paz en Colombia〉。

[56] 引述自西班牙埃菲社新聞稿，刊登於墨西哥《*El Universal*》日報。全文請見：http://www.eluniversal.com.mx/notas/926843.html.1 de junio de 2013

認為教會應該在哥倫比亞的和平進程中作出貢獻。

自從哥倫比亞展開和談後，烏拉圭總統便多次與桑多士會面，表示願意擔任協調人。在本書截稿前兩人最後一次會面的時間地點，是二〇一四年七月在巴西利亞。穆希卡也在古巴首都哈瓦那與左派革命軍談判代表見面，知情人士表示談判代表就是游擊隊成員[57]。

穆希卡對烏拉圭媒體表示，在二〇一四年一月二十八日及二十九日的拉丁美洲與加勒比海國家聯盟峰會後，就會與左派革命軍及桑多士會晤[58]。

哥倫比亞總統否認這項說法[59]，表示峰會後沒有規劃進行任何會談。

穆希卡宣稱他確實與游擊隊員會面[60]，令哥倫比亞政府感到不悅，哥國政府對於與和談有關的言論，採取小心謹慎的策略，並嚴密規劃一切的行程及議案。本書寫作期間曾訪問過的知情人士表示，雖然穆希卡呼籲外界支持哥倫比亞以協商終結衝突，曾獲得桑多士政府讚揚，但卻從未直接要求穆希卡加入漫長艱辛的和談過程，而是穆希卡主動提出想加入和談的。政府與游擊隊的協定中一共有四個國家加入，其中兩國擔任和平進程的擔保國，另外兩國擔任觀察國。各負責不同的任務。挪威及古巴是舉行和談的地點。巴西及委內瑞拉則擔任觀察員的角色。

烏拉圭從未列入討論範圍，儘管穆希卡的革命背景深受游擊隊敬重，他的意見也獲得桑多士總統重視，但直到本書付梓前，穆希卡仍無緣在哥倫比亞和平進程中擔任類似協調員的角色。

事實上，在前有巴斯特拉納和談失敗，後有前總統烏力貝等政壇要人大力反對的背景下，桑多士及幕僚對此番和談格外謹慎。在哈瓦那的會談，是兩邊分別舉行的，並在一定程度上邀請各國加入提供後勤支援。自從和談展開後，就不打算尋求協調員的角色。

桑多士政府從二〇一四年六月起，就與國內的另一個游擊組織全國解放軍（Ejército de Liberación Nacional）展開和談。穆希卡也曾提議將蒙狄維歐作為雙方召開和談的地點。其他拉丁美洲國家也曾提出類似的建議。

小故事：歐巴馬的回應

美洲國家組織秘書長殷索沙告訴我關於穆希卡的一個小故事：

「我記得是發生在幾年前，在哥倫比亞的卡塔赫納市舉行美洲國家峰會的時候[61]。當時峰會上所有國家元首都坐在同一張會議桌前，歐巴馬總統戴著耳機（聽同步口譯）。那時候我們有參加國

---

57 引述自西班牙埃菲社新聞稿，刊登於二〇一四年二月三日蒙狄維歐《國家報》報導：〈Mujica se reunió con las FARC y fue duramente criticado por Uribe〉。

58 引述自二〇一四年一月二十三日至二十九日《*Búsqueda*》週刊第 1749 期，報導名稱為〈Mujica mediará entre Santos y las FARC en Cuba〉。

59 引述自哥倫比亞《週報》雜誌，內文請見：http://m.semana.com/nacion/articulo/santos-desmiente-encuentros-con-mujica-farc/371783-3

60 引述自〈Cúpula de las FARC se reunió en La Habana con presidente de Uruguay〉，全文請見：http://www.elespectador.com/noticias/elmundo/cupula-de-farc-se-reunio-habana-presidente-de-uruguay-articulo-472505

61 二〇一二年美洲國家峰會在哥倫比亞的卡塔赫納市舉行。

際其他組織的成員，都在討論歐巴馬究竟有沒有在聽，因為他顯得很安靜而且眼神很專注，但是我們不知道耳機到底有沒有用。那時候有人請穆希卡總統發言，輪到該他發言的時候了，我們在會中討論了很多跟美國有關的事，美國應該作些什麼，像是古巴問題、馬爾維納斯群島（las Malvinas，福克蘭群島）問題還有其他議題等等。當時穆希卡說了：『那個，我們參加這場峰會是來發言，來表達想法。很多時候現實上沒有條件推動我們想做的事，所以只能說說自己希望在國內推行的政策，有時我們對自己要求太多，令我們想去影響其他人的行為。但我很感激在座有一位今年面臨選戰的總統（那一年歐巴馬要競選連任），我想大家都同意，他可以撥冗出席就已經是相當客氣。我覺得，沒有人會相信他現在有條件，可以做到我們在會中向他提出的所有要求，因為我想就算他有心要做，對他來說在這一年裡，也是根本不可能做到的。既然如此，我們就單純感謝他願意出席會議吧。』歐巴馬的臉上亮了起來，還微微笑了一下，顯然所有人講的話他都有專心聽，但只有當有人點出事實，且不至於趁機作出什麼呼籲要求，他才做出了在當下唯一的回應。所以我覺得穆希卡的個性中雖然有直言不諱的特質，但他也能敏銳地察覺到自己的想法會對旁人帶來什麼影響。」

第七章

去除光環後的評價

我無法苟同不戰而敗、輕言放棄的人。

——引述自二〇一四年七月法新社專訪

有些人將穆希卡及曼德拉（Nelson Mandela）做比較，曼德拉是南非前總統，曾帶領國家反抗種族隔離制度，於二〇一三年辭世。外界將兩人相提並論的原因很簡單——曼德拉將畢生精力奉獻在反抗種族分離制度上，最終獲得成功；穆希卡則是致力於替弱勢民眾爭取權利，弭平貧窮造成的社會隔閡。穆希卡出訪海外時最引人注目的，就是他關心社會上各種不平等的言論，然而在烏拉圭國內，他的理想卻窒礙難行，執政方式多有矛盾。

儘管穆希卡在五年總統任期結束時依然擁有高人氣，但烏拉圭仍有許多民眾對他不以為然，更有甚者，在本書寫作期間訪問的多位烏拉圭政治觀察家裡，沒有任何一人敢拍胸脯說穆希卡執政期間表現卓越。不過所有政治評論家都同意，穆希卡會成為當地政壇上的道德典範。這可說是「愛遠惡近」活生生的例子。

買個不停的烏拉圭人

穆希卡批評消費主義的演講，在烏拉圭可說是馬耳東風。受到數十年來欲振乏力的經濟，以及二〇〇二年到二〇〇三年引發金融體系崩盤的危機影響下，熱愛物質的世代崛起。過去十年來的經濟成長，擴大民眾獲得商品和服務的機會，信用貸款及低失業率雙雙加持下，刺激強勁內需，進一步使國內市場結構更形穩定。在穆希卡執政期間，烏拉圭的實質薪資呈現正成長[1]。

現代的烏拉圭民眾是天生的消費者，購物中心在國內如雨後春筍般出現，吸引民眾流連再三。舉例來說：當穆希卡接任總統時，平均每百位國民就擁有一二〇個手機門號。根據世界銀行的統計，到了二〇一三年底，每百名烏拉圭人擁有的門號數，更增加到一五五個❷。在他執政期間，收入較低的民眾刷卡或申貸購物的人數大量增加，增幅比烏拉圭逐年倒退的經濟成長還大❸。

穆希卡開著一輛車齡近三十年的老爺車，他沒打算因為車子很便宜就要換車，他說「車況還很好嘛」，而且「車子還很新」。但烏拉圭民眾的想法可不一樣。根據二〇一四年七月底烏拉圭媒體報導，該年上半年烏拉圭新車的成交量再度創下新高❹。

消費統計數據呈現出極大的矛盾，總統本人也承認民眾必須消費，才能持續推動經濟成長，但他仍不斷說服世人節制、不要過度消費。

與公務員工會的角力

穆希卡執政期間的施政重心是推動政府改革，但卻與政府官僚主義及公務員工會發生衝突。總統也因為無力處理內部歧見以及政府核心的權力鬥爭，導致推動改革失敗。

---

❶引述自烏拉圭國家統計局數據。

❷引述自世界銀行網頁：http://datos.bancomundial.org/indicador/IT.CEL.SETS.P2。

❸引述自二〇一四年七月 Pronto! 信貸公司的調查報告〈Monitor del Mercado de Crédito al Consumo〉，報告全文請參考 https://www.pronto.com.uy/imgnoticias/201407/728.pdf。

❹引述自二〇一四年七月九日《觀察家日報》報導〈Fue récord la venta de 0k en el primer semestre pero prevén freno〉，網路版請見：http://www.elobservador.com.uy/noticia/282745/fue-record-la-venta-de-0-km-en-el-primer-semestre-pero-preven-freno-/。

很多人認為穆希卡是烏拉圭多年來立場最激進的總統，勢必能協調各方明顯的利益衝突，打造更現代化、更有活力和效率的政府，然而令人跌破眼鏡的，在公務員工會的強勢要求下，穆希卡僅能推動表面上的改革。連他本人都說，只是「膚淺」且「毫無作為」的行動❺。和私人企業的普通員工比起來，烏拉圭公務員依然擁有相當大的特權和優勢，其中之一便是公務員幾乎不可能失業、絕對不會遭到裁撤。事實上，烏拉圭近年來才慢慢開始接受創業的概念，公務員鐵飯碗的優勢，往往吸引數百人甚至上千人參加國家考試，爭取少數幾十個公職缺額。

烏拉圭的工會大多由左派團體掌控。然而，儘管烏拉圭左派、與左派把持的工會自稱「漸進派」，他們的立場往往卻是最保守的。他們害怕權益受損而拒絕一切改革，連帶拖累了烏拉圭各重大產業的進步。簡而言之就是寧可固守現有的惡劣情況，也不願冒險嘗試可能帶來改善的變革。穆希卡在他任內不斷衝撞這種陳腐的思想，直到他再也受不了為止。

他有可能打敗國民頑強的保守思想嗎？這很難說。無論如何，穆希卡毫不保留地坦承他對於任內無法推動的改革感到極度挫折，他對國外和烏拉圭的媒體都說過同樣的話。他曾在多次訪問中表達對此感到萬般無力，其中最戲劇性的訪談，當屬左派週刊《Voces》的報導。

「政府行政越來越沒有效率、行事態度令人厭惡且拐彎抹角……現在的情況是所有人都批評政府，讓政府不願意承擔創建新事物的風險。但這卻演變成左派工會領袖捍衛現況，從而在私人企業獲得權力。同志們！看看歷史的軌跡吧！當年從人文角度看來很激進的觀點，現在卻轉而捍衛私人企業的利益。（中略）我認為像我們這樣的小國，需要一個有活力的、能推動進步、破舊立新的政府。因為如果不這麼做的話，除了找外資以外沒有別的出路。但即使無計可施，總不能亂搞。你發現了嗎？人們做不好，因為政府沒有為人民求發展，不把機會給人民，偏偏在生活中人們需要透過勞動還有工作才得以發展，這是很深的矛盾現象。❻」

穆希卡說的不只如此。他直接點破所有烏拉圭人都知道的事實：公務員是社會中「特權階級的勞工」；當私人企業的員工要辛苦工作才能維持溫飽時，公務員卻享有一般勞工難以想像的福利。「（公務員）變得好像貴族一樣，私人企業的勞工有一套規則，公務員有另一套。」他甚至提議取消公務員的終身職，規定公務員為政府服務的年限，「這樣才符合民主。如果烏拉圭民眾都想當公務員的話，為什麼只有少數人能當？為什麼不大開機會之門，讓所有人都能在一段期間內擔任公務員？讓想當公務員的人從一開始就瞭解到這不是鐵飯碗。很多人才剛當上公務員，心裡就想著三十、四十年後『我就要退休了』。他從此停滯不前，不會再進步了——他幹嘛要努力？其實這種人生滿悲哀的，因為一生中都沒有風險，沒有挑戰……他錯過了人生旅途中的各種冒險。❼」

穆希卡接班時，烏拉圭社會充斥依持主義（clientelism），還有一種無可否認的現況：國家多年來在稅制、官僚作風和部分民眾的偏見下，打壓能帶來創新和提供工作機會的私人企業。數十年來受到巴特葉主義影響，烏拉圭的電信、電力、燃油，以及社會保險或鐵路等等都屬於國營專賣事

---

❺ 引述自二〇一三年九月四日《Voces》週刊報導〈El coloquio que faltaba. En la cocina de Pepe〉，作者為 Alfredo García。

❻ 引述來源同上。

❼ 引述來源同上。

業，國營事業的員工都算是公務員，直到現在，燃油供應和鐵路運輸仍由一家事實上已經不存在的公司所掌控。以發電為例，多虧穆希卡執政期間實施的風力發電計畫，民營企業才得以加入市場。

穆希卡在任期內大力推動人稱「e化政府」的計畫，也就是透過網路來辦理各項程序、取得更多政府資訊。他成立新的《公務員規約》❽，提高進入政府機構工作的門檻，廢除先前政府部門工時較短的規定，讓公部門與私人企業一樣每天工作八小時。並在大部分的公部門中建立起試用機制，規定新人到職後十五個月內必須接受適任評估。然而，儘管穆希卡在推動政府部門現代化方面有突破性的進展，但他在任期內的各項革新，依然無法讓公私企業勞工享有平等的責任、義務和福利。

新法依然免不了提供公務員特殊待遇和福利：公務員家屬喪假天數比私人企業勞工更長；更有機會可以申請留職停薪，因為銷假上班的公務員依然能保有鐵飯碗；還有成家補助、子女津貼、結婚或締結伴侶關係津貼、生育或領養小孩的補助、老人津貼等等，福利多到在此根本列舉不完，使得想追求穩定工作的人，依然將公務員視為最夢幻的職涯選擇。而穆希卡儘管大力抨擊官僚作風，但在五年任期內，的確也難以根除民眾在這方面的看法。相反地從他上任到二〇一三年底，政府部門和國營事業招募了近三萬三千名新員工，但政府新部門及舊有機構開出來的缺額，卻遠低於招募進來的人數，事實上違反了穆希卡裁撤冗員的目標❾。不過，穆希卡在二〇一二年公布的命令，仍成功改善農民工的權益和工作條件，提高農民工加入社會保險的人數。

教育、教育、教育

穆希卡執政期間還有其他未盡完好之處。他二〇一〇年接掌政府時，赤字占國內生產毛額的二・二%，到了二〇一四年四月，赤字比已經增加到二・九%，政府出現赤字表示支出比收入還高。純以數值相比，兩者間已經有顯著的差異了；而在經濟不斷成長的情況下，這〇・七%的赤字增幅更比帳面數字來得還要大。當然，在他任內國家增加大筆社福支出，已招致極端保守派人士的批評，但是赤字增加的原因不只如此。

面對犯罪率增加，穆希卡政府增加治安開支，並增建監獄、改善獄政品質，然而儘管如此，民眾對治安的信心仍未增加。二〇一三年底，民調公司 Cifra 在地方電視台公布一項調查研究，比對自二〇一〇年穆希卡上任後至二〇一三年為止，烏拉圭民眾最擔憂的問題。結果令政府相當失望：調查初期，也就是二〇一〇年八月間，六十%的民眾表示擔心治安問題。然而到了二〇一三年十一月間，穆希卡執政近四年後，對治安感到擔憂的比例上升到七十三%❿。

---

❽引述自第 19121 號法案，內文公告於烏拉圭總統府法案檔案庫，或可於官方資訊中心 IMPO 上查詢，網址為 http://www.impo.com.uy/bancodatos/estatuto.htm。

❾引用國家公務員管理局二〇一三年的報告。報告全文請見：http://www.onsc.gub.uy/onsc1/images/observatorio/informe_4_de_julio.pdf

❿引述自 Cifra 民調公司主任兼政治分析家 Luis Eduardo González，在烏拉圭第十二頻道公布的調查結果《¿Qué preocupa a los uruguayos?》。詳細調查報告請見：http://www.teledoce.com/telemundo/nacionales/42782_%C2%BFQue-preocupa-a-los-uruguayos?. Cifra: www.cifra.com.uy

Cifra是烏拉圭最大的民調公司之一，然而根據該公司進行的研究結果顯示，民眾對治安敗壞的擔憂，還不是衝擊力最大的問題，六十％到七十三％增幅不可謂不小。但烏拉圭民眾最擔心的，是教育品質惡化。

該報告指出在二〇一〇年至二〇一三年間，教育是烏拉圭民眾第二擔憂的問題，將教育列為第二大問題的受訪者比例，從十三％暴增到三十七％[11]。穆希卡政府將教育定調為必須絕對優先處理的議題，然而這份民調結果，彷彿替政府投下一顆震撼彈。

穆希卡沒有高學歷，他可算是自學而成，但他認為知識是人類發展的基礎工具，到白宮拜會歐巴馬後，曾請求美國總統協助派遣更多科學家到烏拉圭。他常說，人最重要的就是「腦袋瓜子」，也曾在國會對一群科學家表示：「我們必須開啟民智，各位最清楚在學習知識和文化的過程中，不只會花費精力，也會從中獲得樂趣。[12]」

穆希卡希望在國內各地廣設學院，烏拉圭的大學多設在首都，鄉間極度欠缺高等教育院校，就連想研讀農學系或獸醫系等主要應用在農牧業的學程，也必須前往蒙狄維歐。他還表示英語教育應該從國小開始。

不過這一切在他任內沒有實現。教育是平等社會的基礎要件，但根據烏拉圭國家公共教育管理處（Administración Nacional de Educación Pública (ANEP)）的官方統計資料，民眾對公共教育體系越來越沒有信心；二〇〇六年至二〇一二年間，在公立學校註冊入學的人數出現下滑，同時就讀私立小學和中學的人數則持續上升[13]。二〇一四年中《*Búsqueda*》週刊引用官方資訊[14]進行統計後指出，二〇一三年公立學校留級的學生人數，比私校學生高出五倍[15]。

烏拉圭從二〇〇三年起，就參加經濟合作暨發展組織（OCDE）的國際學生能力評量計畫（PISA），然而評量結果每下愈況，雖然與其他國家的評量結果相比，未必具有參考價值，因為各國教育體系不同，著重的知識範圍可能有所差異，但儘管如此，每三年一次的評量結果明確指出學生在數學、閱讀和科學上的表現持續下滑。烏拉圭的評量成績更是令人萬分沮喪：數學方面平均成績從二〇〇三年的四二二分，掉到二〇一二年的四〇九分；閱讀成績從四三四分跌到四一一分，二〇〇六年科學的平均成績為四二八分，到了二〇一二年降到四一六⑯。

穆希卡首度以總統身份在國會發言時曾強調：「教育是重點、重點、重點。我再說一次，教育是重點。我們執政者應該像在學校裡一樣，每天早上抄一百遍『我要關注教育』。教育能夠塑造社會下一代，教育對國家的生產力有決定性的影響。也對未來民眾的生活能力有很大的影響。⑰」

---

⑪ 引述來源同上。

⑫ 引述自穆希卡二〇〇九年四月二十九日在國會發表的言論。演說全文刊登於穆希卡官方網站上：http://www.pepetalcuales.com.uy/articulo/10/，演說影片請見：http://www.pepetalcuales.com.uy/pagina_oficial/articulo/7/。

⑬ 引述自國家公共教育管理處公布的二〇〇六年至二〇一二年主要教育指標報告。

⑭ 指民眾無法直接查詢到，必須特別向政府申請的數據。

⑮ 引述自《*Búsqueda*》週刊二〇一四年六月十二日報導〈Repiten en escuelas públicas cinco veces más que en escuelas privadas〉，文中指出公立學校的留級率為五．四一%，私立學校留級率僅有一．二一%。

⑯ 引述自國家公共教育管理處於二〇一三年十二月公布的初步報告《Uruguay en PISA 2012. Programa Internacional de Evaluación de Estudiantes de la OCDE》。

⑰ 引述自穆希卡於二〇一〇年三月一日發表的就職演說，全文請見：www.presidencia.gub.uy。

穆希卡與在野黨達成改善公共教育的協議，但在教師工會的反對下，各級學校無法真正進行決策，導致協議失效，最後總統撤回教改想法，引來原本表示支持的在野黨指控穆希卡「輕言放棄」[18]。

為了克服教改障礙，加上多少想在教育政策上有所表現，穆希卡個人大力推動成立科技大學，並在蒙狄維歐以外地區開設分校的計畫。目前烏拉圭科技大學[19]正在籌辦當中，主要課程內容為可應用在農牧產業鍊的相關技術。

穆希卡一心想做事，但仍不敵政府官僚作風，儘管他設法提高教育預算，卻和教育體系發生衝撞。二〇一四年他接受西班牙記者艾佛列（Jordi Évole）訪問，面對改革烏拉圭教育制度的計畫時，他毫不猶豫地回答「我失敗了」。

「阿拉提利」採礦計畫的矛盾

「自然的烏拉圭」，是烏拉圭在國際間提倡觀光和投資的口號，一個尊重環境的國家，更能提倡自然保育的概念，就某種程度來說確實如此，烏拉圭人口密度很低，平均每平方公里僅有十九名居民，國內最重要的產業便是農業，大部分土地都專門劃作農業用地；除此之外，儘管烏拉圭在工業上有所成長，得以提供民眾更多工作機會，但整體來說工業化程度依然不算高。上述幾個原因，加上各界對環保法規的重視，使烏拉圭成為對生態環境友善的國家，然而政府對可能帶來環境污染的企業，究竟進行了何種程度的監控，外界不得而知。即使官方對農用化學產品進行控管，但真正實施的管制措施也極少。噴藥、收成用的農用器械全憑農人自主管理，也沒有適當的專職機構，來避免維修和清潔農具可能帶來的水污染。「自然的烏拉圭」其實是一種相對性的說法：與其說民眾有環保意識，不如說自然資源並未受到高度集中的開發與破壞。

穆希卡在環保方面沒有太大政績，一部分是因為比起提升民眾工作機會，他個人的環保理想只能退居第二。對他來說，最重要的目標，是讓人人都有工作，這才是穆希卡的頭號關注焦點，而環保議題最好能同時提振就業機會。以他在二〇一二聯合國永續發展大會、及隔年在聯合國大會上發表的環保演說為例：他認為過度消費是一切罪惡的來源，表示生態危機並非環保問題，而是政治問題，因為政治人物無法創建出新的文化模式，讓人們可以有節制地分配和利用資源，過更有利於永續發展的生活。不過，認為穆希卡是環保人士的民眾，可能要失望了，他最關心的問題不是自然環境，如果必須犧牲一部分自然環境來創造烏拉圭的工作機會，他會毫不猶豫地去做。

穆希卡對工作及環保的觀點，具體反映在引發爭議的露天鐵礦場開發計畫上。這項計畫開採面積高達一．四五萬平方公頃，根據推動計畫的佳明製鐵（Zamin Ferrous）公司表示，其中五百公頃的土地將作為開採之用，其餘空間除了規劃為物流用途之外，還將興建一座龐大的水庫，計畫興建

---

⑱ 引述自二〇一二年八月十二日烏拉圭《國家報》記者 Gonzalo Terra 發表的報導〈Larrañaga: Mujica se inclina ante el poder sindical de la educación〉，報導全文請見：http://www3.elpais.com.uy/12/08/20/pnacio_658786.asp

⑲ 烏拉圭科技大學網站 http://www.utec.edu.uy/es/。

管線將鐵砂直接運到烏拉圭沿海港口[20]。該公司承諾這項名為「阿拉提利」（Aratirí）的計畫，直接、間接創造上千個工作機會，為國家財政帶來大筆進帳。

儘管烏拉圭政府在計畫初期即要求該公司提出額外的環境評估報告，並言明如果環評不符要求，不排除與該公司解約並限縮開採規模等，但合約正式簽訂前，不會向外界公布細節內容，民眾和政府在簽約前無法瞭解詳情。這項引發爭議的投資案，其實是先決定要動工和投資，接著對民眾公開，最後才考量到環境的；而穆希卡提出的辯解理由，是提高烏拉圭的產業多元性，還有增加民眾就業機會。

露天鐵礦場開採結束後，只會留下像火星表面一樣坑坑疤疤的地貌，土地荒蕪，無法再利用。穆希卡積極追求採礦計畫的原因，與烏拉圭和鄰國阿根廷複雜的政治現況息息相關。他與阿根廷總統費南德茲，經常因為拉普拉塔河口岸問題針鋒相對，此河的航行權向來是挑起烏拉圭與阿根廷爭端的焦點，而阿拉提利採礦計畫能否成功，將影響穆希卡所推動的另一項更大型的計畫能否實現：在距離蒙狄維歐更遠的地方建造深水港，尤其離競爭對手阿根廷、離引發爭議的水域越遠越好。對穆希卡來說，就業機會和主權是十萬火急的問題，環保很重要，但可以稍等。

穆希卡、獨眼龍和頑固的老女人

「這老太婆比獨眼龍還糟糕。獨眼龍至少還比較懂政治，這女的簡直是老番顛！」

穆希卡與阿根廷總統費南德茲的關係向來很差，二〇一三年四月四日穆希卡與兩位地方首長談話時，沒注意麥克風沒關上，脫口說出他對阿根廷前後兩任總統的看法。阿根廷前總統基西納（Nestor Kirchner）是費南德茲的夫婿，他因為患有斜視，外號「獨眼龍」。基西納曾在二〇〇三年到二〇〇七年間擔任總統，二〇一〇年猝逝。穆希卡此番失言令人聯想到烏拉圭前總統巴特葉，二〇〇二年接受彭博新聞社訪問時，誤以為攝影機已經關掉了，口無遮攔地說他認為阿根廷人「全國上下就是一幫小偷」。巴特葉在二〇〇〇年到二〇〇五年間擔任總統，他口不擇言闖禍的同時，烏拉圭正受到阿根廷經濟崩盤牽連，面臨重大金融危機；事後巴特葉哭著向阿根廷道歉，令很多烏拉圭人心裡感到非常遺憾，不過民眾不捨的是總統的眼淚，倒不見得真認為總統說得太過份了。

穆希卡這回可闖下大禍了，他為了避免像當年的巴特葉一樣招致批評嘲諷，決定乾脆不要到阿根廷去了，但鬧出失言風波一週後，媒體批評和阿根廷使館抗議不斷，總統在龐大的輿論壓力下，寫了封道歉函給費南德茲。穆希卡還在自己的廣播節目中談到此事，準備了一套精彩生動的說詞解釋自己發言失當的原因，說自己因為出身貧寒，加上坐了十多年的牢，所以說話習慣跟一般公眾人物不一樣。「這幾天以來，我的不當言詞傷害了很多人，尤其是跟我們一樣，期待建立強大國家的民眾，我要向各位表達誠摯的歉意。」他補充道。

事實上，穆希卡在他任內五年，與阿根廷的關係不時感到強烈挫折和無力感，這場令人哭笑不得的插曲只不過是其中之一而已。

穆希卡從巴斯克斯手中接過政府，也接下與阿根廷極度緊張的關係。阿根廷港都烏祖艾

---

⑳ 相關資料請見：www.aratiri.com.uy。

市（Puerto Unzué）與烏拉圭沿岸的弗賴本托斯（Fray Bentos）兩地間，有一道名叫聖馬汀將軍（puente General San Martín）的橋樑，這座橋是兩國民眾的往來要道，也是南方共同市場（MERCOSUR）裡重要的貨運公路，然而長達三年半期間橋樑完全無法通行，反對在烏拉圭河沿岸興建造紙廠的抗議群眾堵住橋面，而阿根廷政府完全不願插手處理。

阿根廷一狀告上海牙國際法院，控告母公司位於芬蘭的波特尼亞造紙廠（Botnia，現已改名為UPM）污染環境，聲稱烏拉圭政府允許該公司設廠違反兩國協定。阿根廷政府訴請拆除造紙廠，海牙法庭判定烏拉圭並未遵照雙方協定，但指出沒有造紙廠污染環境的證據，建議兩國共同監督該工廠製造紙漿後所排放的廢水[21]。

巴斯克斯對基西納深惡痛絕，許多處理阿根廷關係經驗豐富的烏拉圭外交人員，建議他針對聖馬汀將軍橋一事與阿國協商，但巴斯克斯拒不談判，而且還想盡辦法阻止當時還是阿國眾議員的基西納當上南美國家聯盟（Unión de Naciones Sudamericanas）的首任秘書長。厄瓜多總統柯利亞是率先提名基西納的人，但遭到巴斯克斯強力反對，基西納與妻子費南德茲認為這是奇恥大辱，表示絕不原諒巴斯克斯。

二〇一一年，巴斯克斯在一場與學生的會談中承認，曾與空軍首長研議過向阿根廷開戰的可能性，表示「阿根廷軍隊在派桑杜省（Paysandú）另一頭發動文攻武嚇」，[22]稱這是阿國軍方前所未有的行徑，「我設想了所有可能發生的情況，包括開戰」。巴斯克斯所屬的政黨中，有一群堅決反美的強硬派人士，不過出乎意料的是，巴斯克斯竟然曾在訪美時向小布希政府求助，「我向國務卿萊斯（Condoleezza Rice）女士請求協助，請她對外表示烏拉圭是美國的盟友，並請她問問小布希總統能不能發表同樣的言論。就是這樣……（中略）他們都心軟讓步了。」巴斯克斯表示㉓。

穆希卡認為他的群眾魅力，以及面對各路人馬的溝通協調能力，可以讓他在處理烏拉圭與阿根廷的關係上更游刃有餘，但他錯了，原本巴斯克斯對阿根廷採取的鐵腕方針廣受國民好評，但穆希卡一上任就推翻前朝舊政，兩個月後，他的政府就接受基西納出任南美國家聯盟秘書長——在兩國為橋樑問題爭議不休、烏拉圭民眾氣憤填膺時做出的決定，令他付出龐大的政治代價㉔。

穆希卡認為這有助推動雙邊和諧，「我們認為阿根廷的民眾不只是我們的兄弟，儘管從過去到現在，雙方依然有尚未解決的衝突，但我們願意相信阿根廷民眾的善意，我們願意在拉普拉塔河上，盡全力與建一切有助於兩國社會發展的建設。㉕」穆希卡藉此宣布未來與阿根廷外交的基本原則，他願意溝通，部分烏拉圭外交官亦認為政府立場轉變值得慶賀。不久後，基西納與費南德茲在六月下令清空阻斷橋樑交通的障礙物，恢復兩國交通與貨運暢通。

㉑ 烏阿兩國二〇一〇年四月建立共同監督廢水的機制，當時穆希卡已接任總統。

㉒ 位於烏拉圭西北部。

㉓ 相關影片請見：https://www.youtube.com/watch?v=R6IxXhZo3nc。

㉔ 引述自二〇一〇年五月四日出刊之阿根廷《國家報》報導〈Kirchner juró como secretario general de la UNASUR y Mujica admitió el "costo político" de acompañar la designación〉，網路版文章請見：http://www.lanacion.com.ar/1261034-kirchner-juro-como-secretario-general-de-la-unasur-y-mujica-admitio-el-costo-politico-de-acompanar-la-designacion。

㉕ 引述來源同上。

費南德茲總統直到現在都還願意稱穆希卡為「親愛的佩佩」，但現實是兩國關係依然交惡，我在寫作本書時，正逢近年來雙邊關係的冰點。二〇一三年十二月，穆希卡接受地方公共電視台訪問時，忿忿地說與阿根廷的關係「一點進展也沒有」。總統大力抨擊要他立場硬起來的人：「之前抱怨東西賣不出去的中產階級，現在都上哪兒去啦？」他幾乎是嘶啞著嗓音怒問道：「他們跑來說，總統，您得拿出立場來啊！沒這回事、結束了！我這兩年來都在忍耐，什麼難聽的話我都聽了，連我自己的政黨都不支持我。我早知道正面衝突是很愚蠢的，但我們還是落入幼稚的國家主義思想裡，沒有為大局著想。現在好啦！讓那些（抱怨的）人自己去找他們談！[26]」

烏拉圭與阿根廷的政治探戈

穆希卡願意協調，但他已經受夠了與阿根廷打交道所面臨的種種困難。儘管他未必瞭解費南德茲總統，但他很清楚阿根廷政府採取的措施，尤其是限縮經貿活動的策略，並非針對烏拉圭而來。阿根廷自絕於資本市場之外，國家收入全依賴貿易和旅遊業帶來的財富，限縮貿易是阿根廷面臨金融危機的處理辦法之一，穆希卡不認為在任期結束前可以完全改善兩國關係，因此在二〇一三年底，甘冒重新挑起衝突、甚至再度鬧上海牙法院的風險，允許兩國邊境附近的紙漿廠增加產量。

在烏拉圭外交界和廣泛陣線黨員間，對阿根廷的看法遠比總統更激烈。他們認為基西納政府，尤其是阿國外長丁孟曼（Héctor Timerman）、及阿國外交部航道與港岸副秘書長泰塔曼提（Horacio Tettamanti）根本太超過，已是故意破壞烏拉圭港務上的利益。

烏拉圭政壇對阿根廷外長丁孟曼相當反感，他的紀錄令不少人質疑此人的誠信問題。丁孟曼是記者出身，七〇年代中期他經營報社，在獨裁政權初期大讚右派政府的鎮壓行動，在二〇〇三年宣稱實施「左派獨裁政治」的古巴沒有新聞自由㉗，後來又自打嘴巴，大力推崇對言論自由只憑政府自由心證的查維斯與古巴政府。

丁孟曼在烏阿兩國出現衝突時發表的言論，每每激怒烏拉圭的民眾。

穆希卡批准兩國邊境的造紙廠增加產量後，阿根廷外長曾在二〇一四年六月間面對媒體詢問時，在信裡和公開場合威脅要「依照各部會逐一重新評估」與烏拉圭的關係㉘，遭廣泛陣線眾議員桑普羅尼（Víctor Semproni）批為「人格分裂」㉙。

烏拉圭外長阿爾馬格羅在回應丁孟曼的信件中，指控阿根廷「毫不公正地破壞烏拉圭的商務、港

㉖ 引述自二〇一三年十二月十三日烏拉圭電視節目《Primera vuelta》訪問，相關畫面請見：https://www.youtube.com/watch?v=CYmjFH2AoVs

㉗ 摘錄自下列網站的訪談畫面：ttp://www.puentedemocratico.org/videos/nota.asp?id_nota=3471。

㉘ 引述自阿根廷《*Clarín*》日報，二〇一四年六月十四日報導〈Timerman: "El aumento de la producción de la papelera es una clara violación de los acuerdos〉，網路版文章請見：http://www.clarin.com/politica/botnia-uruguay-timerman-protesta-la_Haya_0_1156684757.html

㉙ 引述自「Montevideo Portal」網站於二〇一四年六月十八日刊登之報導〈El dueño de la pelota. Semproni reafirma críticas a Timerman〉，全文請見：ttp://www.montevideo.com.uy/auc.aspx?237965。

務、觀光及兩國航道（中略），最終破壞了區域整合」[30]，這封公開信獲得許多烏拉圭媒體轉載。

丁孟曼認為在穆希卡做出紙廠增產的決定後，已然無法與烏拉圭進行協商，阿根廷再度向海牙國際法庭控告烏拉圭[31]。

阿爾馬格羅發表公開信幾天後，阿根廷《*Perfil*》日報報導阿國外長及幕僚已準備向費南德茲總統建議一系列措施，以報復烏拉圭允許UPM造紙廠增產一事[32]。

有趣的是，丁孟曼的言論在自己國內引發抨擊，而穆希卡在阿根廷卻是廣受歡迎的政治人物——即使在雙邊關係降到冰點時，穆希卡也維持一貫傾向和解的立場。

阿根廷外交界、學界和新聞界知名人物，聯名發表一份公開信批評費南德茲政府的立場。

「不能將捍衛權利當成勒索的方式，亦即不能以重新向（國際）法庭申告為由，宣稱要『重新檢視一切雙邊政策』，並借此暗示將對烏拉圭展開報復。就另一方面而言，政府無法透過政治機制，與近五年來對阿根廷最友善的烏拉圭政府進行協商，著實令人感到不安，政府真的希望與烏拉圭交惡嗎？（中略）我們無法想像阿根廷與烏拉圭的關係，已然惡化到無法進行對話的程度，反之，現在的時機，正適合推動雙邊發展合理有效的解決方案。」

這份公開信嚴詞批評丁孟曼的言論，聯名者包括艾方辛（Raúl Alfonsín）總統時代的外長卡普托（Dante Caputo）、二〇〇五至二〇〇八年出任外交次長的莫里坦（Roberto García Moritán），同時還有國際關係學者專家的署名，其中也包括著名記者兼作家薩羅（Beatriz Sarlo）女士。

阿根廷《國家報》（*La Nación*）的社論主筆索拉（Joaquín Morales Solá）指出，「準備發動抗爭」也是「基西納家族統治下常出現的特色[33]」。他在專欄中指稱費南德茲總統執政的方式影響到她的健康，說她「連睡覺時也經常在床底下醞釀著陰謀」。

索拉指出「無論威脅是真是假，面對侵略時所有人都會以牙還牙」。他表示在那一段時間裡，阿根廷與烏拉圭兩國再度因為紙漿廠問題關係緊繃，費南德茲甚至曾下令「對烏拉圭，以及最願意向阿根廷示好的烏拉圭總統穆希卡，發動大規模攻擊」。

穆希卡執政期間曾多次向阿根廷釋出和解善意，他的溫和立場卻使得自己在國內遭到輿論抨擊。二〇一三年十月阿根廷總統下令，禁止將載有阿根廷產品的貨櫃，運往沒有與阿國簽訂專門貨運協議的國家，這項禁制令正好針對烏拉圭而來。同年年底烏拉圭媒體報導，蒙狄維歐港運輸貨櫃量爆減，使港區經濟負擔加重，影響當地港務勞工就業情況。然而在十一月間，烏拉圭主要大港蒙

---

30 摘錄自二〇一四年六月十四日的公開信。

31 引述自二〇一四年六月十六日刊登於阿根廷《觀察家日報》的報導〈Timerman dijo que "están agotadas" las instancias de diálogo con Uruguay〉，網路版文章請見：http://www.elobservador.com.uy/noticia/281122/timerman-dijo-que-estan-agotadas-las-instancias-de-dialogo-con-uruguay/。

32 引述自阿根廷《*Perfil*》日報記者 Aurelio Tomas 於二〇一四年六月二十一日發表的報導〈Timerman prepara para la presidenta un menú de represalias contra Uruguay〉，網路版請見：http://www.perfil.com/politica/Timerman-prepara-para-la-Presidenta-un-menu-de-represalias-contra-Uruguay-20140621-0011.html。

33 引述自二〇一三年十月六日阿根廷《國家報》專欄記者索拉的社論〈La enfermedad vuelve a cambiar la política〉，網路版全文請見：http://www.lanacion.com.ar/1626472-la-enfermedad-vuelve-a-cambiar-la-politica。

受重大危機的同時，穆希卡卻決定以德報怨，在鄰國阿根廷面臨高溫引發電力短缺時，向阿國出口能源。穆希卡表示要求阿根廷以港口輸運量來換取能源，是「很沒有格調」的作法[34]。他說他不會拿鄰國在「人道問題」的「迫切需求」來開玩笑[35]。

根據本書寫作期間的烏拉圭外交界消息來源，當時烏拉圭以極好的價格向阿根廷出口電力，這場交易也讓政府間接在雙邊關係中獲利，最終穆希卡善用時機，替烏拉圭做了一筆好生意。

穆希卡還透過其他方式拉近與阿根廷政府的距離，他一貫在聯合國等國際組織，以及美洲國家組織及南方共同市場等區域性組織中，譴責英國佔領馬爾維納斯群島（福克蘭群島）的行為。但除此之外，他任內遵循南方共同市場在二〇一一年底通過的決議，認定懸掛馬爾維納斯群島旗幟的船隻違法，不得進入烏拉圭的港口[36]。一九八二年，一艘開往馬爾維納斯群島的英國軍艦，曾被列為英國與阿根廷交戰的攻擊目標，因此未能獲准停靠在蒙狄維歐港口。

阿根廷曾經有機會回應穆希卡釋出的善意，例如針對兩國最重要的航道——拉普拉塔河的馬汀・賈西亞運河段（canal de Martín García）簽訂協議，但阿根廷並不願意這麼做。這段重要河道需要疏浚，可是阿根廷政府不願進行疏浚工程的原因，純然出自於經濟考量。在烏拉圭港口卸完貨的空船無法循原路出海，因為載滿貨物的船隻吃水更深，需要花更大的港務調度。烏拉圭前大使拉沛雷（Edison González Lapeyre）[37]向我說明，阿根廷的決定迫使沒有在阿國裝卸貨的船運業者，也必須聘僱當地的航道專家，以一艘長三十二公尺的巴拿馬型（Panamax）貨輪來說，每趟船運的成本差額可高達三萬美元。

只怪罪一方是不公平的。烏拉圭與阿根廷的關係就像一對探戈舞者一樣，有時雙方跟著節奏舞動、甚至輕柔互蹭，有時關係卻會破裂生變、彼此交惡。

穆希卡時代的外交政策，並未採取足夠措施來改變此一歷史事實，部分與烏拉圭外交部略有接觸的執政黨員認為，穆希卡政府選擇的外交部長阿爾馬格羅大使，能力不足以面對此項挑戰。批評者指控他缺乏規劃，提出的外交政策沒有明確優先目標，且在國際關係上只顧成就個人㊳，沒有為烏拉圭整體國家利益著想。

烏拉圭與阿根廷的關係，完全由阿爾馬格羅與親近的幕僚處理，內政部只能接收到協商的片面資訊，很多外交人員要等到消息見報，才知道原本該由高層親口佈達的訊息，甚至很多外交部裡的高官，還要常常就與阿根廷政府的敏感關係諮詢資深人士的意見。

㉞ 引述自總統在第四頻道發表的言論，請參見：http://www.lr21.com.uy/politica/1151165-mujica-bichicome-vender-energia-argentina-cese-trabas-uruguay。

㉟ 引述自總統於二〇一四年十二月三十一日在廣播節目中的發言，請見：http://www.presidencia.gub.uy/comunicacion/radio/audios-breves/venta-energia-argentina。

㊱ 自二〇一一年十二月十五日烏拉圭總統府公文〈Mujica: Uruguay no permitirá ingreso a sus puertos de buques con bandera de Islas Malvinas〉，全文詳見：http://www.presidencia.gub.uy/wps/wcm/connect/presidencia/portalpresidencia/comunicacion/comunicacionnoticias/barcos-malvinas-mujica。

㊲ 拉沛雷曾任拉普拉塔河及烏拉圭河協定的協調員。此外他還擔任拉普拉塔河行政委員會烏拉圭代表團主席以及烏拉圭河行政委員會代表團主委。他是律師兼外交官，是烏拉圭最具聲望的海權專家，也曾在阿根廷向海牙國際法庭狀告烏拉圭時擔任律師團一員。

㊳ 阿爾馬格羅從二〇一五年起即有意參選美洲國家組織秘書長，是最先表明參選的人。

烏拉圭與阿根廷共享同樣的文化根源，彼此間有深切的經貿合作，還有數萬烏拉圭僑民旅居阿根廷，摒除政治因素，兩國就像是同胞共生的兄弟。不過，穆希卡執政五年來，仍無力解決兩國根深蒂固的糾葛與難題。

政治與司法

穆希卡打響烏拉圭在世界上的知名度，一位長年任職於烏拉圭外交部的官員對我說，總統卸任後勢必能成為一位優秀的大使，可以憑藉他在國際間的聲望為國家爭取很大的優勢，他的名字可望列入南美國家聯盟的主席名單內，推動南美區域統整的任務。穆希卡認為儘管南美洲各國政治傾向不一，「但區域間有一股前所未見的、相互理解協助的氛圍」[39]。

然而即使有舉世聞名的知名度，也無法讓他逃過反對聲浪的抨擊，穆希卡引發批評的事件不少，舉例來說，他在二〇一三年一月出席委內瑞拉政府主辦的一場活動，就曾引來外界不滿。當時委國政權幾已全然交至時任副總統的馬杜洛（Nicolás Maduro）手中，查維斯健康情況已相當惡劣，無法繼續總統職務，幾週後便辭世。委內瑞拉反對黨請求區域領袖不要出席這場會議，穆希卡、莫拉萊斯與尼加拉瓜總統奧蒂嘉，是少數列席的元首，遭彈劾下台的巴拉圭總統魯戈（Fernando Lugo）也在與會來賓之列。

此前六個月，巴拉圭遭南方共同市場暫停職權，委內瑞拉在缺乏巴拉圭投票表決的情況下加入組織，穆希卡必須在國內進行政治操作，來解決他與在野黨的衝突，平撫輿論的不滿。

在南方共同市場其他成員國眼中，巴拉圭國會通過總統魯戈彈劾案，代表政治體系崩潰，儘管此彈劾案程序完全符合巴拉圭憲法，但其他成員國領袖認為，魯戈在程序中，完全沒有時間為自己辯護，使彈劾過程形同簡易判決，大多數美洲國家組織的成員國不認為這是一場政變[40]。

委內瑞拉已經身為南方共同市場的成員國，但在巴拉圭國會不支持的情況下，無法正式加入由阿根廷、巴西、巴拉圭與烏拉圭構成的南方共同市場。巴西決定在二〇一二年六月底，於阿根廷的門多薩（Mendoza）舉行南方共同市場峰會。之前查維斯領導的委內瑞拉，本已逐步增加與烏拉圭的貿易額度，並在阿根廷大選中表態挺基西納家族，也是巴西各大企業的投資首選，這場高峰會是委內瑞拉正式加入共同市場的大好時機。但烏拉圭政府，尤其是穆希卡本人不太確定是否該開放委國加入，在巴拉圭缺席的狀態下進行表決，勢必會影響到小國烏拉圭的權益。穆希卡沒有忘記類似的前例，外長阿爾馬格羅不建議穆希卡在當時情況下投票支持委內瑞拉入會。巴西則在一旁施加壓力，向穆希卡親信、烏拉圭總統府副秘書長卡內巴（Diego Cánepa）傳達訊息，指稱他們握有美國在委內瑞拉扶植反動勢力的情資。

穆希卡聽了這番話，但前往門多薩開會時仍未下定決心，阿爾馬格羅堅持不應允許委國加入，

---

39 引述自《觀察家日報》及西班牙埃菲社於二〇一三年九月二十三日的報導。全文請見：http://www.elobservador.com.uy/noticia/260843/santos-toma-con-prudencia-oferta-de-mujica-sobre-mediacion-de-paz/。

40 引述自本書作者與美洲國家組織秘書長殷索沙進行的訪談。

南方共同市場的所有重要決定，應該經過每一位成員國元首同意方能生效。穆希卡私下與巴西總統羅賽芙（Dilma Rousseff）和阿根廷總統費南德茲會面，當時另外兩位總統都已經做出決定，但穆希卡仍猶豫不決。

會後他對外長表示，烏拉圭會支持委內瑞拉正式加入南方共同市場。阿爾馬格羅在峰會宣讀決議案時憤而離席，穆希卡離開會場由駐阿根廷大使波米（Guillermo Pomi）代表列席。簡單來說，其他國家元首的施壓，讓穆希卡越過傳統上的外交紅線，也讓他回國後面對反對黨砲轟及同黨同志批評。副總統阿斯托利大怒，以罕見的犀利嚴詞抨擊總統決定；外長阿爾馬格羅公開質疑總統的判斷，但沒有宣布辭職，穆希卡也並未因他表達異議而撤換外長[41]。

當時烏拉圭與阿根廷在多項議題上出現歧見，穆希卡最不希望就是與另一個鄰國巴西發生衝突，他回國後準備了一套符合規範卻有違烏拉圭基本價值的解釋：依循法律條文。

「政治大大超越司法」，穆希卡此話一出，批評聲浪四面八方而來。一個月後，也就是二〇一二年七月，委內瑞拉在巴西的一場峰會上，正式成為南方共同市場的會員國[42]，當時巴拉圭仍遭停權中。到了二〇一三年底，巴拉圭新任總統卡提斯（Horacio Cartes）頒佈法令，承認前任政府支持委內瑞拉加入共同市場的決定[43]。至此，委內瑞拉在外界爭議不斷的情況下，正式成為南方共同市場的第五個會員國。

部分烏拉圭民眾瞭解穆希卡的立場，並表達對他的支持，有些民眾則依然反對。「政治」與「司法」勢必會成為烏拉圭民眾心目中，穆希卡總統任期內的經典語錄之一。

實質薪資上升，失業率下降

穆希卡任職總統期間，無疑是烏拉圭近代史上最耐人尋味的一頁。他成為領導全球議題的重要角色，言行舉止更有影響力，儘管他無法改善諸多內政問題，甚至反而使部分情況惡化，但要說他的執政成果「弊大於利」，仍有失公允。他擔任總統期間，國內經濟持續成長，他延續前任政府有效的經濟政策；他任內烏拉圭再度獲得風險信評機構給予「投資級」等級，對有意投資國家的企業家來說，這是極具價值的信息。儘管烏拉圭極左派猛烈抨擊，指控穆希卡改革不力，但他在經濟政策上依然維持保守立場，堅持景氣穩定好轉，應該延續前任政府政策，整體而言，在他任內，烏拉圭國民實質薪資上升，失業率下降。

---

41 引述自穆希卡在二〇一二年七月五日對烏拉圭《共和報》發表的言論：〈Canciller Almagro: “Excelente”〉「該負責的是我，不是外交部長。我對他的表現很滿意。他做得很好，外界對他批評越多，他的外長位子就坐得越穩，因為我會替他說話。」報導全文請見：http://www.republica.com.uy/canciller-almagro-excelente/。

42 引述自二〇一二年七月三十一日阿根廷《國家報》記者 Alberto Armendáriz 的報導：〈Venezuela se incorpora al MERCOSUR a pesar de que Paraguay aún no lo avaló〉，全文刊載於 http://www.lanacion.com.ar/1494865-venezuela-se-incorpora-al-mercosur-a-pesar-de-que-paraguay-aun-no-lo-avalo

43 引述自巴拉圭《*ABC Color*》日報二〇一三年十二月二十八日報導〈Horacio Cartes firma la ley que legaliza a Maduro en MERCOSUR〉，全文連結：http://www.abc.com.py/edicion-impresa/politica/horacio-cartes-firma-la-ley-que-legaliza-a-maduro-en-mercosur-1200593.html

他的政績還包括統整烏拉圭電力供應的改革，慢慢改用乾淨可再生能源。烏拉圭不產石油，推動可再生能源主要依靠風力發電，二〇〇七年，烏拉圭豎立起第一座風力發電機。在穆希卡政府的推動下，烏拉圭一共規劃了三十座風力發電廠，其中八座將在二〇一五年底正式營運，逐步讓風力發電成為國家電力的主要來源，政府的能源政策也包括發展其他對環境友善的能源[44]。

但對烏拉圭人來說，這些都還不夠。

穆希卡接任時受惠於前任政府的稅制改革，國家享有豐厚的經濟資源，他在位期間經濟持續成長，使得國庫收入更加豐沛，然而穆希卡推動的基礎建設卻乏善可陳。

任內敗筆：公共運輸政策

烏拉圭沒有火車，或者說就算有，也不過只是幾台車頭，勉強能拖著破舊車廂慢慢前進而已，政府鐵路局已經放棄了年久失修的鐵路建設。穆希卡希望建立新的鐵路系統，好將產量日豐的農產品運往港區出口。然而他失敗了，與阿根廷自由人民鐵路公司（Tren de los Pueblos Libres）的合作案，是他任內最大的敗筆之一。他與費南德茲總統在二〇一一年八月展開合作。費南德茲曾說，在兩國關係出現嚴重裂痕的同時，這項合作案不僅是小小的發展，而是踏出了「一大步」。她甚至在開工儀式上提及烏拉圭河橋樑交通中斷的問題，並表示「兩國間時不時就會發生類似的歧見，不過以後不會再出現了」，還邊鼓掌邊說「佩佩，別擔心，我們不會讓這場（合作）失敗的」。然而自由人民鐵路最終因傳出重大交通事故，在二〇一二年五月全面停駛。

烏拉圭民眾都知道穆希卡打算在大西洋建立深水港，近兩百年來，烏拉圭飽受布宜諾斯艾利斯（Buenos Aires）的外交經貿和港口利益雙重剝削，穆希卡想徹底解決航運問題，然而港務計畫仍只在發想階段，卸任前尚未落實。

穆希卡提高了教育預算，但卻無法推動改革，未能透過明確的政策將資源分配到有需要的學童身上，也無法達成提高教育品質的目標。花了大筆資金最後反換來成效不佳的後果，烏拉圭民眾以往認同的公立學校，辦學成果卻逐漸被私立學校比下去。

在他任內，前烏拉圭航空公司（Pluna）爆發大規模醜聞，最終導致穆希卡最重要的兩名閣員：經濟部長羅倫佐，及烏拉圭最重要的金融機構——國營銀行總裁卡約亞（Fernando Calloia），因濫用職權遭撤職查辦[45]。在他治下的烏拉圭，經濟、赤字與稅收同時出現成長。從他接任到二〇一三年底，烏拉圭政府的新進公務員竟增加近三．三萬人，他極力推動的公部門效率改革成效不彰。穆希卡試圖推動修法，向持有大筆土地的地主徵稅，好對部分選民實踐財富重新分配的政見，最後卻遭最高法院裁定違憲。

㊹引述自國家能源局長Ramón Méndez二〇一四年四月十六日在「El Espectador」電台《En Perspectiva》節目中的說明：能源改革不是推動一系列各自獨立的計畫，而是統合風力發電廠、太陽能發電、生質發電、結合再氣化工廠、能源循環再利用，以及探勘石油及天然氣的整體性計畫。

㊺卡約亞曾向法院申請上訴遭駁回，關於本案詳情可參考此文：http://www.elpais.com.uy/informacion/justicia-revoco-procesamiento-fernando-calloia.html。

歷史定位

二〇一四年七月，距離卸任不遠的穆希卡仍享有極高的支持率：高達五十六％的烏拉圭民眾覺得他任內政績良好[46]。這項數據還代表著另一層意義：不支持穆希卡所屬政黨廣泛陣線的選民，在選舉年間也對總統的表現感到滿意。

對政治分析家賈瑟來說，穆希卡在全球贏得的高人氣，幫他順利度過卸任前的最後一段時光。「一開始他『收買』[47]的是烏拉圭民心，但穆希卡的魔力是會消失的，可能哪一天就不見了。現在他征服另一群民眾，他『擄獲』了海外的支持者。國內民眾對穆希卡的支持率上升的原因，不是因為他在烏拉圭國內推動了什麼重大改革，而是因為民眾欣賞他在國外的表現，民眾注意到穆希卡在別的舞台上也展露出光芒。」

政治分析師徹維薩則認為，穆希卡「幾乎沒有」做到任何符合他左派立場的改革。「這麼說好了，我從來沒看過他提出任何限縮資本主義，以及大力推動平等這類比較激進的行動。沒有、從來沒有。他是很實際的人，我不知道他明不明白該怎麼做，我的直覺是他既不知道該怎麼下手，也從沒認真去思考過……土地現在集中到大地主的手上，集中到企業的手裡，一般人越來越難取得。」徹維薩指出穆希卡領導的烏拉圭，是：「盡可能全速推動資本主義經濟發展，並盡量以溫和策略重新分配財富。他是一個溫和的左派。」

賈瑟認為烏拉圭民眾「不會認為穆希卡是一位特別偉大的總統」。「國民心目中的總統，是一位具有開創性的人……（中略）我認為民眾對他的印象，會停留在他是立意良好、做人誠懇踏實，願意盡可能為民眾服務的人。他很努力。但要說是偉大的總統嗎？烏拉圭的史書會把穆希卡，跟巴特葉・奧多涅茲總統相提並論嗎？絕對不會！」他說道。

對賈瑟來說，政府在推動人權，或者根據民眾的說法，開放「新權」的政績，不能只算是穆希卡一個人的成果，而是廣泛陣線的成就。這個政黨聯盟「在其他事物上無法突破現狀，因此為了能繼續自稱是左派陣營，便盡可能推動各項人權改革，而不是在經濟政策或農業改革上著墨」，經濟和農業，是烏拉圭和拉丁美洲左派傳統上最強調的兩大重點。

賈瑟表示「後世不會認為他帶領出偉大的政府」，這觀點與歷史學家卡艾塔諾的想法不謀而合。事實便是如此，「一部分因為他的改革大業並未真正成形。他在行政上有所缺失，在教育、住宅、基礎建設和科技投資等基本面上，都有重大缺陷」。

「不過，」賈瑟強調說，「穆希卡在很多方面來說，是烏拉圭的分水嶺，他將烏拉圭劃分成『穆希卡前』與『後穆希卡』時代，他留下的是另一種風範。有很多事物能讓偉大政治家名留青史，其中一項就是創造出政治家的民氣與時勢……（中略）我認為歷史對穆希卡的評價，是他透過言行舉止、透過他的思考和生活方式影響旁人，強調『沒有人比其他人更偉大』的身份認同。」

㊻ 引述自烏拉圭民調公司 Cifra 於二〇一四年七月二十三日公布的調查研究《La gestión del presidente Mujica: cuatro años y medio de gobierno》。詳細報告請見：http://www.cifra.com.uy/novedades.php?idNoticia=234。

㊼ 指「贏得」。

第八章
五十年後的古巴與美國

事實上沒有所謂的失敗。
只有放棄的人才會承受失敗的後果

——穆希卡於二〇一三年
於古巴蒙卡達軍營戰六十週年紀念活動之演說

穆希卡在一九五九年首度以烏拉圭青年代表的身份，前往古巴出席費德爾・卡斯楚舉行的會議，並尋求外界對革命的支持，他曾以充滿懷念的口吻描述當年的古巴行，這也是穆希卡第一次出國訪問。

「我從古巴帶回（中略）精彩萬分的觀點，當時醞釀中的革命充滿詩意……（中略）切・格瓦拉也在現場，我在那個時候認識他，革命給我的第一印象衝擊力很大。這場革命當時受到熱烈歡迎、有些混亂缺乏秩序，不過在各方面來說，都表達出落後國家民眾所面臨到的種種矛盾。❶」

年邁的穆希卡，不斷回憶起年輕時接觸到的古巴革命觀點，如何激起他投身政治的決心。

古巴革命後，卡斯楚兄弟選擇獨裁專政的道路，然而當年投入游擊戰的青年穆希卡，做出了不同的選擇。穆希卡也提到他二度訪問古巴時，發現年輕人都能接受教育，但當年印象中陪著費德爾・卡斯楚發動革命的民眾，已經不復存在了。

「當物資出現短缺的時候，最容易在民眾身上觀察到的，往往是最原始的（求生慾望）。」

他用這話來總結當時觀察到的古巴，是資源不足，無法滿足基本民生需求的國家。「我發現古巴沒有玉米、沒有南瓜、也沒有地瓜可以吃，這些東西在市場上賣不了多少錢，卻是窮人夢寐以求的食物。❷」

在費德爾・卡斯楚退位後，穆希卡仍以烏拉圭總統的身份和他見過幾次面，本書付梓前兩人最近一次見面是二〇一四年一月。他最後一次見到卡斯楚時，對他說「歲月不饒人」，說卡斯楚看起來「健康情況惡化」，不過他仍很珍視與古巴老獨裁者的會面談話❸。

穆希卡以總統身份，和其他拉丁美洲國家的元首一起向美國請命，呼籲終結對古巴的禁運，穆希卡甚至還試圖為美古衝突尋求另一條出路，不過截至本書（烏拉圭版）出版前仍沒有結果*1。

不過他在古巴事務上最重要的代表作之一，是出席紀念蒙卡達軍營戰六十週年的慶祝活動，他的演說成為全場焦點。

他將古巴革命定義為「替拉丁美洲民眾爭取尊嚴和自尊的革命」，「在我們心中種下夢想的種子，讓我們充滿唐吉訶德般的冒險勇氣，讓我們夢想在十五到二十年後，有可能建立起截然不同的社會。」

「我們與歷史發生衝撞，物質上的變更比文化改革更容易，但文化改革絕對是歷史真正的基石，要靠一代接一代的傳承才能開花結果。」這番言論獲得古巴各界的迴響。

即將卸下總統職責的前游擊隊員穆希卡，深信自己這一生已經來日無多了，他無意否認自己的過去，但同時也不得不在二十世紀拉丁美洲的革命搖籃——古巴，承認現實世界的衝擊，比任何烏托邦都來得更大。

他也表示寬容是推動改革最有力的工具。

---

❶ 引述自康波多尼科著作，p. 63。
❷ 引用來源同上，p. 64。
❸ 引述自下列報導：http://www.elpais.com.uy/informacion/mujica-reunion-fidel-castro-cuba.html。
＊ 譯註1：二〇一五年四月十四日，歐巴馬政府宣布將古巴自「支持恐怖主義國家」名單除名，開啟美古關係破冰的進程；二〇一五年七月二十日〇時起，兩國互設使館，重啟外交關係。

「唯有尊重多元才能成就世界，唯有當我們能夠瞭解到世界是多元的，是由尊重、尊嚴和寬容所構築起來的，我們才能成就世界、成就未來。即便比旁人更偉大、強壯，也沒有權欺侮弱小。」

外界認為這段話是隱晦地向美國喊話，不過也可以視為向古巴政權喊話，畢竟五十多年來古巴的獨裁統治，扼殺了許多異議人士的聲音。

穆希卡在這場演說中表示，革命不只是民眾揭竿起義，他為「革命」一詞賦予新的意義：「當世界走向全球化時，革命就獲得了一種普遍的定義」，意指「為創造更美好的世界而奮鬥」。他在演說最後呼籲和平：「當軍營變成學校和高等學府時，人類才算真正走出史前時代」。

穆希卡結束五年的總統任期後，勢必會留下很多無力實踐的政見和承諾。他上任後首先放眼國內，關注烏拉圭內政問題，最後卻大力提倡各界重視全球多起重大議題：例如消費主義使得人們生命貧瘠，欠缺環保意識導致的環境惡化等；他說他最擔心的，就是他無緣得見的未來。他願意替哥倫比亞及委內瑞拉擔任調停工作，願意將關達那摩灣囚犯和敘利亞戰爭孤兒安置到烏拉圭。他不相信上帝卻願向教宗請求協助。他曾是「反美帝主義份子」，最後卻成為歐巴馬的盟友。他說二〇一四年的諾貝爾和平獎應該頒給方濟各教宗，不過如果最後由他獲獎，他已經知道要怎麼花這筆獎金了——由於他跟妻子兩人沒有生小孩，加上他計畫在自家鐵皮屋附近，替弱勢兒童和青少年開辦農業學校，因此打算把獎金花在辦學上❹。

特立獨行的穆希卡剛涉足政治時不願耐心等待，直接朝已然走向衰敗的憲政體系發動攻擊，後來逐漸轉變成世人眼中，以理性、感性並重的態度宣揚民主和個人自由的哲人。他向來願意改變自己，與時俱進，靠著獨特的溝通風格和個人魅力在選戰中勝出，贏得他曾一度不屑的至高權力。

穆希卡擔任總統期間並不算是有組織性地推動議程，但他達成了幾項目標，也試著執行另一些對圖帕馬羅斯運動成員來說極端珍貴的改革，可惜卻以失敗告終。使許多以往游擊隊同袍感到遭穆希卡背叛，不再對他表示支持和欣賞。

穆希卡在獄中決定告別暴力，多年後成為民選總統。他在六〇年代以青年代表之姿訪問古巴，回到烏拉圭後發起武裝革命。在哈瓦那聆聽穆希卡總統演說的人，在他身上其實仍可看到跟當年一樣的改革決心，他們聽到飽經風霜的老人提出建言，看到一位務實的總統，努力在當前情況下推動改革目標，見證到他是在政治上和生活中，都是盡可能利用現有資源行事的人。他歷經多次成功，但遭逢過更多失敗，他總說人在失敗中可以學到的比成功更多，這或許是他的經驗之談。

---

❹二〇一四年諾貝爾和平獎最終頒給兩名捍衛兒童權益的人士：得獎人之一馬拉拉・尤沙夫賽（Malala Yousafzai），曾驚險逃過恐怖組織塔利班的死亡攻擊。另一名得獎者是印度籍的凱拉許・沙提雅提（Kailash Satyarthi）。關於諾貝爾和平獎的報導，可參閱下列文章：http://internacional.elpais.com/internacional/2014/10/10/actualidad/1412931102_118892.html。

致謝

要感謝：Virginia Morales, Julián Ubiría, Ángela Reyes, Javier Castro Dutra, Armando Rabuffetti, Carmen Perdomo, Walter Pernas, Fabián Werner, Jon Watts, Simon Romero, Stephanie Nolen, Eve Fairbanks, Pablo Fernández, Darío Klein, Nicolás Batalla, Mario Goldman, Hugo Alconada Mon, María Lorente, Ana Inés Cibils, Edgar Calderón, Ana Schlimovich, Alberto Armendáriz, Hugo Ruiz Olázar, Sebastián Cabrera, Martín Aguirre (h), Nelson Fernández, Pablo Castro, Matilde Campodónico, Juan Marra, Susana Barreto, Tomás Linn, María Claudia García Tejera, Eduardo Sibille, Panta Aztiazarán, Pablo Porciúncula, Daniel Caselli, Ana Cencio, Lucía Sánchez……以及一位不願揭露身份的匿名消息人士，他透過一位共同友人，向我提供多份文件；如果不是有他的協助，我既無法得知文件的存在，就算發現了，也無法瞭解文件珍貴的歷史價值。無論這位匿名人士是誰，我都由衷地感謝你。

我要特別感謝諾貝爾文學獎得主馬里奧·巴爾加斯·尤薩先生，感謝他授權讓我在本書附錄中，收錄他《試金石》專欄中《烏拉圭的典範》一文。

感謝巴斯特尼爾先生花了寶貴的時間閱讀本書，並為本書撰寫推薦序，令我感到無比光榮。

引用來源

· ALCONADA MON, Hugo. 2009. Los secretos de la valija. Del caso Antonini Wilson a la petrodiplomacia de Hugo Chávez. 2da ed. Buenos Aires: Planeta.

· CAMPODÓNICO, Miguel Ángel. 1999. Mujica. Montevideo: Colección Reporte, Editorial Fin de Siglo.

· FERNÁNDEZ HUIDOBRO, Eleuterio. 1998. La fuga de Punta Carretas. La preparación. Tomo I, Montevideo: Ediciones de la Banda Oriental.

· FERNÁNDEZ HUIDOBRO, Eleuterio. 1998. La fuga de Punta Carretas. El Abuso. Tomo II. Montevideo: Ediciones de la Banda Oriental.

· FERNÁNDEZ, Nelson. 2004. Quién es quién en el gobierno de la izquierda. Montevideo: Editorial Fin de Siglo.

· GARCÉ, Adolfo. 2009. Donde hubo fuego. El proceso de adaptación del MLN-Tupamaros a la legalidad y a la competencia electoral (1985-2004). 4ta ed. Montevideo: Editorial Fin de Siglo.

· GARCÍA, Alfredo. 2010. Pepe Coloquios. 8va ed. Montevideo: Editorial Fin de Siglo.

· HESSEL, Stephane. 2011. Indignez vous! 12a ed. Montpellier: Indigène Éditions.

· ISRAEL, Sergio. 2014. Pepe Mujica el presidente. Una investigación no autorizada. Montevideo: Editorial Planeta.

· LEICHT, Federico. 2007. Cero a la izquierda. Una biografía de Jorge Zabalza. 6ta ed. Montevideo: Letraeñe

Ediciones.

· MAIZTEGUI CASAS, Lincoln. 2005. Orientales. Una Historia Política del Uruguay. Tomo 2. De 1865 a 1938. Montevideo: Editorial Planeta.

· MAZZEO, Mario. 2002. Charlando con Pepe Mujica. Con los pies en la tierra… Montevideo: Ediciones Trilce.

· MLN. S.d. Los Tupamaros en el Uruguay de hoy. Movimiento de Liberación Nacional-Tupamaros. S.L.: S.N.

· OPPENHEIMER, Andrés. 1993. La hora final de Castro. La historia secreta detrás del gradual derrumbe del comunismo en Cuba. Buenos Aires: Javier Vergara.

· PELÚAS, Daniel. 2001. José Batlle y Ordóñez. El Hombre. Montevideo: Editorial Fin de Siglo.

· PEREIRA REVERBEL, Ulysses. 1999. Un secuestro por dentro. Montevideo: S.N.

· PERNAS, Walter. 2013. Comandante Facundo. El revolucionario Pepe Mujica. Montevideo: Aguilar.

· PIKETTY, Thomas. 2013. Le capital au xxie siècle. París: Éditions du Seuil.

· RODIGER, Rubén Darío. 2007. Mujica recargado. Montevideo: Ediciones Santillana.

· ROSENCOF, Mauricio; FERNÁNDEZ HUIDOBRO, Eleuterio. 1993. Memorias del Calabozo. Navarra: Txalaparta Argitaletxea.

· SANGUINETTI, Julio María. 2012. La reconquista. Proceso de restauración democrática en Uruguay (1980-1990), 6ta ed. Montevideo: Ediciones Santillana.

· TAGLIAFERRO, Gerardo. 2011. Fernández Huidobro, de las armas a las urnas. Montevideo: Editorial Fin de Siglo.283

【附錄】

烏拉圭的典範

馬里奧．巴爾斯．尤薩

自由是有其風險的，相信自由的人，就必須準備迎接風險。荷西・穆希卡領導的政府，在開放大麻和批准同志婚姻時就理解到這一點，這是非常值得讚許的。

《經濟學人》說得很對，這份雜誌稱烏拉圭是二〇一三年年度風雲國家，認為穆希卡總統領導的兩大激進改革——開放同志婚姻以及規範種植、販售及使用大麻的政策，是令人激賞的新政。

值得一提的是，推動這兩項深受自由文化薰陶的改革措施的政府前身，竟然是一開始並不相信民主政治、崇尚馬克斯和列寧主義與古巴一黨獨大模式的游擊隊運動。穆希卡總統年輕時曾加入圖帕馬羅斯游擊隊，他搶過銀行、坐過多年苦牢，在軍政府獨裁時代遭酷刑虐待；然而穆希卡執政後卻嚴格尊重民主制度——包括新聞自由、三權分立、多黨政治和自由選舉——以及市場經濟、私有財產及鼓勵外商投資等等。這位老邁溫和的政治家，說起話來帶有領袖罕有的誠懇，不過他也因為直言不諱而不時惹上麻煩；他住在蒙狄維歐郊外的小鐵皮屋裡，過著儉樸的生活；他每次出訪海外都只搭經濟艙，為烏拉圭建立起穩定、現代、自由和安全的形象，使得國家經濟得以成長；在推動社會公義的同時，也戰勝少數頑固盟友施加的壓力，致力於擴大各領域的自由。

別忘了烏拉圭與其他拉丁美洲國家不同，烏拉圭擁有悠久穩固的民主傳統，甚至在我小時候，就曾聽人說過烏拉圭是「美洲的瑞士」，因為烏拉圭擁有強大的公民社會、一切以法治為依歸，還有尊重憲政政府的軍隊。除此之外更重要的是，在巴特葉總統推動強調世俗主義的改革後，烏拉圭社會發展出強而有力的中產階級，民眾享有品質絕佳的教育、豐富的文化生活，及令全美洲欽羨的和諧平等的公民權。

我還記得我在六〇年代第一次前往烏拉圭時，在我心目中留下的強烈印象。烏拉圭看起來完全不像我們拉丁美洲的國家：國內社經階級差距極小，劇場、書局、平面與廣播新聞的品質優異，民眾對政治辯論參與度極高，還有令人欽羨的大學生活、藝術家與作家相當活躍……更重要的是，評論家對大眾喜好極富影響力，以及四處洋溢的自由風氣，使烏拉圭和鄰近各國比起來，更像是歐洲先進國家。我在烏拉圭第一次讀到《*Marcha*》週刊，這是我讀過最棒的一本雜誌，後來成為我瞭解拉丁美洲時事必讀的報刊。

烏拉圭讓我這個外國人覺得不像身處於第三世界，反像住在已開發國家。然而當時的社會已經開始出現衰敗，因為儘管一切情況再好，但仍有很多年輕人，和不那麼年輕的人，越來越屈服於革命理想國的魅力，想延續古巴模式，以暴力行動摧毀「布爾喬亞式的民主」；孰料取而代之的並非社會主義天堂，反而是右派軍事獨裁政權，導致大批政治犯入獄、受虐，迫使數千名烏拉圭人流亡海外。獨裁期間造成大批專業人士、藝術家及學者逃亡，烏拉圭蒙受拉美各國有史以來最嚴重的人才外流。然而在專制的恐怖年代間，民主傳統、平等文化還有自由價值並未完全消失，當獨裁政府瓦解、國家恢復民主後，這類價值再度開花結果且更加茁壯，過去累積的暴力苦果和經驗，似乎讓左右兩派都學到教訓，不願再重蹈覆轍。

若非如此，由廣泛陣線和前游擊隊成員組成的激進左派，是不可能在第一時間就獲得執政權的，他們展現出務實精神，讓烏拉圭的多黨政治得以和諧共生，並深耕民主憲政，而不是破壞民主價值。這番民主自由的背景，說明了穆希卡政府為何有勇氣開放同性伴侶婚姻權，並使烏拉圭成為全球第一個在毒品問題上，政策一百八十度大轉彎的國家。毒品是全世界的重大問題，但在拉丁美洲情況尤其惡劣。這兩項改革影響深遠。正如《經濟學人》所言，「可以改善全世界」。

同性婚姻在世界上許多國家都已經合法了，這項政策的目的，是打擊愚蠢的偏見，替數百萬名承受不公義（且至今仍未受到公平待遇）的民眾討回公道，他們承受司法體系任意歧視，從（西班牙）宗教審判時代燒死異端邪說、到監獄內的騷擾、社會邊緣化等種種虐待。這種歧視的來源，是因為人們有一種荒謬的信念，認為只有一種性取向才是「正常」的——也就是異性戀，非異性戀者不是有病就是罪犯，男女同志現在仍遭逢諸多禁制、虐待和歧視，令他們無法享有自由公開的生活。不過至少西方世界在這方面，已經慢慢放下對同性戀的偏見和禁忌，取而代之的是更理性的思考方式，認為性取向應該跟政治或宗教傾向一樣自由多元，接受同性伴侶跟異性伴侶一樣「正常」（烏干達國會剛剛通過一項野蠻至極的法案，認定同志應該接受終身監禁）。

各國在面對毒品問題時，仍舊認為以武力壓制是最好的處理辦法，然而過去的經驗一再證明，儘管政府投入龐大資源與人力打擊毒品，但各地毒品製造和吸食量仍持續上升，造成黑道進帳滿滿，與毒品有關的罪案大幅增加。威脅當今世上新舊民主國家的貪污問題，大多源自於毒品；拉丁美洲毒梟橫行，更造成黑槍氾濫，大批警民死傷。

烏拉圭政府大膽開放種植和吸食大麻的實驗性政策，真能成功嗎？如果這項政策，不是僅限於一國政府在嚴格管制下推行，而是由大麻生產國和消費國共同簽訂國際協定的話，絕對能獲得更大的成果。不過，儘管如此，這政策仍將重創毒販，進而打擊因非法吸食毒品衍生出的犯罪問題，儘管一開始時吸毒人數可能會出現上升，但隨著毒品不再是禁忌，對青少年的吸引力大減，長期下來勢必能證明毒品合法化不會增加吸毒人數，而是會降低對迷幻藥成癮的人數。重要的是開放大麻合法化時，必須同時推動宣導教育——例如宣導禁菸，或解釋酒精傷害的宣導——還有戒毒治療，讓吸食大麻的人，都能像現在吸菸或飲酒的人一樣，清楚瞭解自己在做什麼。

自由是有其風險的，相信自由的人，必須準備迎接各種不同的風險，不只是文化、宗教和政治上的風險。烏拉圭政府已經理解到這一點，這是非常值得讚許的。希望其他國家也能從中學習，跟著烏拉圭的榜樣走。

——專欄全文經馬里奧・巴爾加斯・尤薩先生授權轉載。

總統的品格

我們有這樣的總統可以選嗎？佩佩 · 穆希卡的典範傳奇

我的檔案夾 14

作者　毛利修 · 拉布費迪（Mauricio Rabuffetti）
譯者　馮丞云
責任編輯　莊樹穎
封面設計　好春設計
封面書腰照片　達志影像
內頁設計　李碧華
行銷統籌　吳巧亮
行銷企劃　洪于茹
出版者　寫樂文化有限公司
創辦人　韓嵩齡、詹仁雄
發行人兼總編輯　韓嵩齡
發行業務　高于善
發行地址　106 台北市大安區四維路14 巷4-1 號
電話　(02) 6617-5759
傳真　(02) 2701-7086
劃撥帳號　50281463
讀者服務信箱　soulerbook@gmail.com
總經銷　時報文化出版企業股份有限公司
公司地址　台北市和平西路三段240 號5 樓
電話　(02) 2306-6600
傳真　(02) 2304-9302

第一版第一刷2015年 12月11日
ISBN　978-986-92514-0-2

國家圖書館出版品預行編目（CIP）資料

總統的品格：我們有這樣的總統可以選嗎?佩佩•穆希卡的典範傳奇 / 毛利修 · 拉布費迪(Mauricio Rabuffetti)著；馮丞云譯. -- 第一版. -- 臺北市：寫樂文化, 2015.12
面；　公分. --　(我的檔案夾；14)
譯自：La revolución tranquila
ISBN 978-986-92514-0-2(平裝)

1.穆希卡(Mujica Cordano, José Alberto, 1935-) 2.元首 3.傳記

785.788　　104025288